会展业的数字化转型

上海实践与思考

胡平 著

华东师范大学出版社
·上海·

图书在版编目(CIP)数据

会展业的数字化转型:上海实践与思考/胡平著.—上海:华东师范大学出版社,2023
ISBN 978-7-5760-4255-9

Ⅰ.①会… Ⅱ.①胡… Ⅲ.①展览会-产业发展-数字化-研究-上海 Ⅳ.①G245

中国国家版本馆CIP数据核字(2023)第203795号

会展业的数字化转型:上海实践与思考

著　　者　胡　平
责任编辑　朱妙津　谢　莹
责任校对　刘伟敏
装帧设计　刘怡霖

出版发行　华东师范大学出版社
社　　址　上海市中山北路3663号　邮编　200062
网　　址　www.ecnupress.com.cn
电　　话　021-60821666　行政传真　021-62572105
客服电话　021-62865537　门市(邮购)电话　021-62869887
地　　址　上海市中山北路3663号华东师范大学校内先锋路口
网　　店　http://hdsdcbs.tmall.com

印　刷　者　南通印刷总厂有限公司
开　　本　787毫米×1092毫米　1/16
印　　张　20
字　　数　270千字
版　　次　2023年12月第1版
印　　次　2023年12月第1次
书　　号　ISBN 978-7-5760-4255-9
定　　价　68.00元

出版人　王　焰

(如发现本版图书有印订质量问题,请寄回本社客服中心调换或电话021-62865537联系)

前 言

2021年是在党和国家的历史上具有里程碑意义的一年,我国从容应对百年变局和疫情影响,会展行业奋力自救保增长,实现"十四五"良好开局,会展产业的韧性和数字化能力得到提升。与此同时,我们也看到支撑会展产业发展的宏观环境和产业基础正在发生变化,数字技术和数字经济正以前所未有的广度和深度融入各行各业中。《国民经济和社会发展第十四个五年规划和2035年远景目标纲要》也提出要加快数字化发展,建设数字中国的战略要求。2021年底,国务院颁布的《"十四五"数字经济发展规划》指出:数字经济是继农业经济、工业经济之后的主要经济形态,是以数据资源为关键要素,以现代信息网络为主要载体,以信息通信技术融合应用、全要素数字化转型为重要推动力,促进公平与效率更加统一的新经济形态。

数字会展是数字经济的组成部分,近年来,随着互联网等数字技术的发展渗透,新技术、新模式不断涌现,中国会展业发展由要素驱动向创新驱动转变,在促进贸易增长、推动经济发展、优化行业质量等方面发挥了更加重要的作用,各地政府在行业监管、创新融合等方面也取得了不俗成绩,探索出了富有中国特色的会展业高质量发展道路。

自2021年以来,党中央、国务院多次通过会议和文件提出利用数字科技创新展会服务模式,服务双循环建设的指示。在此背景下,国家层面面临新旧动能转换的宏观需求,会展业面临新的转型升级的挑战,在各行各业都在快步迈向数字化的过程中,会展业显然已经落后于其他行业,甚至出现部分企业排斥会展数字化、等待线下会展归来的思维,因而会展业如何适应当前数字时代发展的需求成为当务之急。

上海作为中国会展产业最发达的城市,已明确提出要建设"国际会展之都",而会展产业集群则是上海会展业参与全球竞争的主要载体,近年来上海举办的展会及活动数量逐年攀升,2019年上海共举办展会及活动1043个,较2018年增加了11个,同比增长1.07%;2020年受疫情影响,上海举办的展会及活动数量大幅减少;2021年上海共举办展会及活动542个,较2020年减少了8个,同比减少1.45%。上海会展业能否积极探索数字化转型发展,并对数字经济发展作贡献,为其他城市会展业转型做表率,是一个值得研究的课题。本书是在探索上海会展业数字化转型的背景、现状和比较分析的基础上,借助会展数字化相关理论,提出上海会展业数字化的目标、路径和策略,希冀为上海会展业数字化转型提供智力支持。

本书是在华东师范大学双肩挑干部科研专项课题《全面数字化背景下的上海会展业转型研究》基础上完成的,得到了学校、行业、出版社等机构的大力支持,感谢上海市会展行业协会会长桑敬民、上海大学上海会展研究院教授张敏、上海对外经贸大学会展与传播学院院长王春雷、华东师范大学软件工程学院教授钱海峰、上海师范大学旅游学院博士褚玉静给予的指导;感谢汉诺威米兰展览会(中国)有限公司总经理刘国良、项目总监孔令国,英富曼会展集团总监袁亦婷,法兰克福展览(上海)有限公司总经理赵慰平,东浩兰生(集团)工业商务展览公司副总经理姚春瑜,中国机电产品进出口商会市场总监赛彤,上海万耀企龙展览有限公司高级经理李怡霖,上海博华国际展览有限公司总经理王明亮,浙江米奥兰特商务会展股份有限公司董事长潘建军,远大国际展览有限公司副总经理张雅竹,上海华墨展览服务有限公司董事长王国平,上海市浦东新区会展促进中心主任姜刚昇,上海市会展业促进中心副主任朱奇,上海优品计算机科技有限公司总经理周时江,31会议研究院执行院长杨正、云上会展有限公司副总裁李征伟、数据业务总监邢岑彬,深圳市亿点物联科技有限公司总经理洪湖,上海新国际博览中心中方总经理张垚,北京赛诺讯商务服务有限公司创始人马国宜,运展环球物流有限公司总经理吴兆铭等接受访谈和无私的帮助。蒋天骎、张琳培、王莹莹和崔舒晗等研究生参与了课题研究和本书部分章节的撰写。限于作者水平有限,本书还存在诸多不足之处,恳请读者提出宝贵意见,在后续研究中我们会进一步思考和完善。

胡平于金沙嘉年华

2023 年 3 月 31 日

目 录

第一章 绪论 ... 1

第一节 研究背景分析 ... 1
一、数字化转型是会展业发展的战略选择 ... 1
二、国家层面对会展业数字化的持续推进 ... 4
三、上海全面推进城市数字化转型的大势所趋 ... 11
四、疫情促使上海会展数字化转型的加速进程 ... 12

第二节 研究框架 ... 14
一、研究内容 ... 15
二、研究思路和方法 ... 17

第二章 相关研究综述、理论基础和概念界定 ... 20

第一节 国内外数字会展研究综述 ... 20
一、国外研究综述 ... 20
二、国内研究综述 ... 31

第二节 会展数字化转型的理论基础和理论模型 ... 37
一、会展数字化转型的理论基础 ... 37
二、会展数字化转型的理论模型 ... 47

第三节 数字会展的相关概念界定 ... 51
一、数字会展的几个相关概念 ... 51
二、线上会展和线下会展的关系 ... 57

第三章　上海会展业数字化转型现状分析　　59

第一节　近年上海会展数字化概况与特点　　59
一、上海会展数字化概况　　59
二、上海线上展会特点　　64

第二节　上海会展业数字化转型的调研及结果分析　　72
一、调研背景和过程　　72
二、调研资料分析过程　　76
三、调研结论分析　　86
四、上海会展业数字化存在的问题　　108

第四章　上海会展业数字化转型的比较分析　　111

第一节　会展业与相关行业数字化转型的比较　　111
一、酒店、旅游行业的数字化转型　　111
二、基于SWOT分析的会展业与酒店业、旅游业比较　　124
三、零售行业数字化转型　　135
四、零售业数字化转型对会展业的启迪　　142

第二节　上海与相关城市会展业数字化的比较　　147
一、北京会展业数字化转型　　148
二、深圳会展业数字化转型　　149
三、基于PEST视角的北京、深圳和上海比较　　151

第五章　上海会展业数字化转型的目标和路径　　161

第一节　上海会展业数字化转型目标　　161
一、上海数字化会展生态体系　　161

二、上海会展业数字化转型的指标	164
第二节　上海会展业数字化转型路径	168
一、上海会展企业数字化转型路径	168
二、上海会展行业数字化转型路径	186
第三节　上海会展业数字化转型步骤	193
一、上海会展企业数字化转型步骤	193
二、上海会展行业数字化转型步骤	197

第六章　上海会展业数字化转型的策略　　199

第一节　政府主导策略	199
一、加强上海会展数字基础设施建设与数据开放流通	199
二、加强上海会展业数字化的顶层设计	200
三、加大上海数字会展发展政策扶持力度	201
四、加快培养培训上海会展数字化技能人才	202
五、探索构建社会化协同推进机制和治理模式	204
第二节　企业自主策略	205
一、集中四大场景寻求效益突破	205
二、提供专业服务以重塑价值链	207
三、制订企业数字化发展战略	209
四、建设企业的数字化团队	210
第三节　行业自律策略	211
一、积极宣传上海会展业数字化的作用和成果	211
二、推进会展业上下游协同,提高上海会展企业渗透率	212
三、鼓励上海会展科技企业的发展和普及程度	212
四、积极发挥上海会展大企业作用	213

五、发挥上海会展行业中介组织作用　　214

　第四节　公众满意策略　　214

　　一、会展用户数字化转型　　214

　　二、增强会展用户的参与度和满意度　　215

　　三、营造会展用户破解难题的环境　　216

第七章　结论与展望　　218

　第一节　研究结论　　218

　　一、上海会展业数字化转型的现状　　218

　　二、上海会展业数字化转型的比较　　220

　　三、上海会展业数字化转型的目标　　221

　　四、上海会展业数字化转型的路径　　222

　　五、上海会展业数字化转型的策略　　223

　第二节　研究展望　　224

　　一、数智会展是否会替代传统会展？　　224

　　二、会展业会"逆数字化"吗？　　229

附录　《全面数字化背景下的上海会展业转型研究》访谈记录　　232

参考文献　　305

第一章 绪 论

第一节 ‖ 研究背景分析

随着2023年2月27日中共中央和国务院的《数字中国建设整体布局规划》印发,数字化转型又一次成为当下的热点话题,国际国内、各行各业都在关注、思索和推进中,甚至部分行业、部分企业已经喝到了"头口水",会展行业,特别是上海会展行业认识如何?如何持续推进这项工作呢?

一、数字化转型是会展业发展的战略选择

(一)国际上会展数字产品与服务渐成趋势

全球会展行业领先的策略顾问公司——AMR International 2019年提出了一个展览2.0概念,本质就是实现数字化转型,通过技术的现代化重构业务价值链。针对疫情常态化,AMR又提出了展览3.0的概念,是对2.0概念的进一步强调和深化。AMR提出,在后疫情时代,获胜的主办者将通过投资以数据驱动的商业模型开发各类增值项目。

根据国际展览业协会UFI发布的《全球展览行业晴雨表》,全球58%的行业受访者在现有的展览产品中增加了数字服务和产品。虽然疫情对全球展览的影响仍在继续,但线下展览正在加速向数字化转型。云上展会或将为会展行业的发展提供新的发展思路,"云展厅""云招商""云签约""云大数据"等也将成为会展行业新发展的关键性名词。

举个例子,2016年11月2日,Penton被世界上最大的会展集团——英

富曼集团(Informa)以11.8亿英镑收购,Penton公司是一个什么样的公司呢?Penton把自己定义为信息服务和营销公司(information services and marketing company)。Penton的五大主营领域是:农业、交通、天然产品和食品、设计制造以及基础建设。在这些领域,Penton其实是信息提供商,为经营决策提供数据和信息。打开Penton的网站,看到它的线上、线下、电子、纸质产品琳琅满目,仅仅是农业板块,就有几十种信息产品。除了农业展会,记忆犹新的是《牛肉》等杂志,农民都可以灵活预订;在工程技术板块,还有许多App小工具,对于工程师们来说很实用;而那些趋势报告、行业展望对老板们来说喜欢看;此外还有数不清的各类数据库资源,更不用说那么多的培训认证课程了。因此这家公司是提供数据、信息、数字工具产品和服务的公司,可见国际会展大集团通过资本运作的数字转型早已经展开。时隔六年,2022年7月19日,英富曼集团又宣布以3.23亿英镑收购B2B数字内容平台Industry Dive。Industry Dive是B2B领域高质量专业数字内容的领导者,拥有10年的行业经验。再次见到国际会展企业的数字化布局愈演愈烈。

(二)数字技术赋能效果更加凸显

按照代表性技术来划分,数字化进程已经经历了三个阶段,一是PC(个人电脑)阶段(2010年以前),主要表现为电脑参与管理,有了单机数据库和大型企业级数据库;二是MO(移动互联网)阶段(2010—2018年),智能手机广泛应用,微信微博、公众号、小程序、H5等手段参与管理中,大大增加了管理效果;三是AIOT(万物互联)阶段(2018年以来),大数据、人工智能等互联网服务极大地提高了管理效率。而偏偏又逢疫情,会展企业在疫情面前,没有选择路径依赖、无所作为,而是找准了疫情冲击下会展产业的痛点,积极顺应第四次浪潮智能信息化的趋势要求,大胆采用互联网+的技术手段,对会展产业链条进行数字化、网络化、智能化改造,在人员流动极度受限、实地办展此路不通的情况下,推动线上线下的融合,为会展产业的创新营销开辟了一条新路。

励展博览集团作为展会数量（2019年举办了400多场）及覆盖范围均处于全球领先地位的商业展会主办机构，为应对疫情带来的旺盛的非接触式参展活动的需求，迅速成立了垂直化产品开发部门和管理体系。该体系最新推出的各类数字化展会产品和服务，也都能得到比较充分的大范围的测试和应用，从而快速迭代并沉淀出真正具有商业价值的数字展会产品和服务。尤其在以下三大方面，成为励展数字化转型升级的主要方向：①以代参展为主（依托数字技术）的线下展会数字化参与升级；②以智能配对为主的展会数字化沟通升级；③以大数据工具为主的展会数字化营销升级。这些数字技术都为疫情中的会展企业极大地提高了运营效能。

新的数字展览模式日益成熟已成为会展行业的一大特色。2020年中国国际服务贸易交易会采取线上、线下结合方式开展活动，第17届中国—东盟博览会同步举办实体展和"云上东博会"，不仅打破了空间限制，也保证了展会的参与度。各类品牌会展活动的创新实践，让业界看到了从单纯的线上展会到线上线下深度融合的发展趋势。2021年也被称为展览行业元宇宙的第一年，会展企业也在积极寻找线下展览的替代模式，借助数字展览整合线上线下，线上展览系统能够帮助企业抓住机遇，开拓市场。数字化转型已成为会展业的必然趋势。未来，线上线下融合展会将成为展会的常态。

（三）数字科技基础设施已经完备，会展行业落后其他行业

近年来，以互联网、物联网、人工智能、大数据、云计算、VR/AR（虚拟现实/增强现实）为代表的新兴数字科技已经开始与各个行业出现双向融合的趋势，而数字中国建设也上升为"十四五"和2035愿景目标的国家战略。数字化正在重塑各个行业的业务模式、工作效率、用户体验。数字科技正充分发挥海量数据和丰富应用场景优势，促进数字技术与实体经济深度融合，赋能传统产业转型升级，催生新产业、新业态、新模式，壮大经济发展新引擎，

而会展行业也不例外,必须加速拥抱数字化。

现阶段,大多数企业对于数字化非常重视,都认为是未来的发展趋势和方向。《中国会展主办机构数字化调研报告(2022)》显示,2021年国内会展主办机构的线上线下融合模式已成为常态;面临抗击疫情和数字化转型升级的双重挑战,数字化进程在加速,90%的主办机构正在积极探索数字化转型;超过60%的机构获得了数字化收入。但如果说,哪家会展企业已基本实现了数字化运营,目前能看到的数字化会展企业的实践案例还很少,特别是相比于其他行业,会展业数字化进程还是落后的。目前,多数会展企业还在将数字化和信息化混为一谈。这是一个误区。因为,从迭代的层面讲,数字化是信息化的演进,信息化是数字化的基础。信息化更加注重的是单个业务应用的实现,而数字化注重的是发挥体系化平台的能力,实现以客户为中心价值链的业务流程重构,以及各环节的协同作业。举一个例子:疫情加快推进会展活动实现了实名注册,使参展、参会人员的信息更加准确。然而,对于大多数会展活动组织方来说,这仅仅满足了公安、卫生疫情防控方面的信息化要求,把人员信息保存下来以备查询。而从会展业务数字化的角度来看,这些参展、参会者的数据并没有与会展数字化系统打通,未实现实时的数字化连接。

数字化一定会全面地改造所有的行业,在当前百年未有之大变局的历史时期,数字化对每一个产业、每一家企业的重要性都毋庸置疑,会展行业也不例外,会展企业亟须转型升级为数字化企业。

二、国家层面对会展业数字化的持续推进

(一)数字会展初见成效,但深度和广度还要加强

党中央、国务院、商务部和各级地方政府多次鼓励会展行业利用新技术

推进展会服务模式创新、管理创新、业态模式创新,加快培育行业发展新动能;发挥会展业在扩大对外开放、增加社会就业、拉动消费增长、促进双循环格局等方面的重要作用。以政府主导的会展品牌"广交会""服贸会""人工智能大会""世界 VR 产业大会"等标杆项目率先实现线上与线下融合模式,疫情加速了以数字化为技术手段的线上会展、云会展、双线融合会展等概念从理念到行业实践。中国各地积极借助数字展览融合线上线下,联结国内国际,以数字经济新时代展览业创新发展理念为引领,累计服务上万家参展商,吸引上百万专业卖家入场,助力中外企业保持和拓展国际贸易渠道。数字展会体现了以下成效:

1. 参展成本低。无需人员去到展会现场,无需将产品进行长途运输,无需制作线下展示物料,仅需在相关展会平台上发布与企业相关的产品介绍,就能够与来自各地的客户进行交流,投入最小的成本,收获最大的利益。

2. 全天候参展。由于没有地域的限制,无需人员到现场,无需将产品运输到现场,更多的展商和观众可以随时随地在线上参展。

3. 全行业全企业参与。由于展会成本问题,通常不是行业内所有的企业都能来参与,这对企业来说无疑错过了很多商业机会,线上展会很好地弥补了这一问题。企业仅付出较低成本,一样能够得到与展会相关的商业信息。

4. 数据生成整理。线上展会能够完美解决数据整理的问题,不仅可以精准获取展会的总流量,还可以让每家展商获得被观展数据等,为企业带来看得见的利益。

5. 安全环保。线下展会每举办一场,将会产生巨量的会展垃圾,造成资源的严重浪费和环保问题,而线上展会更体现绿色环保和无安全隐患。

据《2021 年度中国展览统计数据报告》显示:2021 年全国举办线上展会 714 场,较 2020 年净增 86 场,增幅为 13.69%(其中与线下展会同期举办的 623 场,占线上展会总数的 87.25%)。当然,数字会展的普及程度和应用程度目前还局限于政府展会和头部商业展会,而以中小型展会为主体的会展产业的数字化程度还比较低,需要发挥政府支持政策激活广大的创新主体。特别是在对会展企业最有价值的如何使用私域流量,进行商机信息的精准传播和撮合,并为展商和观众提供个性化的服务,寻找到合适的营利模式方面至关重要。

(二)数字会展对于实现"双碳"目标有巨大贡献

实现 2030 年前"碳达峰"、2060 年前"碳中和"(简称"双碳"目标)是党中央经过深思熟虑作出的重大战略部署,也是具有世界意义的应对气候变化的庄严承诺。实现"碳达峰""碳中和",需要对现行社会经济体系进行一场广泛而深刻的系统性变革。对于会展行业而言,数字会展不仅是绿色、可持续的新发展范式,还可防范转型过程中出现的阵痛。因此,促进会展数字化发展也是会展业践行"双碳"目标,关系人类未来和行业发展的重要举措。

目前我国会展行业存在着严重的资源浪费和环境污染问题,资源浪费情况令人震惊。主要体现在一次性木质结构展具的大量使用和会展活动现场的污染浪费。据不完全统计,每 1 万平方米的展览能够产生接近 5 吨的垃圾;一个为期三天,由一千多家企业参展的中等规模展会,仅丢弃的宣传品就多达 32 万册,重约 32 吨,价值人民币两百万元,而生产及原料需要消耗 400 棵大树和 3 000 立方米的水;全国性的一线博览会,展览面积超过 10 万平方米的大型展会,8 天用电量高达 10 万度;展馆在会展活动期间平均每天用水量为 250 吨,一座展馆一年的污水排放 10 万吨。

国务院在《关于加快建立健全绿色低碳循环发展经济体系的指导意见》(国发〔2021〕4 号)文件中,明确提出"推进会展业绿色发展,指导制定行业相关绿色标准,推动办展设施循环使用",旨在杜绝会展浪费,减少碳排放,保护自然环境和人居环境。尽管各地会展主管部门也积极响应国家相关政策要求,提出了绿色办展的奖励办法和相关鼓励政策,但是采用数字化展会呈现的环保绿色作用更加显而易见。"十四五"期间,如果说我国的会展行业主要有着两个重点发展方向,分别是"数字化"和"绿色化",那么数字化促进绿色化的作用显而易见。

(三)数字会展是我们从会展大国到会展强国的关键驱动因素

数字经济是继农业经济、工业经济之后的主要经济形态,是以数据资源为关键要素,以现代信息网络为主要载体,以信息通信技术融合应用、全要素数字化转型为重要推动力,促进效率与公平更加统一的新经济形态。

互联网、区块链、人工智能、大数据等数字技术应用到会展经济活动中,会有很多新的改变,甚至会改变过去经济的一些运行模式,提升规模、提升效率、提升用户体验。降低成本、降低风险、降低接触成为会展企业转型的追求目标。中国会展产业在改革开放以来的40多年间取得了快速发展,无论场馆数量、展会数量和规模以及会展从业人数等多个维度,中国已经是全球会展业的大国。特别是近十年来,国家为了促进会展业的迅速发展,出台了一系列的政策,如表1-1所示。

表1-1 近年国家层面会展行业政策重点内容解读

时间	政策	内容与意义
2011.12	《关于"十二五"期间促进会展业发展的指导意见》	会展业是现代服务业的重要组成部分,影响面广、关联度高、发展潜力大,在推动产业结构调整、加快转变经济发展方式中的重要作用日益凸显。必须从科学发展观的战略高度,认识发展会展业的重要性,把其作为一项长期任务抓紧抓好。
2015.3	《关于进一步促进展览业改革发展的若干意见》	促进展览业改革发展,关键要坚持专业化、国际化、品牌化、信息化方向,培育壮大市场主体,加快展览业转型升级,努力推动我国从展览业大国向展览业强国发展,更好地服务于国民经济和社会发展全局。到2020年,基本建成结构优化、功能完善、基础扎实、布局合理、发展均衡的展览业体系。

(续表)

时间	政策	内容与意义
2020.4	《商务部办公厅关于进一步优化涉外经济技术展行政服务事项的通知》	即日起,商务部实施的两种涉外经济技术展(首次举办冠名"中国"等字样和外国机构参与主办)行政许可事项全面推行"不见面"无纸化审批,不再受理线下纸质材料,展会申办事项通过商务部统一平台"展览业管理信息应用"实行全程在线办理,各地商务主管部门对所在地举办的展会项目审核意见通过在线方式办理,不再出具书面审核意见。
2020.4	《商务部办公厅关于创新展会服务模式培育展览业发展新动能有关工作的通知》	(1)积极打造线上展会新平台。推进展会业态创新,积极引导、动员和扶持企业举办线上展会,充分运用5G、VR/AR、大数据等现代信息技术手段,举办"云展览",开展"云展示""云对换""云洽谈""云签约",提升展示、宣传、洽谈等效果。(2)创新展会国际营销模式。整合政府、办展机构、行业组织、我驻外经商机构以及跨境电商平台等多方资源,推动展会信息互通,统筹线上线下渠道,强化展会国际营销和对外宣传推广,提升重点品牌展会国际影响力和知名度。推动优势展会资源整合,建立合作共享展会协同发展机制,形成开拓国际市场合力。
2021.7	《"十四五"商务发展规划》	提出要提升贸易平台,完善会展业发展协调机制,提升区域性展会平台,打造高水平、专业性、市场化品牌展会。发展线上线下融合的展会模式,加强展览业行业体系标准化建设。
2021.7	《国务院办公厅关于加快发展外贸新业态新模式的意见》	大力发展数字展会、社交电商、产品众筹、大数据营销等,建立线上线下融合、境内境外联动的营销体系。
2022.1	《"十四五"数字经济发展规划》	加快推动文化教育、医疗健康、会展旅游等领域公共服务资源数字化供给和网络化服务。

资料来源:根据前瞻产业研究院资料整理

当然仅凭展会数量、展馆规模和从业人数这些"硬实力"成为会展大国是远远不够的,会展业作为我国现代服务业的重要组成部分,"十四五"期间也是我国由会展大国向会展强国转变的关键阶段,我国经济发展也提出了高质量发展的要求,支持低碳、新能源、数字经济和新基建,实现"科技—产业—金融"的高水平循环的要求。因此随着5G的逐步应用与疫情的影响,展览线上化趋势日渐明显。我国2020年后出台的会展行业相关的指导政策中,都明确地提出了"云上化""数字化"为主的发展方向,见表1-2。

表1-2 近年国家层面会展行业政策中发展目标解读

时间	政策名称	发展方向
2020.4	《国务院办公厅关于加快发展外贸新业态新模式的意见》	数字化会展
2020.4	《商务部办公厅关于创新展会服务模式 培育展览业发展新动能有关工作的通知》	发展线上会展平台
2021.7	《"十四五"商务发展规划》	发展线上线下融合的会展方式
2022.1	《"十四五"数字经济发展规划》	会展资源数字化供给

资料来源:根据前瞻产业研究院资料整理

会展是全国统一大市场的重要组成部分。会展产业是所有围绕会展项目实施提供各类服务的行业和企业的集合,会展大市场建设是全国统一大市场建设题中应有之义。会展产业链的所有环节、所有企业和机构都与会展大市场建设有关,整个会展产业链的每一部分工作效率的提升,任何服务的改进都是为统一大市场建设作出的贡献。会展数字化的提升让会展参与者更愉悦地享受到当地会展服务,更深刻地体验到会展活动举办地现场服务氛围,进而提高交易效率。这就是为统一大市场建设作出的贡献。

政府部门需要在产业促进政策方面加大数字会展的扶持和倾斜力度,以数字化提升会展产业的"软实力",驱动会展产业向个性化服务和精准化管理发展,并与其他业态融合发展,模式不断创新,开启会展业新篇章。

（四）数字会展有据可查,产业扶持目标和效果容易衡量

数字会展的最大优势就是所有数据可以看得到,可以量化。如果对数字会展的效果进行衡量,不仅主办方可以通过数字化解决方案对会展活动数据进行会后分析与反馈,从而量化评估该次活动的举办效果,根据海量数据预测展会趋势;参展商和赞助商可以看到在线的访客和商机数据,通过数字化手段提高转化率,扩大获客渠道,打响知名度,通过用户画像分析,推动后续精准营销;观众也可以提出诉求由平台实现千人千面的个性化内容推荐。对于政府而言,可以根据发展数字会展的目标和客观数据指标进行跟踪监管,甚至制定资金扶持政策也更具有可操作性。

尽管2021年新冠疫情反复,全球展览行业持续受到影响,但是我国数字线上展、代参展、双线双展等创新参展模式开始趋于成熟。据中国会展经济研究会统计工作专业委员会不完全统计,2021年中国境内线上展总计举办714场,同比2020年中国境内线上展举办总数的628场增加了86场,增幅达13.69%,其中同期举办境内线下展的展览总数达到623场,同比2020年同期举办线下展总数509场增加了114场,增幅达22.97%,占中国境内线上展举办总数的87.25%。其中广交会、进博会、服贸会等国家级展览皆为线下与线上双结合的办展模式。

综上,数字会展不仅是微观层面的新工具、新技术、新理念,也是一种新业态和管理创新。因此,发展数字会展就是在危机中育先机、于变局中开新局。建议政府主管部门在现有产业政策和专项资金的使用中增设或加大数字会展产业发展的支持力度和资金倾斜,促进数字会展的行业应用与深化发展,因为这是关系到数字中国建设并孕育新一轮产业革命的战略举措。

三、上海全面推进城市数字化转型的大势所趋

为了实现高质量发展、高品质生活、高效能治理,尤其对于上海而言,城市数字化转型是人民城市建设的重要推动力,使人人都成为数据的生产者、治理者、使用者、获益者,共建共治共享数字城市,从而深入践行"人民城市人民建,人民城市为人民"的重要理念。

2022年6月12日,上海市人民政府的《上海市数字经济发展"十四五"规划》进一步提出了城市数字化转型的目标和任务,上海会展业数字化转型是城市全面数字化转型的一个代表和缩影,更好地阐释上海的全面数字化转型。

(一)面向未来塑造城市核心竞争力的关键之举

数字化正以不可逆转的趋势改变人类社会,特别是疫情进一步加速推动数字时代的全面到来。数字化越来越成为推动经济社会发展的核心驱动力,深刻变革全球生产组织和贸易结构,重新定义生产力和生产关系,全面重塑城市治理模式和生活方式。随着数据资源在链接服务国内大循环和国内国际双循环中的引领型、功能型、关键型要素地位不断突出,全面推进城市数字化转型成为上海主动服务新发展格局的重要战略。

(二)超大城市治理体系和治理能力现代化的必然要求

作为超大城市,上海人口多、流量大、功能密,具有复杂巨系统的特征,城市建设、发展、运行、治理各方面情形交织、错综复杂,必须充分运用数字化方式探索超大城市社会治理新路子,回应人民对美好生活的新期待。

上海重点推进政务服务"一网通办"、城市运行"一网统管",加快建设新型智慧城市,大力发展在线新经济,打造一流数字基础设施,为城市数字化转型打下了坚实基础。面对新发展阶段的新机遇新挑战,上海正在牢牢把

握城市数字化转型这项事关全局、事关长远的重大战略,进一步增强坚定性和紧迫感,坚持整体性转变、全方位赋能、革命性重塑,全力做好全面推进城市数字化转型这篇大文章。

(三)打造国际数字之都的唯一途径

上海提出,到2025年,上海全面推进城市数字化转型取得显著成效,国际数字之都建设形成基本框架。到2035年,上海成为具有世界影响力的国际数字之都。全面推进城市数字化转型是唯一途径,只有数字化基础设施国际一流,数字经济全国领先,数字贸易国际枢纽港功能完善,建成世界级数字产业集群,才能成为具有全球竞争力的金融科技中心和数字经济创新高地。只有数字生活成为新风尚,公共服务质量和效率进一步提升,构建充满活力的数字生活服务生态,才能形成人人享有更具品质、更加美好的数字生活新范式。只有治理能力全面跃升,数字规则更加完备,数据要素高效流动,才能形成引领全国的超大城市数字治理新模式。

四、疫情促使上海会展数字化转型的加速进程

应该说上海会展业在2019年之前已经登上了"全球会展城市之巅",本身有个"高位求变"的思考,一个城市也不可能一直依赖线下会展的扩展来实现高速发展,需要多渠道的高质量的发展。

疫情对会展业打击巨大,根据商务部有关展览数据汇总统计的情况,比对相关部门发布的2020年会展统计数据,以及亚太会展研究评估中心的定向城市会展数据分析,2020年全国举办展览5 661场,比2019年减少53%;展出面积7 964万平方米,比2019年减少51%。同样2020年受疫情影响,上海市展览活动数量和展览面积明显减少,根据上海市会展行业协会统计,全市举办的展会及活动数量为550个,较2019年减少了493个,同比减少

47.3%。全市展览面积为1 107.8万平方米,较2019年减少了833.87万平方米,同比减少42.9%。2021年,上海共举办各类展览活动542个,同比减少1.46%,举办总面积1 086.02万平方米,同比减少1.97%。数量目前仍然在谷底徘徊,可以看出,上海会展业遭遇"断崖式"打击必须寻找新的突破口。会展业是上海经济发展晴雨表,是产业链、供应链、价值链不可或缺的重要环节。上海会展业面对疫情冲击,一手抓疫情防控,一手抓经济复苏,力求创新谋变,提出了创新发展"线上线下"融合的展会模式。

2020年中国会展产业特点之一就是数字化成为"主旋律"。2021年会展业数字化转型趋势更加明显。随着会展数字化的基础设施进一步完备,为会展界带来的发挥空间进一步加大。特别是随着大数据提供智能综合服务和硬件设施的完善,会展业已经实现"线上+线下"数据链条从打通到闭环,形成智能化新型业态。上海是会展应用数字赋能的主战场,随着物联网、大数据、人工智能和第五代移动通信技术等现代数字化技术的高速发展,上海会展产业实现了与数字经济的深度融合。所以面对新冠疫情的危机,一些富有创新精神的上海会展企业没有坐以待毙,而是大力拓展互联网思维,积极应用大数据、云计算、5G产业、人工智能技术,开展线上营销、线上展会、网上直播、主题论坛等活动,致力于危中寻机、困中求变,科技赋能,为推动上海会展行业转型升级提供了可能。

(一)疫情中寻求变化和生存

2020年疫情暴发不久,会展企业创新求变就广泛开展。米奥兰特商务会展股份有限公司迅速组织新产品研发,利用现有大数据架构,依托政府推动,研发纯线上的数字展览,把参展商和买家邀请到网上做预展。杭州西博国际博览有限公司开设白马会客厅,连续8天进行线上直播,邀请包括国际展览业协会(UFI)、国际大会及会议协会(ICCA)、国际展览与项目协会(IAEE)三大国际会展组织的亚太负责人、中国会展经济研究会有关负责人及会展业界知名人士、专家等嘉宾进行线上交流与探讨,此后又围绕健康脱贫、室内设计、宠物饲养等主题邀请业内专家开设网络直播,受到了不少客户的关注。面对众多线上化转型的需求,云上会展、31会议等会展科技公司研发出更多在线会展、商务配对等产品,帮助企业度过疫情难关。

(二)疫情后谋划战略转型

新冠疫情持续近三年,会展业界都在"活下去"的鼓励声中前行,数字技术为保留行业火种功不可没,因此疫后的会展业是属于经过新冠洗礼的会展企业,会展业态也绝不是简单回归,疫后会展业必然植入数字化基因。未来,诸如新冠疫情这样的"黑天鹅"事件仍然难以预期。疫情过后,会展业在继续搞好线下会展活动的同时,应把发展数字会展作为一项战略措施来谋划,真正实现线上线下双轮驱动、同步发展。

上海全面数字化大背景下会展业的转型发展,因而既有现实意义,也有理论上的必要性。本课题研究对象是上海的会展行业,特别是会展主承办企业,这些主体在全面数字化背景下如何思考?如何行动?如何评价数字化成效?等等,试图为企业找到一个数字化转型背景下的新的运营模式。

第二节 ‖ 研究框架

在当前百年未有之大变局的历史时期,数字化对每一个产业、每一家企业的重要性都毋庸置疑,会展行业也不例外,会展企业亟须转型升级为数字化企业。目前,上海会展数字化的基础设施已经基本具备,为会展界带来了极大的发挥空间。随着大数据提供智能综合服务和硬件设施的完善,会展业已经实现"线上+线下"数据链条从打通到闭环,形成智能化新型业态。

本课题试图解决上海全面数字化大背景下会展业的转型发展,因而既有现实意义,也有理论上的必要性。

一、研究内容

本课题研究对象是上海的会展业,特别是主承办企业及其举办的展会,针对这些企业在全面数字化背景下的思考、目标、路径和行动。试图为上海会展业找到一个数字化转型背景下的新的目标、路径和对策。研究的总体框架分成四个部分:

(一)上海会展业数字化转型的现状分析

在相关背景分析和文献分析的基础上,梳理了上海会展业对数字化的认识,分析数字化展会的形式。

基于理论的视角,一般认为,会展主办方有三种举办展会的方式,一是线上会展,具有成本低、高效率、无地域限制、观众面广泛、展出时间365天×24小时在线等特性,主办方可以建立属于主办方、参展商、观众的私域流量池持久营销。但是缺少线下体验感。二是线下会展,具有很好的体验感,但是有地域性限制,展会一开始就定下位置,影响不够宽广;时效性短暂,展会一旦结束即消失,场景就不能重现了;没有留存性,展会一旦结束即失效,营销不能持久。三是双线会展,具有展出空间大、融合线下线上的所有优点,双驱动给观众及展商多了一种选择和服务,效果叠加,能进一步强化会展本身的品牌和服务等。

2020年4月,阿里巴巴集团和上海市贸促会合资成立云上会展有限公司,立足于打造"数字会展新基建",为上海和国内外会展产业数字化转型提供创新解决方案,云展公司自成立以来,抓住会展数据要素+会展数据生态"两大支撑",力争成为数字技术底层最扎实、数字应用渗透最充分、数字生态系统最具竞争力的会展科技企业之一。截至2021年7月底,云上会展已上线项目超过20个,其中上海会展活动项目10个,包括上海车展、婚纱摄影器材展、国际染料展、上海书展、上海旅游节、上交会云上海外展、长三角文博会、上海国际艺术品交易月、长三角应急展、上海养老展等重点项目,应该说上海数字会展已经发展到一定的阶段,尽管存在着一系列的问题。鉴于会展行业的特殊性,越来越多的从业者认识到双线会展是未来的发展趋势,线上会展也取代不了线下会展,线下会展也不能无视线上会展的作用。谁先行动谁就抢占了先机,数字时代的数字展会在线上展会和双线会展中都得以体现价值。

(二)上海会展业数字化转型的比较分析

他山之石可以攻玉,为了厘清上海会展业的数字化转型的情况,试图通过会展业和其他行业的比较,如和酒店业、旅游业、零售业进行比较,以及把上海和其他城市的比较,如和北京、深圳的会展业进行比较,通过两条路径的对比,我们可以对上海市会展业数字化转型的行业水平和城市水平有较为清晰的感知,并从中找到可借鉴之处。

(三)上海会展业数字化转型的目标和路径

上海市会展业数字化转型是一项高瞻远瞩的系统工程,需要明确的目标作为引领,总体目标是什么?目标体系如何架构?具体指标如何设计?这是本课题要思考的首要问题。

上海市会展业数字化转型的具体路径需要从宏观和微观两个角度来推进。微观层面上就是上海市会展企业的层面,宏观层面就是上海市整个会展行业的转型,这对于会展行业抵抗疫情危机和疫后复苏至关重要。

(四)上海会展业数字化转型的对策

上海会展业数字化转型并不是行业内的事情,而是全社会背景下推进的系统工程,需要政府、企业、行业和社会等层面的合力推进,因此全社会、多部门、多措并举以解决上海会展业数字化转型实践是发展之需。上海市也积极推进城市全面数字化转型；上海会展业数字化转型时不我待，正好又适逢百年未遇的新冠疫情，从而加大了上海会展业数字化转型的迫切需求，加速了这一进程。

本研究重点是探讨上海会展业如何借力数字化转型，做大会展业增量，难点是数字化技术发展迅猛，数字化应用与会展企业如何结合，微观企业的抓手在哪里？如何在研究中阐述清楚，对于企业指导性很关键。因此本研究主要目标就是找到上海会展业数字化转型目标路径和对策，试图从宏观微观两个角度找到新的运用模式和盈利机制。

二、研究思路和方法

本课题是按照"分析发现问题—提出解决问题的构想和检验—提出解决对策和注意事项"的研究思路，如图1-1所示。这一研究思路可以分解为：(1)分析提出问题部分。在背景分析、理论分析和比较分析的基础上提出上海会展业为什么要转型？在全面数字化背景下如何转？(2)构建目标和指标部分。在厘清数字化会展等概念的基础上，以相关理论为基础，立足展览业的特殊性，提炼特征要素，构建上海会展业转型生态体系和评价指标。(3)路径和对策研究部分。在进行系统分析的基础上，提出上海会展业数字化转型的路径，并针对性提出对策建议。

本课题运用文献分析、深度访谈、比较分析和扎根理论等研究方法，定性分析与定量分析相结合。

（一）文献分析法。是指通过对收集到的某方面的文献资料进行研究，以探明研究对象的性质和状况，并从中引出自己观点的分析方法。它能帮助调查研究者形成关于研究对象的一般印象，有利于对研究对象作历史的

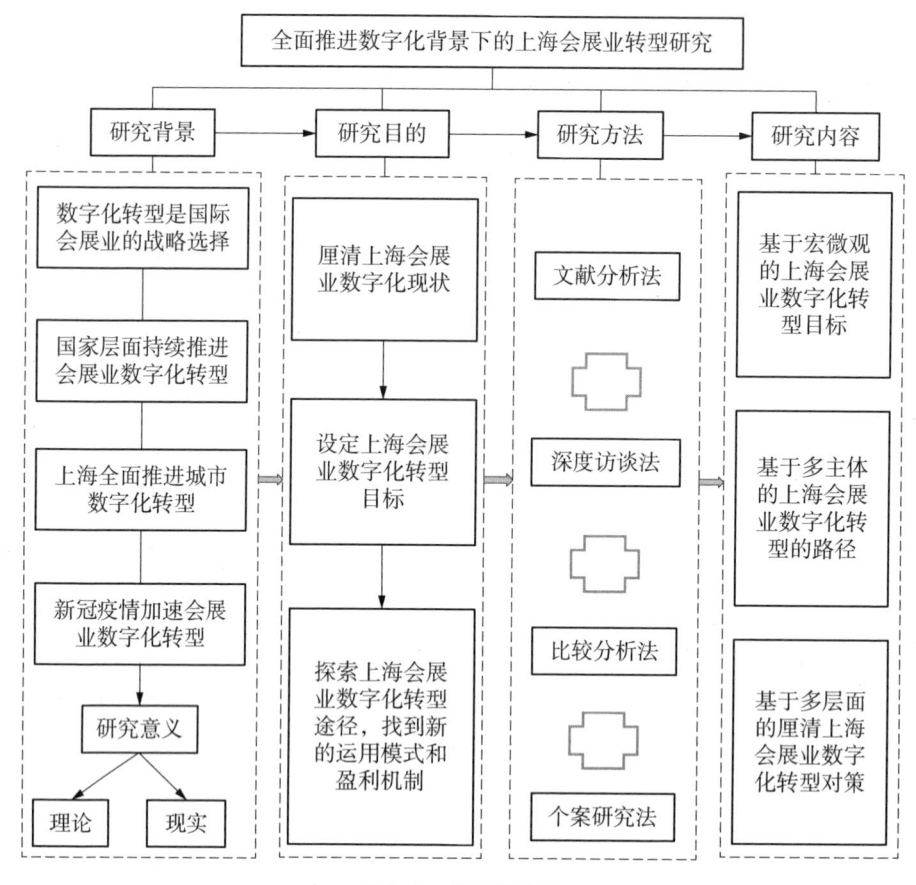

图 1-1 研究思路图

动态把握,还可研究已不可能接近的研究对象。本书主要对收集到的公开出版的书籍刊物网络信息等资料进行分析研究。

(二)深层访谈法。是一种无结构的、直接的、个人的访问,在访问过程中,调查员深入地访谈一个被调查者,以揭示对某一问题的潜在动机、信念、态度和感情。本书通过半结构式访谈的形式,对20位会展行业的专业人士进行了60—90分钟的线上或线下深度访谈。

(三)比较分析法。又称对比分析法,是把客观事物加以比较,以达到认识事物的本质和规律并作出正确的评价。通常是把两个相互联系的指标数据进行比较，从数量上展示和说明研究对象规模的大小，水平的高低，速度的快慢，以及各种关系是否协调。

（四）扎根理论研究法。是运用系统化的程序，针对某一现象来发展并归纳式地引导出扎根的理论的一种定性研究方法。与其他众多方法不同的是，扎根理论中研究者在研究前一般没有理论假设，会通过实际观察从原始资料中归纳出经验概括，层层上升，由下往上建立实质理论。该方法的具体操作方式为通过开放式编码(open coding)、主轴编码(axial coding)、选择性编码(selective coding)三级编码过程，不断重复比较分析并逐步提炼出更为清晰的概念结构从而形成理论。本文选用此编码方式分析深度访谈资料，探索上海会展业数字化转型的相关研究。

第二章 相关研究综述、理论基础和概念界定

第一节 ‖ 国内外数字会展研究综述

随着科学和技术的进步,技术广泛应用于生产生活领域,再加上新冠疫情的影响,上海会展业数字化转型明显显示出实践优先的态势,一时间各种新名词、新概念、新理念层出不穷,其实国内外都有一些相关的研究和思考,所以有必要做一个梳理。

一、国外研究综述

根据UFI发布的2012—2020年的《亚洲展销业年度报告》显示,自2012年至2019年亚洲市场的贸易展无论是数量还是面积,都呈现上升趋势,可见人们对于线下展会的需求越来越大。联合国世界卫生组织2020年发布了禁止大规模集会的声明,大多数活动,包括会议、展览、节事等被取消或推迟,会展行业整体受到新冠疫情的影响。[①] 通过观察2020年《亚洲展销业年度报告》的数据,贸易展会数量和面积出现了断崖式下跌。亚洲市场贸易展总面积仅有680万平方米,较2019年下降了72.2%。见表2-1。

2022年,全球大多数会展公司从3月开放市场,也有不少国家和地区更早开始。但是亚洲市场5月才开始开放,而我国由于上海、北京、广州等会展业发达城市受到新冠疫情的影响,会展业复苏时间推迟。根据2022年

---

① World Tourism Organization. UNWTO World Tourism Barometer May 2020 - Special focus on the impact of COVID-19 [R]. Madrid: UNWTO, 2020.

表 2-1 2012—2020 年亚洲贸易展数据表

年份	贸易展数量（个）	净展览面积（百万平方米）
2012	1 948	16.3
2013	2 013	17.5
2014	2 132	18.6
2015	2 202	19.7
2016	2 270	20.9
2017	2 353	22.3
2018	2 424	23.4
2019	2 482	24.5
2020	1 147	6.8

数据来源：UFI Annual Trade Fair Industry Asia Report 8th–16th editions

《UFI 全球展览业晴雨表》发布的数据显示，就 2022 年的营业利润来看，全球 10% 的公司将出现亏损，15% 的公司预计将比 2019 年的水平减少 50% 以上。一些地区出现亏损的会展公司比例将高于平均水平。相比于英国、意大利、沙特阿拉伯、土耳其、韩国和日本而言，中国的收入情况不容乐观。[1] 会展行业整体受到新冠疫情的影响，在这种情况下，展会组织者开始寻找展会替代的活动方案。线上（Online）/虚拟展会（Virtual Trade Shows）和混合展会（Hybrid Trade Shows）大范围走进人们的视野，成为会展业探索的焦点。视频会议、直播、SNS 推广等技术的应用和虚拟展览系统的不断升级更新为展会活动的顺利举办提供了便利。但是会展业今后的发展方向及呈现模式，还存在多种争论。

---

[1] The Global Association of the Exhibition Industry. UFI global exhibition barometer 29th edition [R]. UFI, 2022.

(一) 研究进展

在搜索学术界对于虚拟展会等主题的相关文献时,首先界定关键词,国外相关网站上大多将线上展会称为虚拟展会,并且将展览的类型界定为贸易展。由此在 Scopus 和 Web of Science 文献检索平台上以"virtual trade shows"为关键词,并进行同义词的替换、将语种限定为英语进行搜索,在 Scopus 检索平台上发现 702 条结果,在 Web of Science 检索平台上发现 626 条结果,文献计量结果如图 2-1 所示。根据图 2-1 的文献计量图可看出,自 1995 年起出现相关论文的研究,2019 年之后文献数量有明显上升的趋势,可推测此结果是与 Covid-19 有关。另外,在梳理相关文献时发现现有文献大多数是对于虚拟展会概念的界定,以及虚拟展会和混合展会发展趋势的相关研究,缺乏实证研究。

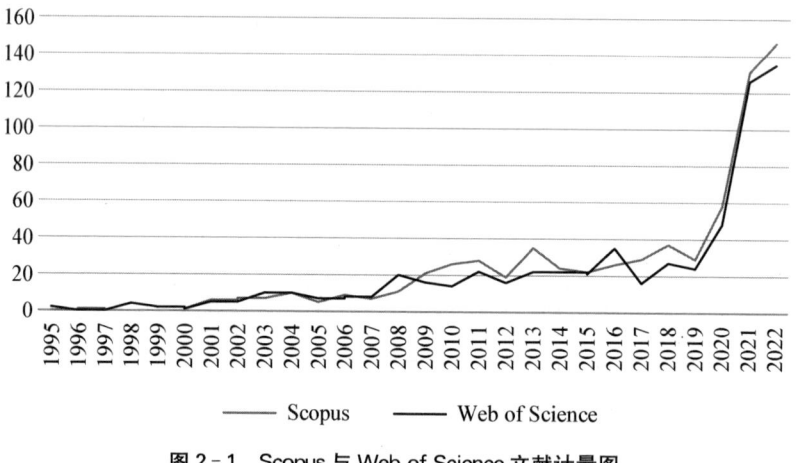

图 2-1 Scopus 与 Web of Science 文献计量图

(二) 虚拟展会

虚拟展会可追溯到 20 世纪 90 年代,随着互联网的兴起,虚拟展会随之兴起。德蒙福特大学(De Montford University)和 IBM 于 1995 年 1 月合作举办了世界上第一个虚拟贸易展会。① 同年,Virtex 公司在英国推出欧洲第一个基于网络的虚拟展会。之后开始出现相关概念和虚拟展会技术的相关研究。Su 等人(Su et al.,1998)对虚拟展会系统的相关技术做出了研究,认为虚拟展会是实体展会的延伸,具有补充作用。② Lee-Kelley 等人(Lee-Kelley et al.,2004)认为虚拟展会是一种在网络空间举行的展览,所有类型的组织(从小到大)使用计算机中介信息技术(IT)并具有基于网络的能力,都可以参加。③ Geigenmüller(Geigenmüller,2010)认为在虚拟展会的形式中,参展商和参观者通过在线业务可以获得独特的服务,以至于使展会服务的竞争格局发生了巨大的变化。④

在过去 10 多年的时间里,虚拟展会在商业和学术界变得越来越受欢迎。⑤⑥ Camilleri(Camilleri,2018)提出虚拟展会现在已经成为大多数营销人员的新兴虚拟促销工具。⑦ Gottlieb 和 Bianchi 等人(Gottlieb 和 Bianchi,2017;Sarmento 和 Simōes,2019)认为虚拟展会与许多其他虚拟促销工具一样,通过克服物理空间的障碍,使参展商和参观者通过虚拟环境实现互

---

① HAND C, SKIPPER M. A virtual trade exhibition [J]. Computer-Mediated Communication Magazine, 1995, 2(2):5.
② SU C J, YEN B P C, ZHANG X. An internet based virtual exhibition system: Conceptual design and infrastructure [J]. Computers & industrial engineering, 1998, 35(3-4):615-618.
③ LEE-KELLEY L, GILBERT D, AL-SHEHABI, N F. Virtual exhibitions: an exploratory study of Middle east exhibitors' dispositions [J]. International Marketing Review, 2004, 21 (6):634-644.
④ GEIGENMÜLLER A. The role of virtual trade fairs in relationship value creation [J]. Journal of Business & Industrial Marketing, 2010, 25(4):284-292.
⑤ GOTTLIEB U R, BEATSON A. High on emotion! Perceived value: influencing decision-making processes at international student recruitment trade shows [J]. Journal of Marketing for Higher Education, 2018, 28(2):282-297.
⑥ BLEIZE D N, ANTHEUNIS M L. Factors influencing purchase intent in virtual worlds: a review of the literature [J]. Journal of Marketing Communications, 2017, 25(4):403-420.
⑦ CAMILLERI M A. Integrated marketing communications, in Travel Marketing, Tourism Economics and the Airline Product [M]. Cham: Springer, 2018:85-103.

动。①② Lee-kelley 等(Lee-kelley,2004;Geigenmüller,2010)认为使用虚拟展会的过程中,可以减少费用,特别是对于规模比较小的公司而言,并能够提供可靠的工具(如密码和认证码等),使参展商能够从观众中区分出潜在客户。③④ Vitali 等人(Vitali et al.,2022)认为虚拟展会通过多种渠道(如电子邮件和聊天)促进互动,避免了活动受时空、地区等因素的限制。⑤ 因此,虚拟活动具有很大的发展潜力。

通过以上学者对线上展会/虚拟展会的研究可看出,学者们比较认可虚拟展会不受时间、空间等因素限制的优点。

(三) 混合展会

虚拟展会和实体展会究竟谁是未来会展的主流方向,目前还不清晰,但是介于二者之间的混合展会受到了不少人的关注。Fryatt 等(Fryatt et al.,2012;Morell,2010;Parker,2009)认为混合事件是现场和在线/虚拟事件的混合,内容和互动元素重叠。⑥⑦⑧ Hameed 等(Hameed et al.,2021)认为可

---

① GOTTLIEB U, BIANCHI C. Virtual trade shows: exhibitors' perspectives on virtual marketing capability requirements [J]. Electronic Commerce Research and Applications, 2017,21:17-26.
② SARMENTO M, SIMÕES C. Trade fairs as engagement platforms: the interplay between physical and virtual touch points [J]. European Journal of Marketing, 2019,53(9):1782-1807.
③ LEE-KELLEY L, GILBERT D, AL-SHEHABI N F. Virtual exhibitions: an exploratory study of Middle east exhibitors' dispositions [J]. International Marketing Review, 2004,21(6):634-644.
④ GEIGENMÜLLER A. The role of virtual trade fairs in relationship value creation [J]. Journal of Business & Industrial Marketing, 2010,25(4):284-292.
⑤ VITALI V, BAZZANI C, GIMIGLIANO A, et al. Trade show visitors and key technological trends: from a literature review to a conceptual framework [J]. Journal of Business & Industrial Marketing, 2022,37(13):142-166.
⑥ FRYATT J, MORA R G, JANSSEN R, et al. Hybrid meetings and events. MPI Foundation. Meeting Professionals International.
⑦ Morell K (2010) How to use hybrid meetings to drive attendee engagement. Meet Today.
⑧ Parker J (2009) Running a virtual hybrid event. https://www.slide share.net/Digit ell/virtu al-events-hybrids-asae.

能是将会议主持人、演讲者和一小部分观众聚集在一个演示工作室中,向在线观众传递内容,演讲者可以进行面对面交谈,同时通过虚拟平台与未出席的人进行互动。① Jung 等(Jung et al.,2022)认为混合展会将提供在线/虚拟和现场两种场景,吸引更多相关领域的专家和利益相关方,并分享和传播更多相关知识。这种混合形式将会扩大活动数量,并加强会展作为知识平台的作用,在这种混合背景下的虚拟会展平台将会比单独的虚拟展会发挥更大的作用。②

关于混合展会的界定,大家比较能够达成一致,认为混合展会是介于虚拟展会和实体展会之间的一种模式,既提供线下场景,又提供虚拟场景。

(四)对线下、线上及混合展会的争论

目前国外对于今后会展的发展方向进行了一些讨论,主要是三种模式:线上会展/虚拟会展、线下会展/实体会展、混合会展/双线会展。但是对于今后会展的主导模式并没有达成一致的认识。

一些学者对实体展会和虚拟展会的差异发表了观点。Hoffman(Hoffman,2020)表示虚拟展览已经取代了现场展览;因此,包括贸易展览和博物馆在内的许多部门都必须迅速适应新的在线展览。但同时他也指出我们感知物理空间的方式仍然指导着在线空间的创造。③ Geigenmüller(Geigenmüller,2010)强调了实体展会与虚拟展会差异的主要因素。即虚拟展会提供给参与主体更多以信息技术为中介的互动,对参观者来说,可能增加了泄露隐私的风险,但同时也减少了面对面交流的压力。④ Jung 等(Jung et al.,2022)

---

① HAMEED B Z, TANIDIR Y, NAIK N, et al. Will "Hybrid" meetings replace face-to-face meetings post COVID‐19 era? Perceptions and views from the urological community [J]. Urology, 2021,10(156):52‐57.
② JUNG S, LEE J. Current and future influences of COVID‐19 on the knowledge management function of conventions and exhibitions [J]. Service Business, 2022:1‐20.
③ HOFFMAN S K. Online exhibitions during the COVID‐19 pandemic [J]. Museum Worlds, 2020,8(1):210‐215.
④ GEIGENMÜLLER A. The role of virtual trade fairs in relationship value creation [J]. Journal of Business & Industrial Marketing, 2010,25(4):284‐292.

把会展看作传播显性知识和隐性知识的场所,认为"显性知识"是客观的,易于数字化;而"隐性知识"是无法在网上转移的,强调了面对面交流获取隐性知识的重要性。① 这也是实体展会无法被替代的原因。Falconer 等(Falconer, 2006; McDermott, 1999)赞同在线/虚拟的 C&E 不能完成知识平台的角色这一观点。②③ 上述学者虽然表示即使人们在快速地适应虚拟展会,虚拟展会也给人们带来许多便利之处,比如:不受时空限制、参展成本低、在营销方面作用明显等。但是由于参展商和观众无法进行直接的接触,可能导致人们之间难以建立信任机制,而使得人们参展效果大打折扣。

一部分学者主张线下展会也就是实体展会仍然是未来的主导。Getz(Getz, 2004)认为虚拟展会由于其自身不受时空限制的特点,不能为人们提供"地点感、人群的动态和与身体上的特殊事物相关的情感"。④ Sarmento 等(Sarmento et al., 2015; Panahi et al., 2013)认为这些通过手势、态度、语气、说话方式以及术语来传达出来的信息,如果没有面对面的会面是无法获得的,在线/虚拟 C&E 活动不太可能取代 F2F(Face to Face 的缩写,面对面的意思)活动。⑤⑥ Hameed 等人(Hameed et al., 2021; Jung

---

① JUNG S, LEE J. Current and future influences of COVID - 19 on the knowledge management function of conventions and exhibitions [J]. Service Business, 2022:1 - 20.
② FALCONER L. Organizational learning, tacit information, and e-learning: a review [J]. The Learn Organ, 2006,13(2):140 - 151.
③ MCDERMOTT R. Why information technology inspired but cannot deliver knowledge management [J]. Calif Manage Rev, 1999,41(4):103 - 117.
④ GETZ D. Geographic perspectives on event tourism, A Companion to Tourism [M]. pp.410 - 422.
⑤ SARMENTO M, SIMÕES C, FARHANGMEHR M. Applying a relationship marketing perspective to B2B trade fairs: the role of socialization episodes [J]. Industrial Marketing Management, 2015,44:131 - 141.
⑥ PANAHI S, WATSON J, PARTRIDGE H. Towards tacit knowledge sharing over social web tools [J]. Journal of knowledge Management, 2013,17(3):379 - 397.

et al., 2022; Mitchell et al., 2016; Sarmento, 2015)表示即使在线/虚拟活动中有信息获取的效率和便利,但是传统会展线下模式,仍然是人们的首选形式。①②③ 从学术研究的观点来看,线下展会所提供的直观体验和感受,是目前线上展会无法取代的。并且根据 Tradeshow Logic(2020)的一项调查显示,67%的受访者在虚拟活动中表示,"社交"未能达到他们的预期。此外,78%的受访者表示希望回国完成 F2F 活动。④ 对于国外参展商和观众来说,虚拟展会目前只是在疫情期间线下展会的一种补充模式,但并非完全取代线下展会。

Lee-Kelley 等(Lee-Kelley et al., 2004; Sarmento 和 Simões, 2019)强调了线下和线上两种展会形式的互补性。⑤⑥ 一些组织者也表示同时举办 F2F 和在线/虚拟活动的混合解决方案将是未来活动战略的关键部分(Meeting spotlight, 2020a, b)。⑦⑧ 在对主办方进行举办混合展意向的调

---

① HAMEED B Z, TANIDIR Y, NAIK N, et al. Will "Hybrid" meetings replace face-to-face meetings post COVID-19 era? Perceptions and views from the urological community [J]. Urology, 2021, 10(156):52-57.
② JUNG S, LEE J. Current and future influences of COVID-19 on the knowledge management function of conventions and exhibitions [J]. Service Business, 2022:1-20.
③ MITCHELL V, SCHLEGELMILCH B B, MONE S. Why should I attend? The value of business networking events [J]. Industrial Marketing Management, 2016, 52:100-108.
④ Tradeshow Logic (2020) Redefining value for today's exhibitors & sponsors, vol 1. Virtual event expectations.
⑤ LEE-KELLEY L, GILBERT D, AL-SHEHABI N F. Virtual exhibitions: an exploratory study of Middle east exhibitors' dispositions [J]. International Marketing Review, 2004, 21(6):634-644.
⑥ SARMENTO M, SIMÕES C. Trade fairs as engagement platforms: the interplay between physical and virtual touch points [J]. European Journal of Marketing, 2019, 53(9):1782-1807.
⑦ Meeting spotlight (2020a) Stats: 73% of event planners will run a hybrid event in 2020a. https://www.Meeting spotlight.com/article/stats-73-event-planners-will-run-hybrid-event-2020a. Accessed 25 Apr 2021.
⑧ Meeting spotlight (2020b) Stats: 95% of event organizers likely to run hybrid event in 2020b. https://www.Meeting spotlight.com/article/stats-95-event-organizers-likely-run-hybrid-event-2020b. Accessed 25 Apr 2021.

查中显示,超过95%的活动组织者预计将计划和举办更多的混合活动,73%的活动组织者将举办混合活动(Meetingspotlight,2020a,2021)。①② 随着社交距离的缓解,线下会展正在重新启动,并转向混合模式。Vitali(Vitali et al.,2022)提出展会组织者应该依靠社交媒体和社区之家的相互作用,促进参展商和观众之间的互动,以巩固买家和供应商的互动,使观众更容易获取未来购买信息。③

根据以上分析可看出,未来的展览模式将会发生变化,社交媒体在未来的展会模式中极为重要,会展也不可能回到传统的线下展,未来的国际会展模式将会更加倾向于混合展览。但是也有学者指出,在当前的环境下,这三种模式并不能单一地去判断,需要根据技术应用的各种环境,把展会打造成为有效的知识创造场所。总的来说,虚拟展会不可能会完全取代实体展会。在当前社会环境下,实体展会对人的情感变化所带来的作用不可忽视。随着疫情逐渐得到控制,社交距离逐渐不受限制之后,线下会展会逐渐回归,虚拟会展和线下会展可结合发挥最大的功能和作用,达到1+1>2的效果。

(五)虚拟会展研究现状

在搜索相关文献时发现大部分文献都是对展会模式的讨论,以及概念的界定,研究比较碎片化,现有研究大多是个案研究,有关虚拟展会的实证

---

① Hameed BZ, Tanidir Y, Naik N, Teoh JY, Shah M, Wroclawski ML, Kunjibettu AB, Castellani D, Ibra-him S, Silva RD, Rai B, Rosette JJMCH, TP R, Gauhar V, Somani B (2021) Will "Hybrid" meetings replace face-to-face meetings post COVID-19 era? Perceptions and views from the urological community. Urology.
② Meeting spotlight (2021) Buyer Q&A: as hybrid events remain, human connection are key. https://www. Meeting spotlight. com/article/buyer-qa-while-hybrid-events-will-remain-human-connection-are-everything. Accessed 19 May 2021.
③ VITALI V, BAZZANI C, GIMIGLIANO A, et al. Trade show visitors and key technological trends: from a literature review to a conceptual framework [J]. Journal of Business & Industrial Marketing, 2022,37(13):142-166.

研究并不多。Lee-Kelley(Lee-Kelley et al., 2004)对来自中东、欧洲、美国和远东地区的143家参展商的高级管理人员进行了探索性研究,观察虚拟展会的潜力,并证明虚拟展会可作为营销组合:"产品""促销""宣传"的媒介。他们表示对"地点"的作用不强,可能是因为人们更倾向于用虚拟展会传递信息,而不是分发商品。① 还有学者从博物馆和旅游方面对游客或参观者使用虚拟技术的体验进行了研究。如 Wolf 等人(Wolf et al., 2018)调查了参观者在参加虚拟博物馆展览时遇到的优点和缺点。该研究揭示了VR的主要优势是可以"任何人、任何地方、任何时间"获取内容。但是有些内容不能完全被虚拟化。② Itani 和 Hollebeek(Itani 和 Hollebeek, 2021)开发了一个模型,检验游客在疫情期间及疫情之后,使用 VR 技术云旅游以及实体旅游的驱动因素及其影响。③ 以上研究表明在疫情期间,保持社交距离会增加游客参与虚拟现实旅游的意愿,然而在后疫情时代,社交距离对潜在游客云旅游还是实地旅游并没有产生相应的影响。Gani 等人(Gani et al., 2021)以虚拟展会为主题,进行了相关的文献综述。他们认为目前学界缺乏对虚拟贸易展示的概念研究。研究人员将重点放在了虚拟展会的现有开放问题和一些潜在领域上,在这些领域方面需要促进理论的发展。④

综上,虽然虚拟展会最早的概念提出可以追溯到20世纪90年代,但是由于人们在实体展会上能够获得更大的利益,所以虚拟展会并没有大规模

---

① Wolf, K., Reinhardt, J. and Funk, M. (2018), Virtual exhibitions: what do we win and what do we lose?, Electronic Visualisation and the Arts, pp.79–86.
② WOLF K, REINHARDT J, FUNK M. Virtual exhibitions: what do we win and what do we lose? [C]. Electronic Visualisation and the Arts, 2018:79–86.
③ Itani, O.S. and Hollebeek, L.D. (2021), Light at the end of the tunnel: visitors' virtual reality (versus in-person) attraction site tour-related behavioral intentions during and post-COVID-19, Tourism Management, Vol.84, p.104290.
④ GANI M O, TAKAHASHI Y, FAROQUE A R, et al. Virtual trade show: past assessment, present status, and future prospects [J]. Journal for International Business and Entrepreneurship Development, 2021,13(3–4):286–310.

展开。近几年因为新冠疫情的影响,人们不得不将办展视角转移到线上,关于虚拟展会的讨论才逐渐变多。在搜索文献的过程中发现,从1995年至今陆陆续续有相关文献,但是文献中所使用的理论并不多,Gani等人(Gani et al.,2021)还表示近几年才开始以理论导向,多是关于营销管理(即客户关系管理)和组织研究(即动态能力、制度理论和网络理论)的理论。[1] 尽管这些理论来自营销和管理两个领域,但是大多数虚拟展会理论都是基于虚拟事件这一基础概念。有限的理论数量和研究数量表明,虚拟展会缺乏一个统一的概念基础。

(六) 虚拟会展研究前景

现下防疫政策逐渐放宽,进入后疫情时代,会展模式究竟是怎样的,还需要进一步讨论,但是目前的关注点主要放在哪里?通过梳理相关学者的研究,一些学者提出了虚拟展会领域未来的研究和发展方向。如Vitali等(Vitali et al.,2022; Gani et al.,2021)建议,虚拟展会的管理人员应关注IT和新技术在其业务领域中的作用,特别是通过分析和确定与客户建立可持续关系的具体途径。[2][3] 主办方及参展商应该关注相关技术的应用。Gopalakrishna等人(Gopalakrishna et al.,2019)从社交媒体获互动角度提出应该鼓励展览经理进一步激发社交媒体对话和后续活动,以接触在线评价体验的更高层次观众,从而使这种阐述产生行为结果。[4] Lacka等人

---

[1] Vitali V, Bazzani C, Gimigliano A, et al. Trade show visitors and key technological trends: from a literature review to a conceptual framework [J]. Journal of Business & Industrial Marketing, 2022,37(13):142-166.

[2] VITALI V, BAZZANI C, GIMIGLIANO A, et al. Trade show visitors and key technological trends: from a literature review to a conceptual framework [J]. Journal of Business & Industrial Marketing, 2022,37(13):142-166.

[3] GANI M O, TAKAHASHI Y, FAROQUE A R, et al. Virtual trade show: past assessment, present status, and future prospects [J]. Journal for International Business and Entrepreneurship Development, 2021,13(3-4):286-310.

[4] GOPALAKRISHNA S, MALTHOUSE E C, LAWRENCE J M. Managing customer engagement at trade shows [J]. Industrial Marketing Management, 2019,81:99-114.

(Lacka et al.,2020)表示,建议进一步研究社交媒体,一般来说,将 Web 2.0 作为实现主动双向交流的工具。① Vitali 等人(Vitali et al., 2022)还认为在虚拟或双重(面对面和虚拟)事件中,对所有参与者(除了访客)的体验进行分析是未来调查的热门话题之一。②

二、国内研究综述

(一) 文献计量

以中国知网为检索平台,以"线上会展"为关键字,并以"网上会展""数字会展""网络会展"等为同义词进行替换,限定文献来源类型为期刊,对其进行主题字段的搜索,共 1 469 篇文献,但是在其中发现有许多不相关文献,于是又进行篇名字段检索,共 242 篇文献相关度较高。从文献计量数据来看,线上会展在我国的研究已经有 20 年的历史,从 2001 年开始正式出现第一篇有关线上会展的研究文献。需要说明一点,在线上会展初期的研究中,都是称之为网上会展或者网络会展以及虚拟会展,自 2007 年之后,才开始逐渐称网上会展为线上会展,但是两者之间的界定还是比较模糊。

通过图 2-2 的文献计量图可看出线上会展的相关研究在 2020 年之前一直处于不温不火的状态。自 2019 年底疫情暴发,行业内出现了大量的线上展览,有关线上展览的研究也开始迎来新一轮的热潮。

---

① LACKA E, CHAN H K, WANG X. Technological advancements and B2B international trade: a bibliometric analysis and review of industrial marketing research [J]. Industrial Marketing Management, 2020,88:1-11.
② VITALI V, BAZZANI C, GIMIGLIANO A, et al. Trade show visitors and key technological trends: from a literature review to a conceptual framework [J]. Journal of Business & Industrial Marketing, 2022,37(13):142-166.

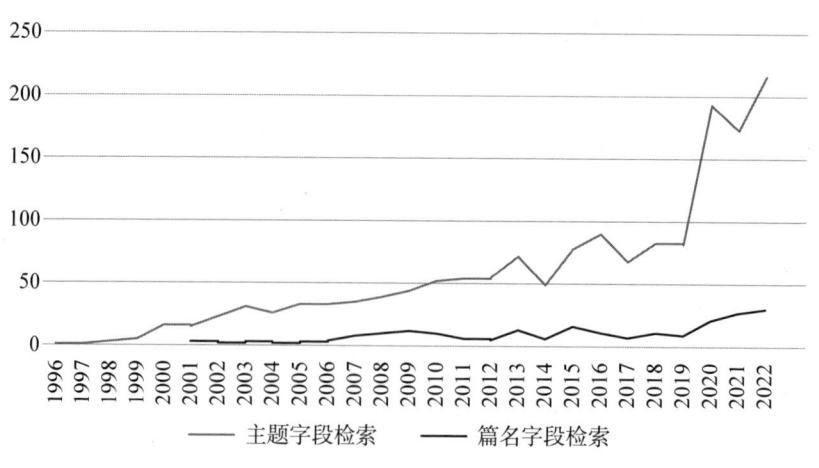

图 2-2 "线上会展"文献发表趋势图

数据来源：中国知网

（二）虚拟会展相关概念

一些学者对虚拟会展提出了一些观点，但是在国内并没有达成一致的认知。主要是分为两类：一类是认为虚拟会展区别于网上会展，虚拟会展采用虚拟现实技术更加强调用户体验，比网上会展更高级；另一类认为虚拟会展就是网上会展或者是网络会展。

耿健美认为，虚拟会展是指利用三维虚拟技术、利用网络的虚拟空间进行的展览及贸易活动的一种多维立体展示，它可以使人机实现立体互动，强调用户体验。[①] 王悦指出，虚拟会展是指利用网络的虚拟空间进行的展览及贸易活动，使用三维虚拟技术、能实现立体互动，强调用户体验。[②] 于静娜认为虚拟会展就是利用网络的虚拟空间进行展览和贸易活动，利用各种虚拟技术、实现立体互动，从而达到用户体验和交易的目的。从虚拟展会的形式上来看，于静娜认为国内的网上会展主要是通过一些结构简单的会展

---

① 耿健美.我国虚拟会展业发展现状及发展对策初探[J].科技信息，2010(23)：85+94.
② 王悦.网上世博催生商业新模式——虚拟会展[J].企业管理，2010(5)：4—9.

网站来实现,只能归为网上展会。① 以上学者在界定虚拟会展时,比较注重区分虚拟会展与网上会展的区别,并且强调网上会展是二维的形式,虚拟会展强调虚拟现实技术,至少是三维的形式。另外,郑仕华认为虚拟会展应包含网上会展,网上会展只是虚拟会展三类形式之一,他把虚拟展览系统按其表现形式分为三类:①运用图文声像以及环视图展示物品和场景。②单纯的三维场景展示。③既提供三维场景也提供实际展览内容并与三维场景结合在一起。② 但是也有学者认为虚拟会展与"网络会展/网上会展"是一致的,直接将网络会展等同于虚拟会展。孙裕增认为"网上会展"又称"虚拟会展",是相对于传统的实体会展而言,主要是依靠信息化手段,实现会展的基本功能。③ 刘言认为虚拟会展也被称为网络会展,虚拟会展在国外相当发达,但是目前国际上还没有给出一个相对明确的定义。④

通过以上学者对虚拟会展的界定,我们可以看出,虽然国内学者对虚拟会展的定义还比较模糊,没有达成一致的观点,但是对于虚拟展会来说,强调虚拟现实技术应用,虚拟会展能够提供实体展会的场景,且在使用过程中更加强调人的体验。

(三)虚拟会展研究现状

通过梳理国内学者的相关研究发现,现有研究大多数是从概念界定、发展问题、解决路径等角度对虚拟会展进行研究,在理论支撑方面比较匮乏。虚拟会展的主要研究主题分布在:"媒体技术""会展服务"两个方面,但相关文献数量并不多,研究比较碎片化。目前的研究现状分为两个层次:一是以

---

① 于静娜.国内虚拟会展研究文献综述[J].经济研究导刊,2012(29):38—39+44.
② 郑仕华.基于虚拟现实技术的网络会展发展展望[J].企业家天地(理论版),2010(8):252.
③ 孙裕增.非常时期需要发展"网上会展"[J].信息化建设,2003(6):38—39.
④ 刘言."互联网+"助推会展业发展 虚拟会展方兴未艾[J].艺术科技,2017,30(6):84.

具体展会或企业为案例对虚拟展会发展问题的描述和解决;二是通过实证研究对虚拟展会质量及价值方面的研究。

自新冠疫情暴发以来,大多数会议或展览被推迟或者取消举办,会展公司面临生存危机。为寻找生存之道,部分公司将业务结构、组织架构等进行转型。如张丽等人以阿里巴巴和 UBM 合作为案例,对线上线下展览贸易新模式进行了探究,以及提出该模式发展的优缺点和改进措施。[1] 郭延江等人以海南某会展公司为例进行个案研究,指出在数字经济时代企业 CRM(客户关系管理)创新问题,并提出改进措施。[2] 刘清扬等人概括了 2020 年国内外各大线上展会概况,对目前线上展会的困境和技术对策做出了相关研究,提出线上展会的发展方向应该是专业化、定制化,并指出"体验经济"在发展线上展会过程中具有重要地位。[3] 在以具体展会为案例进行研究时,大多数学者选择了线上广交会。广交会具有"中国第一展"之称,也是最先进行线上转型的大型展会,向外界释放出变革信号。如蔡瑞初等人从信息服务、匹配服务和交易服务等功能对"网上广交会"网站进行个案分析,提出网站在运行过程中的优缺点,并提出解决思路。[4] 李砚涵以线上广交会为例,对"云展会"背景下外贸企业的线上参展问题进行了分析,并提出改进对策及建议。[5] 眭海霞等人以 127 届广交会为例,分析了线上广交会的形式特点,以及存在的问题,提出构建新型双线会展,为成都建设国际会展

---

[1] 张丽,陈炬伊,章昕晨,等.线上线下贸易展览新模式研究——以阿里巴巴和 UBM 合作为例[J].江苏商论,2017(5):50—52.
[2] 郭延江,柴子仪.数字经济时代海南会展企业数字化 CRM 创新的思考——以海南 A 会展公司为例[J].全国流通经济,2022(25):100—103.
[3] 刘清扬,刘刚田,朱佳琳,等.线上展会的困境和技术对策研究——2020 年至今国内外各大线上展会概况[J].现代商业,2022(3):66—68.
[4] 蔡瑞初,赵骏凯,邓强,等.网络会展电子商务功能分析——以"网上广交会"网站分析为例[J].电脑知识与技术,2011,7(24):5850—5852.
[5] 李砚涵."云展会"背景下外贸企业线上参展问题及对策分析——以线上广交会为例[J].商场现代化,2021(13):171—173.

之都提供经验借鉴。① 目前的案例研究主要是处在发现问题的阶段,在解决措施方面并不能提供很好的参考借鉴。另外,张健康从智慧会展的技术和人文角度,提出智慧会展在发展中应该注重客户体验优化,防止技术崇拜。② 曾方芳等人提出对虚拟会展企业组织结构的一般模式,并分析了虚拟会展企业组织构建的 5 个阶段,为虚拟会展企业经营管理提供思路和方法。③ 通过以上研究,可以看出我国学界目前对于线上会展/虚拟会展的研究还是比较碎片化的,大多集中在线上会展发展的现状描述、解决措施和发展方向上,对于线上会展存在的具体问题并没有进行深入具体的调查研究。

在虚拟展会质量和价值的研究方面,主要是对其感知服务质量以及感知体验进行研究,采取的主要研究方法是实证研究和案例研究。在实证研究方面,使用较多的理论模型是技术接受度模型(TAM)和服务质量模型(SERVQUAL),以及重要性——满意度分析法(IPA)。可见在网络背景下,虚拟展会参与者的感知服务质量以及感知体验对虚拟展会的发展较为重要,但是近几年来,相关文献数量并不多。主要由王晓文等人依托理性行为理论和技术接受度模型,提出虚拟展会接受理论模型,研究了参展观众使用虚拟展会的影响因素。④ 蔡蒙蒙等人基于计划行为理论和技术接受度模型,构建了线上展会平台持续使用意愿的理论模型,研究了疫情下线上展会平台的持续使用意愿。⑤ 万红珍基于 TAM 理论框架,对用户参加虚拟展会

---

① 眭海霞,诸丹,岳培宇,等. 后疫情时代"线上展会"对成都建设国际会展之都的经验启示——以第 127 届广交会为例[J]. 成都大学学报(社会科学版),2020(6):36—42.
② 张健康. 智慧会展的技术解构与人文关怀[J]. 理论探索,2017(4):44—48+79.
③ 曾方芳,张义,郑刚. 虚拟会展企业的组织结构及构建研究[J]. 科技进步与对策,2007(7):121—123.
④ 王晓文,李凯. 参展观众使用虚拟会展的影响因素[J]. 社会科学家,2013(11):83—86.
⑤ 蔡蒙蒙,狄书一,曾嘉惠,等. 疫情影响下线上展会平台持续使用意愿研究——基于 TPB 和 TAM 整合模型[J]. 商展经济,2022(10):9—11.

的感知有用性、感知易用性以及外部变量影响感知性进行分析,并在此基础上提出虚拟展会用户应用推广建议。① 董燕基于 SERVQUAL 模型,利用区间缪尔海德加权平均算子模型测度了智慧会展观众感知服务质量,并对智慧会展服务质量提升提出建议和对策。② 张伟年等人以虚拟会展 B2B 平台为研究对象,分析了影响顾客体验价值的因素,并在研究中区别了虚拟会展平台和购物型网站的顾客偏好。③ 孟子敏等人基于 IPA 分析法从参展商角度研究虚拟展会满意度影响因素的重要性,提出虚拟展会发展的不足之处,并提出相关对策建议。④

总之,自 2019 年底新冠疫情暴发以来,会展受到防疫政策的影响,导致取消或延迟。会展作为知识信息交流和传递的平台,在很多行业中具有不可替代的作用,这也是尽管在疫情环境下有诸多因素限制办展和参展,但是人们还是对线下展会呼声高的原因之一。许多人认为线上会展不可替代线下会展的主要原因是线上无法提供线下所能提供的真实体验和感受,人们无法进行真实情感的交流和传递,导致这一问题的因素有很多,但是目前文献中有关这方面的研究并不多。所以在接下来的研究中可重点关注参展体验问题,并基于研究结果提出相应的解决措施。

---

① 万红珍.基于 TAM 的虚拟展会用户体验感知及推广[J].赤峰学院学报(自然科学版),2016,32(5):41—43.
② 董燕.智慧会展观众感知服务质量评价分析——基于区间值缪尔海德加权平均算子模型[J].中国集体经济,2022(30):97—99.
③ 张伟年,王莉娟.基于虚拟会展 B2B 平台的顾客体验价值影响因素分析[J].统计与决策,2012(5):117—120.
④ 孟子敏,甘依兰.基于 IPA 方法的虚拟展会参展商满意度研究——以"网上投洽会"为例[J].北京经济管理职业学院学报,2017,32(3):3—9.

第二节 ‖ 会展数字化转型的理论基础和理论模型

科学认识会展数字化转型的内在机理,需要一定的理论来加以指导,从产业规律、共性原理、内在机理等层面来观察和审视,现阶段至少要重点关注数据理论、会展理论和技术伦理等理论,并努力构建会展数字化产业结构,进而推进这一转型。

一、会展数字化转型的理论基础

（一）数据理论

数字化就是物理世界映射或迁移到数字世界的过程,数字化至少包含三个阶段：

第一阶段：信息记录分析。这个阶段更多的是在映射"物理项目",顶多再基于记录做一些分析。比如 CRM 将客户映射到数字世界,财务软件将账本映射到数字世界……但是对于"活动",尤其是与用户直接互动的"活动",并没有太大变化,主要还是以物理世界为主,数字化世界打辅助。此时的数字世界就像是一个记录员,默默记录着物理世界产生的关键信息,信息化就是在描述这个阶段。代表性技术趋势包括套装软件和数据库技术等。

第二阶段：用户活动迁移。随着"用户数字化"进程的爆发式演进,大量的用户"从物理世界涌入到了数字世界",此时的数字世界越来越多地承载物理世界的"活动",尤其是与用户交互的活动。在这个阶段,大量的"活动和交互"主要发生在了数字世界,物理世界沦为辅助,两个世界来了一次"换位"。代表性技术趋势包括移动端的爆发式增长,用户身份识别,现代通信网络技术,分布式技术等。

第三阶段:业务数字化重塑。在第二个阶段中,虽然用户和企业的"活动"逐渐向数字世界迁移,但是由于物理世界思维的惯性,一开始大家还是按照物理世界的玩法来构建数字世界,造成的现象就是业务只是实现了线上化,但是业务本身并没有什么根本上的变化,例如线上人工客服。而在数字化的第三个阶段,人们开始转换用数字世界的方式重新思考业务本身,开始发挥数字世界的独特优势,并与物理世界深度融合,结合两个世界各自的特点和优势,实现对于业务的升级和重塑。代表性技术趋势包括大数据,人工智能,区块链,物联网,AR/VR,数字隐私,数字货币,数字资产,NFT(Non-Fungible Token,指非同质化通证,实质上就是区块链的一个应用)等。

这三个阶段中,从第一个阶段跨越到第二个阶段,一个关键驱动力就是:"用户数字化"的快速普及和发展。用户都在从物理世界向数字世界迁徙,用户每天玩手机的时间就是在做迁徙,企业如果不做数字化去对接数字世界的用户,连用户都会流失掉,新冠疫情导致的实体店关店潮足以证明。

而从第二个阶段到第三个阶段,就是对于数字世界游戏规则的理解和对于物理世界惯性思维的打破,这是一个关键阶段。要判断我们处于第二阶段还是第三阶段,可以通过一个思维训练,思考一下各自的企业:假设立刻把物理世界冻结了,比如新冠疫情期间,企业的业务活动还能在数字世界正常开展吗?如果答案是"不能",就是第二阶段,如果答案是"能",就已经跨越了"信息化"进入了数字化的第三个阶段了。

如何把会展产业发展中产生的"数据信息"有效转化为"数据生产要素",形成新的生产力?会展产业生产中产生的数据多是零散、碎片化的一般信息资源,这一自然产生的数据信息资源需要被自觉、有效地转化为参与会展生产的数据生产要素,并能全面自由流动,跟其他生产要素之间形成全链、多向、多维的嵌入和融合,形成以数据为核心的新的生产力。这是会展数字化转型的基础。尽管已有不少企业在做着数据要素整理的相关工作,但总体看,目前距安全、高效、低成本地做好这项基础工作还有不小差距。

会展数字技术离不开四大新兴技术加持,如果把会展数字技术的出现和发展比喻成人体的出生和成长的话,已建成的互联网、移动互联网好比人体的神经系统,大数据好比人体的五脏六腑和皮肤,云计算好比人体的脊梁。五脏六腑和脊梁需要神经网络才能做到相互协同,五脏六腑需要通过云计算作为载体和骨架,没有大数据的云计算就如同无源之水,具备神经系统、脊梁、五脏六腑和皮肤等必要器官之后,成长过程中还需不断丰富的灵魂,人工智能好比人的大脑中枢,扮演总控制师的角色,区块链好比人类不断进化的 DNA,从基因层面提升人类大脑复杂化运转、骨骼健壮程度、四肢控制灵活程度。

1. 人工智能技术

人工智能(Artificial Intelligence),英文缩写为 AI。1956 年美国的达特茅斯学院举办了一个学术会议,一批非常著名的科学家参加了会议,会议第一次定义了什么是"人工智能":用计算机模仿人类的智能,让机器能够像人类一样可以产生认知、学习新知、思考问题。人工智能的本质是具有人类智能的机器,能够模拟、延伸和扩展人类智能的理论、方法、技术及应用形式,从而开启人类社会的人工智能时代。

云计算和大数据技术兴起为人工智能提供了坚实基础,极大提高了数据量大且场景复杂的处理准确性和效率,向人类的听说读写、行动、思考和学习等功能靠近。比如,语音识别、机器视觉、机器学习、自然语言处理和机器人等人工智能技术分支得到充分发展并广泛应用于社会方方面面。

2. 区块链技术

区块链是去中心化的分布式共享记账技术，其目的是让所有参与方能够通过各方确信的技术机制实现并建立信任关系，此技术是指各参与主体基于现代密码学、分布式一致性协议、点对点网络通信技术和智能合约编程语言等技术栈形成的数据交互、处理和存储的技术组合，旨在实现数据的防篡改、链式结构可追溯、可信任、去中心化的点对点传输功能。区块链系统一般由数据层、网络层、共识层、激励层、合约层和应用层组成，如表2-2所示：

表2-2 区块链系统构架

应用层	各种应用场景
合约层	脚本、算法、智能合约
激励层	发行机制、分配机制
共识层	共识算法
网络层	同步机制、链间通信、传播机制、验证机制等
数据层	底层数据区块、基础数据、基本算法

数据来源：根据公开资料整理

3. 云计算技术

云计算（cloud computing）是分布式计算的一种，指的是通过网络"云"将巨大的数据计算处理任务分解成很多个小任务，再由成组的服务器去计算相应的小任务并总结和分析这个小任务得到的结果返回给用户。云计算为用户提供类似生活中的水、电、煤服务，方便、快捷、按需供应的网络服务资源。

云计算具有强大算力、高可靠性、按需付费、资源共享、成本低等属性，为各行各业以改善系统体验、提升算力、低成本提供更高水平服务。

4. 大数据技术

大数据指的是在传统数据处理应用软件不足以处理的大或复杂的数据集的术语,英国科学家维克多·舍恩伯格在《大数据时代》中第一次提出大数据理论,认为大数据不是使用局部的样本数据,而是采用全部数据进行分析处理,对于多种多样的数据资产,人们需要使用全新的模式才能处理,人们要从不懈地追求因果关系转换到对相关关系的发现和利用,才能对海量数据进行流程优化,利用大数据极大提高对事务的洞察能力,具备高质量的决策力。

目前业界普遍达成的共识是国际商用机器公司(IBM)提出的"5V"模型,分别是:(1)Volume,数据量大,客观记录和存储历史数据,对数据量大小没有特定限制,对数据不做过多过滤和加工处理,动辄以PB(数据容量单位)及以上计量。(2)Velocity,速度快,包括高速增长和快速处理,人类的社交网络信息、交易记录、浏览记录都在飞快增长,并要求实时或准实时处理和分析数据给予数据使用者实时反馈。(3)Variety,多样化,数据形式上涵盖传统的结构化数据,同时也有半结构化和非结构化数据。数据不再是简单的文本格式,需处理越来越多的图片、音频、视频、地理位置信息等不规则结构数据,大幅增加数据处理和分析复杂度。(4)Veracity,容错率高,大数据时代,快速增长且海量的数据,无法实现数据的百分之百准确。(5)Value,价值密度低,由于这一属性,大数据中挖掘信息犹如大海捞针,需要持续优化大数据算法,在价值密度低的数据中快速挖掘有价值信息。

大数据指无法在一定时间范围内用常规软件工具进行捕捉、管理和处理的数据集合,是需要新处理模式才能具有更强的决策力、洞察发现力和流程优化能力的海量、高增长率和多样化的信息资产。大数据至少应包含以下三部分内容:第一部分为海量数据,大量而且具有多样性,这就是"大";第二部分为高速运算能力,这是大数据一定要涉及的内容,这就是"快";第三部分为价值体现,包括商业价值、社会价值等,如政府可利用数据做舆情监测,企业可以利用数据做精准营销,这就是"用"。目前,"大"和"快"更侧重在技术领域,在市场上都得到了共识,但从业者对"用"存在不同的理解和认知,"有何用?""如何用?"还不时听到。会展业就是属于这样一个行业。

(二)会展理论

会展业有广义和狭义之分,广义的会展业通常被统称为 MICE,主要包含 Meeting(会议)、Incentive(奖励旅游)、Convention(大型企业会议)、Exhibition/Exposition(展览会/博览会)和 Event(节事活动)等。狭义的会展业主要是指展览会和博览会,会展行业具有产业链长、产业关联度大的特点。会展产业链中游为以展览公司和展览场馆为核心的展会经营方;上游包括场馆租赁方、展位搭建、展具租赁、票务、酒店、翻译等配套服务产业;下游的招商招展方包括各大合作的代理机构,对接参展商和参展观众等。

1. 会展平台经济

平台,在本质上就是市场的具化。[①] 市场从看不见的手,变成了有利益诉求的手。平台是一种虚拟或真实的交易场所,平台本身不生产产品,但可以促成双方或多方供求之间的交易,收取恰当的费用或赚取差价而获得收益。

平台经济(Platform Economics)是一种基于数字技术,由数据驱动、平台支撑、网络协同的经济活动单元所构成的新经济系统,是基于数字平台的各种经济关系的总称。

尽管,数字化平台重度依赖移动互联网、大数据、云计算等技术手段的进步,但"平台"本身并非什么新鲜事物。广义而言,一切可以承载价值交换,促进商业互动、交流与交易的物理或空间载体,都可以称之为"平台"。

---

① 徐晋.平台经济学(修订版)[M].上海:上海交通大学出版社,2014:5—6.

如古老的集市、庙会,以及现代的商场、各类会展活动,等等。特别是以连接、适配功能属性为底层商业逻辑的会展,传统的会展产业是由会展活动策划、营运而导致的会展场地、旅游餐饮、工程搭建、商务服务、公共服务等服务领域相互联系、相互作用、相互影响的产业链环节各类企业的总和。会展业产业链长、涉及面广、辐射带动作用大。会展产业还是服务所有产业的综合性服务业。会展产业的复苏复兴不仅惠及会展行业本身,带动会展产业链各环节企业发展,还能振奋人心士气、稳定市场预期,助推其他行业发展。会展是产业链、供应链中的不可或缺的重要环节,是链接生产与消费、供给与需求、国际与国内的重要桥梁,是传播新理念,展示新技术、新产品、新服务,促进交易和合作,推动产业转型升级和进步的重要平台。

作为平台和桥梁,会展紧密联系着供给和需求两端,一头系着生产,一头牵着市场,对于信息传播、市场营造、技术推广和创新发展具有十分重要的作用。首先,通过会展活动的组织,产品、服务、技术信息被传递给消费者,市场需求信息被传递给生产者,信息沟通和信息交流的平台得以搭建,为生产更多、更好切合市场需要的商品、服务和技术提供依据。其次,通过会展活动策划与组织,人为地打造一个商品、技术、服务交易市场,营造市场氛围,将散布于不同时点、区位的交易机会集中起来,扩大市场规模,促进销售。第三,通过会展活动安排,将产品、服务发展和技术进步信息传导给业内同行,促进产业合作与进步,加快产品升级换代进程,助推产业升级。第四,通过会展平台,汇聚发展要素,通过最新技术、产品展示和最新思想、理念、信息交流,加快生产要素流动、新技术推广和生产效率提高,引领产业发展,催生新兴产业,助推产业结构调整,促进产业结构优化,为国家、地区、城市经济增长、产业结构优化和发展环境改善作出贡献。第五,通过会展活动举办,可以汇聚人气、提振士气、凝聚民气、提高市场预期,增强发展信念。综上,会展不仅是沟通生产、分配、交换、消费的平台,而且是推动经济发展和产业升级的支撑性、先导性综合服务业。

会展平台经济需要大力推进"数字化技术"与"会展产业生产方式"融合协同,有效促进会展产业企业组织变革。生产场景流程转型和企业组织变革是数字化转型的核心和关键。从会展企业角度看,我国会展企业大多对数字技术不敏感,科技含量不高,难以主动地把自身长期发展形成的内容创意、生产工艺、服务流程、触点设计规律等,跟新一代信息技术深度融合;从数字化转型服务商角度看,包括很多消费互联网机构在内,其大多缺乏对产业生态、会展市场、会展消费行为心理、技术工艺、服务经验等会展行业生产方式及隐性知识的深度体认与洞察。加之服务行业还缺乏像制造业数字化转型中国家专门推动建设的"工业互联网"这样的产业互联网平台,因而难以高效率地完成以数据为核心的业务流程重构和企业组织变革。

会展与平台经济共同点:首先都依赖客户高度参与,即奉行用户至上的思维,重视用户实际体验和满意度。其次都必须以数据作为生产要素,即在产品的研发设计、功能优化乃至企业经营决策上,都依赖数据进行行动决策、分析产品效果与客户偏好,以实现目标管理的准确定位。再次都强调供需双方的精确匹配。也就是说,数字化平台力求最大化实现供需双方对信息、产品和服务的各取所需,提高商务配对的效率与交易转化率。最后都谋求双边网络外部性效应。增强双边规模,以去渠道化、促进交易为导向。根据梅特卡夫定律,网络价值等于用户数的平方。因此,二者连接的供给侧与需求侧用户体量越大,越有利于双边互相强化,进而不断降低边际成本,在市场上易形成赢家通吃的局面。

此外,与平台经济重塑价值交换过程、高效撮合双方交易类似,会展的重要作用也表现在直接连接、聚合多个客户群体,消除信息不对称与中间商,为供需双方提供面对面沟通、直接对话和交易的场景,并以最大化促成双边或多方交易为重要目标。

另外会展与平台经济也存在一些差异。平台经济依赖于信息与网络技术,能跨越时空边界,如电商网购、外卖约车、在线教育等,皆不受距离与时间制约;反观会展,大多数线下展会活动依然限定于特定时段与物理空间,讲究的是精细化和深度垂直服务。这是双刃剑,既是限制会展突破行业边界、扩大流量规模的瓶颈,也是会展领域抵御平台经济介入的重要壁垒。

平台经济奉流量为准则,强调经营用户而非产品。正如网购平台不生产商品、外卖平台不烹饪餐食,而是拼命地引入流量,通过花式营销刺激平台用户留存、活跃和消费。围绕用户、产品、场景搭建生态圈,形成商业闭环,平台经济还拥有多元化变现模式;而会展更加强调产业带动作用、品牌效应和综合效益,对流量的开发利用还比较浅薄,盈利模式相对单一。

在平台经济巨头不断连接一切和突破行业边界的时代浪潮下,以线下见长的会展业如何紧跟趋势、乘势而上呢?数据+技术或许将成为会展拥抱数字经济、打造坚固护城河的重要出路,同时拥有行业底层数据和可靠技术解决方案的企业,可能会成为会展垂直领域的平台经济巨头。

2. 会展 SERVQUAL 模型

会展 SERVQUAL 就是基于会展业是一种服务业的视角去认识的,说到底,会展业要靠服务取胜,SERVQUAL 模型就是会展基础理论。SERVQUAL 为英文"Service Quality"(服务质量)的缩写,该词最早出现在 1988 年由美国市场营销学家帕拉休拉曼(A. Parasuraman)、来特汉毛尔(Zeithaml)和白瑞(Berry)合著的一篇题目为《SERVQUAL:一种多变量的顾客感知的服务质量度量方法》的文章中。

SERVQUAL 理论是依据全面质量管理(Total Quality Management,简称 TQM)理论在服务行业中提出的一种新的服务质量评价体系,其理论核心是"服务质量差距模型",即:服务质量取决于用户所感知的服务水平与用户所期望的服务水平之间的差别程度(因此又称为"期望—感知"模型),

用户的期望是开展优质服务的先决条件,提供优质服务的关键就是要超过用户的期望值。其模型为 Servqual 分数＝实际感受分数－期望分数。

SERVQUAL 将服务质量分为五个层面:有形性(Tangibles)、可靠性(Reliability)、响应性(Responsiveness)、保障性(Assurance)、情感性(Empathy),每一层面又被细分为若干个问题,通过调查问卷的方式,让用户对每个问题的期望值、实际感受值及最低可接受值进行评分。并由其确立相关的 22 个具体因素来说明它。然后通过问卷调查、顾客打分和综合计算得出服务质量的分数,如图 2-3。

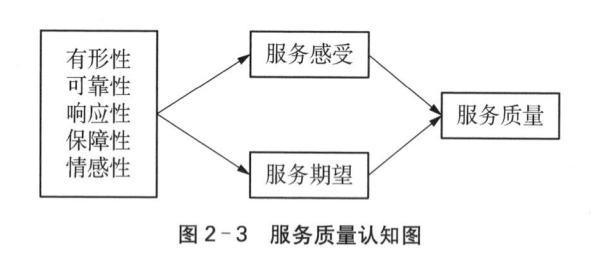

图 2-3 服务质量认知图

近年来,该模型已被管理者和学者广泛接受和采用。模型以差别理论为基础,即顾客对服务质量的期望,与顾客从服务组织实际得到的服务之间的差别。模型分别用五个尺度评价顾客所接受的不同服务的服务质量。研究表明,SERVQUAL 适合于测量信息系统服务质量,SERVQUAL 也是一个评价服务质量和用来决定提高服务质量行动的有效工具。

(三) 技术伦理

技术伦理是指通过对技术的行为进行伦理导向,使技术主体(包括技术设计者、技术生产者和销售者、技术消费者)在技术活动过程中,不仅考虑技术的可能性,而且还要考虑其活动的目的手段以及后果的正当性。通过对技术行为的伦理调节,协调技术发展与人以及社会之间的紧张的伦理关系。

如何处理数字技术逻辑、企业生产逻辑、人文逻辑之间的关系，形成人性化、有温度的技术赋能新生态。要从科技道德、科技伦理角度，及早警惕会展数字化转型中出现"技术—资本—人文"关系扭曲、变异的情况。在现实会展消费生活中已经出现的习惯性算法偏见（如性别歧视）、算法恶意（如大数据杀熟）、数据权被动（如强制性协议、强制转发与超链接等）及个人隐私数据遭泄漏等现象，已引起公众关注和批评。要建立人性化、有温度的技术赋能，"技术—资本—人文"协调发展的会展数字化转型需要技术伦理支撑，需要做前瞻性研究和规制储备。

二、会展数字化转型的理论模型

所谓转型，从汉语角度，据《现代汉语词典》（第6版）解释："转"是"改变方向、位置、形势、情况等"的意思，"型"是"模型、类型"的意思，"转型"是"社会经济结构、文化形态、价值观念等发生变化""转化产品的型号或构造"。从英文角度，一是"Transition"，表示转变、变革、过渡的意思；二是"Transformation"表示转变、改观、变化的意思，比"Transition"更加彻底、更加全面，因而使用较多。可见转型是组织在物质维度、精神维度、价值维度发生的根本性转变过程。

不同转型主体的状态及其与客观环境的适应程度，决定了转型内容和方向的多样性。转型是主动求新求变的过程，是一个创新的过程。例如：一个企业的成功转型，就是决策层按照外部环境的变化，对企业的体制机制、运行模式和发展战略大范围地进行动态调整和创新，将旧的发展模式转变为符合当前时代要求的新模式。转型一般包含三个层次：一是宏观层次，整个国际乃至全世界范围内的政治、经济、社会、文化和生态方面以及整个行业性发生的重大革新；二是中观层次，一个区域或行业发生的重大变革；三是微观层次,局部环境或企业发生的重大变革。

(一)会展数字化转型和类型

会展业转型有多个方向和维度,数字化转型是其中最值得关注的方向,数字化是信息技术发展的高级阶段。狭义的会展数字化转型,指利用数字技术对具体会展业务进行改造,以利降本增效。广义的会展数字化转型,指利用数字技术对会展组织的业务模式、运营方式进行改造,以重塑会展组织体系并赋予能量。

基于会展业的特点,会展业数字化转型可归纳为三种类型:

一是数字技术赋能线下会展型。数字技术为传统的线下会展赋能,线上会展作为线下会展的补充,更好地服务于线下会展。侧重于从线下到线上,线下为主,线上为辅。

二是线上会展替代线下会展型。随着网络技术的进一步发展,具有独特优势的线上会展存在的缺陷将被弥补,可能替代线下会展的存在,甚至可能以电商平台的模式独立存在,这就是我们口头上说的"纯线上展会"。

三是线上会展融合线下会展型。线上会展与线下会展之间不仅是补充关系,而且是互促、互补、互通、互融的关系。可以理解成为"两个同主题的并行展会",这也是最应该加以重视的上海会展业数字化内容。

对于传统会展企业来说,向线上拓展大致有三个层次:一是为线下活动提供增值服务,以此促进展位或会议销售;二是开展内容营销,增强客户黏性,同时扩大综合收入;三是有相当一部分业务向B2B数字营销公司转型,实现线上线下融合,其关键是持续生产和传播有价值的内容,并稳步提高数字化产品和服务的收入比例。此时,展会组织者的角色从销售渠道供应商变为365天的行业价值创造者,会展企业基于技术应用实现了全生命周期的数据资产化,这是数字会展和传统会展的本质区别。

会展实现数字化转型,关键是重构业务价值链。它代表了在会展项目管理全生命周期增加价值的机会,这里的数字化包括社交媒体、应用程序和客户关系管理等在内,旨在创造数字化价值链,让数据真正成为会展主办方的资产。会展业的数字化既包括产品数字化(数字化展会),也包括企业数字化(数字化营销、数字化管理),更需要构建会展数字化生态系统。

(二)数字会展的产业架构

会展业数字化转型是一个系统工程,因为并不是会展行业本身就能完成这么一个过程,需要全社会的齐心协力。数字会展产业架构也不是会展企业的简单结合体,而是一个复杂的生态系统。如图2-4所示。

在数字会展的产业架构中,通过AR、VR、5G、物联网、云计算、区块链、大数据等技术集成而形成的数字会展新型基础设施的底层支撑,构建由软硬件、系统集成与会展产业融合的数字会展应用中枢平台。在基础设施层,人工智能物联网(AIOT)、5G网络、数据中心等为代表的新型基础设施共同组成数字会展的基础,直接服务于数字会展建设,推动会展数字化转型,为数字会展发展提供技术保障和实现手段。

数字会展产业的中枢平台是数字会展产业核心支撑层,向下连接新型基础设施,向上为数字会展的应用产业提供支撑。

在硬件方面,包括手机、平板电脑、互动一体机、互动大屏、AR/VR、全息投影等设备和系统;在软件方面,包括业务中台与数据平台、智能语音/视觉系统、数据采集、定位服务(LBS)、场景感知(SLAM)系统、会展资源数据库、会展创意数据库、IP资源库等。数字会展应用平台利用大数据等基础设施建设汇聚各类数字会展资源数据库,为数字会展服务企业的IP开发和体验服务产品开发提供支撑;实时收集消费者数据、会展企业数据等数据要素,研究分析消费者的偏好和需求,为政府的决策提供建议支持,同时也为会展企业提供开放共享的智库平台。

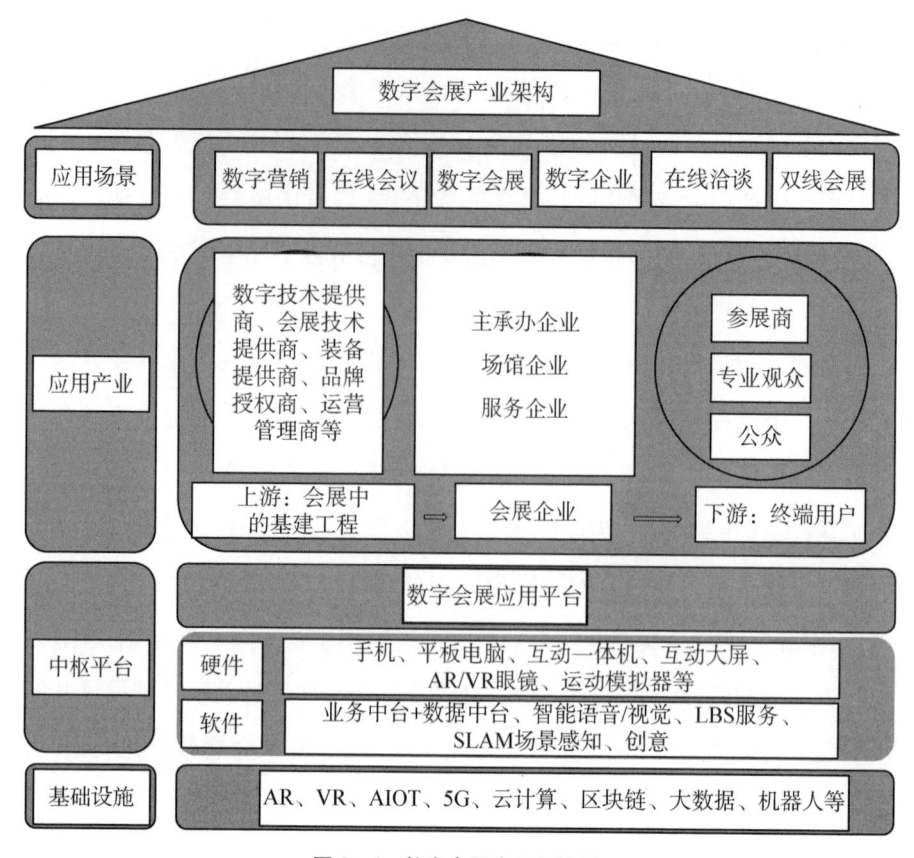

```
                         数字会展产业架构

应用场景    数字营销  在线会议  数字会展  数字企业  在线洽谈  双线会展

             数字技术提供
             商、会展技术      主承办企业        参展商
应用产业     提供商、装备      场馆企业         专业观众
             提供商、品牌      服务企业
             授权商、运营                         公众
             管理商等

             上游：会展中  →  会展企业   →   下游：终端用户
             的基建工程

                        数字会展应用平台
中枢平台    硬件   手机、平板电脑、互动一体机、互动大屏、
                   AR/VR眼镜、运动模拟器等
            软件   业务中台+数据中台、智能语音/视觉、LBS服务、
                   SLAM场景感知、创意

基础设施    AR、VR、AIOT、5G、云计算、区块链、大数据、机器人等
```

图 2-4 数字会展产业架构图

在数字会展产业中枢应用平台支撑下，数字会展的应用产业将呈现多元化态势。

通过数字会展企业和机构打通产业链上下游，为终端用户提供更智慧化的服务。面向各个重大应用场景和消费者个性化、多样化服务需求，会展企业不断创造出新业态、新模式和新产品，同时为政府、企业、消费者等提供基于全流程的数字会展服务体系，推进服务、体验和资源应用。

在ToG层面，政府利用数据提升管理、服务和决策的水平，实施全程综合管控，对各方面数据资源进行有效整合，全面监督数字会展项目的实施，优化市场秩序,促进会展产业繁荣发展,推动数字会展公共服务建设。

在 ToB 层面,开放创新的平台促进会展企业提升效能,让更加多元的企业参与到数字会展生态建设中来,会展企业的主体地位不断得到突显。

在 ToC 层面,消费者享受到更加智能化、个性化的服务体验,数字会展服务贯穿展前、展中、展后各环节、全过程,为消费者提供无缝化、个性化、体验化服务,消费者的需求和反馈又源源不断地催生数字会展的新业态。

随着我国会展产业转型,创新驱动和数字驱动将成为数字会展产业发展的核心动力。未来将用五到十年的时间,通过5G、云计算、大数据、物联网和人工智能等新型基础设施的建设,加强会展和科技的融合,着力培育数字会展产业的全新数字化生态,推动会展数字化转型和体验消费提升,实现用户与市场、产品与服务、行业与政府等资源的全面整合,促进会展资源的数字化与开发利用、信息共享,以及线上线下融合互通,推动新型基础设施支撑的跨时空、跨地域、跨领域、低成本、高效率、平台化、数字化的数字会展产业的建立。

第三节 ‖ 数字会展的相关概念界定

关于会展数字化转型是个过程,转型后的会展是个结果,这个结果称谓很多,虽然国内外称谓不尽相同,但是大家试图表达的意思还是相近的。

一、数字会展的几个相关概念

与数字会展相关的概念有以下几个:线上会展、网络会展/网上会展、双线会展、数字会展、智慧会展/数智会展。

（一）线上会展

线上会展是相对于线下会展而言的，指传统的会展形式，也被称为实体会展；线上会展是会展业利用互联网的先进技术，打破时间、空间和地域限制，将参展商的商品进行展示，客户和参展商直接进行垂直接触，凭借互联网和平台提高效率和收益。

目前已经作为线下展览的补充，部分适应和满足参展商的需求，但现阶段线上展会还只是一种线下展会的简单复刻，尚未完全呈现功能的赋能与变革。希望后期上升到场景重塑、价值再创，线上、线下两者的融合发展，这将是会展业的最佳发展方向。

在逻辑层面，线上会展不等于会展数字化，而只是后者的一部分。只有数字化转型给会展业务带来数字化收入，并与传统线下会展业务收入规模可以比照时，数字化转型才可以说是成功并具有商业价值。

（二）网络会展/网上会展

网络会展，又称为"虚拟会展"，是相对于传统的"实体会展"而言，主要依靠信息化手段，实现会展的基本功能。网络会展是利用网络技术，在互联网上举行会议或展览会。网络会展是会展业与互联网技术相结合的一种新兴业态。网络会展突破了传统现场会展时间、空间上的局限性，技术上可以实现"永不落幕的会展"。网络会展包括网上展览会、视频会议等。

从形式上看，网络会展常以三维模型网络展示、基于B2B深度发展的电子商务网站来突破传统会展的时间、空间等限制；从实质来看，网络会展的关键在于"会展的组织、呈现及活动各个环节都实现网络化，组织者、展商与观众之间的互动和交易也均通过互联网络进行"。网络会展一般具有以下功能：展商产品信息发布、展商广告刊登、展商和展品信息查询、品牌营销、客户资源管理。

目前，我国虚拟会展存在应用不普遍、功能不完善、展示效果差等不足，还存在技术和安全等方面的问题。

线上会展与网络会展并无实质性的差异。具体来看，网络会展更加强调会展与互联网技术及平台的结合，而线上会展则是侧重于对基于互联网的非实体展会（线下展会）形式的强调。

（三）双线会展

双线会展是指"线下＋线上"会展的双线融合，是在传统线下会展的基础上，利用"互联网＋"思维，通过云计算、大数据、移动互联网技术将会展产业链中的各个实体构建成一个数字信息集成化的展示空间，从而起到全方位、多角度、持续性和个性化地促成线下会展项目接洽与交易目的的一种会展服务创新模式。双线会展是线下会展与线上会展的结合体。

会展业的双线融合从行为表现上看是线下体验线上消费、线上配对线下接洽；从技术上看是线下行为线上数字化，线上服务线下有形化，线上线下流量、体验完全双向交织。

展会场景分线上和线下两种（以下简称双线会展），分别对应线上展会和实体展会，都各有缺陷和优势，但不能割裂开来看谁更胜谁一筹，也不能简单意义上讨论谁将取代谁、谁将战胜谁，只有实现两者的互补、互通、互融，才能达到双赢的效果。

双线会展融合并不意味着线上线下同步开展，真正的线上会展并不是线下会展的补充，而是进入到展览业务的核心价值中，赋予线上线下会展不同的价值，塑造不同的业务场景、商业模式和营销方式，只有这样，双线融合的会展才有生命力。

"双线会展"的会展模式在我国首现于2008年，已成为会展产业结构中的一种新型模式。双线会展实现了线下会展及线上会展的"双线融合"，开拓了会展新天地，丰富了会展新产品，促进了"二维会展空间"的打造，满足了广大民众"足不出户畅览展会"的需要。

（四）数字会展

数字会展是网络会展的进阶形态，其依赖数据驱动发展，通过建立与实体展会相呼应的数字孪生体，将会展数据资产化并建立数字化服务体系，从而在展会的立项决策、资源优化配置与流程管理等各方面提升效率，最终实现展会快速、健康和可持续发展。

形式上，数字会展借助直播、VR等网络技术手段搭建虚拟场景，将传统线下会展活动场景转移至线上，实现了实时互动和参与；实质上，数字会展核心在于以信息和通信技术（ICT）为基础实现会展交流、交易以及合作的数字化，以数据驱动创新与商业决策，进而推动会展经济的发展与进步。

线上线下只是形式，会展数字化的本质是提质增效，就是为客户创造更大的价值，以及主办方数字化所投入的成本可量化并可视化。事实上，客户是愿意为效益最大化付费的。因此，无论是线上还是线下，会展的核心是要提升数字化能力，将会展活动的业务流程进行数字化，最终产生提质增效的"利他"行为。

数字会展，是使用数字化技术的、有采集和分析数据能力的会展，线上、线下和双线均是数字化会展的平台。数字会展有着三种表现形式，即"线下会展＋数字化技术""线下会展＋线上会展""线上会展"。见图2-5。

（1）线下会展＋数字化技术（"6＋6"模式[①]）：以线下展会为主，数字化技术为辅。其中数字化技术主要用于服务线下展会，如提供扫码、预注册等服务，但不提供线上展会的场景，即参展商和观众无法进行线上洽谈等活动。

（2）线下会展＋线上会展（"6＋359"模式或"6＋365"模式）："6＋359"

[①] 注：这里的6是指展会的展览天数，后文的365是指一年天数，359是指一年扣除展期之外的天数，是一种形象的表达方式。

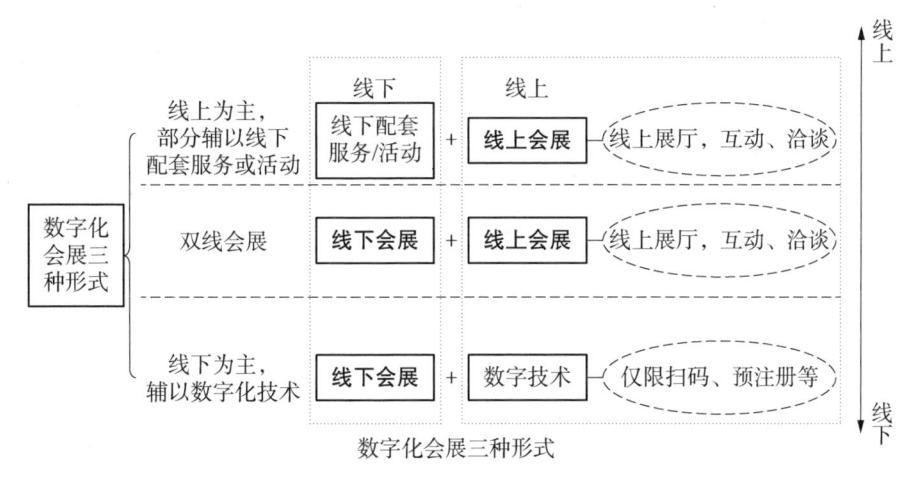

图 2-5　数字化会展形式示意图

模式一般指线上会展和线下会展不同时举办,线下展会结束之后,开始线上展会,增加展会参与仪式感,线上展会搭建虚拟场景,提供虚拟展厅,实现互动、洽谈、交易等功能。"6+365"模式一般指线下会展每年定期举办,线上部分则长期开放,提供全年的展后跟进服务,提高用户非展期黏性。

(3) 线上会展(365模式):以线上会展为主,部分展会配有一定的线下配套活动或服务。线上展会致力于将线下传统会展活动的场景转移到线上,实现线上互动功能,在线完成供需匹配。

(五) 智慧会展

智慧会展,也称为数智会展,是比数字会展更高层次的会展模式。展览组织、场地管理和运营、展位设计、展馆安全、环境卫生等事项均能被智能地组织起来,获得及时的智能化响应,以满足展会进行期间不断出现的新需求。

智慧会展是以客户体验为主轴、以会展数据为核心、以互联网技术为手段的智能化创新性会展智慧体验。智慧会展是推动会展经济智慧发展、高效运营的综合服务体系。智慧会展通过对新一代信息技术的集成应用,形成会展的新型管理形态。

智慧会展以互联网为基础，依托大数据、云计算、人工智能、物联网等技术工具。智慧会展以先进的信息化技术及多样性的网络组合为基础。

智慧会展在会展的全过程中，实现线上线下互动融合，对信息具有安全、高效的处理和整合能力，并能科学地进行监测、分析、预测、预警和决策，为会展活动主体提供专业化、个性化的服务。智慧会展实现会展资源的高效利用和会展服务的优化完善。

结合国内外智慧城市建设的实践和智慧会展本身的特点，我们对智慧会展进行了探索性的界定。智慧会展是充分利用物联网、云计算、移动互联网等新一代信息技术的集成应用，为企业提供便利的现代化、智慧化产品品牌推广方式从而形成基于信息化、智能化社会管理与服务的一种新的管理形态的会展。即智慧会展是一个集成应用，可充分利用如物联网、云计算和移动互联网等信息技术来为参展企业提供服务。它提供了一种方便、快捷和智能的方式来推广产品品牌，从而形成一种以信息化展会服务为主要特征的新风格展览。

人工智能在深度学习算法、人机协同、跨媒体协同处理等领域的突破性发展，使语音识别、人脸识别的辨析率分别高达 99% 和 95%，为构建"智能＋会展"新业态以及会展业转型升级提供了坚实的技术支撑，并深刻改变了会展业的服务模式。

智慧会展主要以互联网作为"基础设施"，运用目前以及未来的信息和通信技术手段，收集、分析、整合会展行业的各类信息，对会展项目立项实施，通过新媒体、网络、建立移动平台等方式对展会进行营销和推广，通过"互联网＋"驱动，对包括策展、组展、场馆管理和运营、设计和工程、服务和运营，以及公共安全、环保、配套服务、相关活动等在内的全产业链上的各种资源作出智能配置，对各种需求作出智能响应。

智慧会展从宏观上的定义是以客户体验为主轴、以会展数据为核心、以互联网技术为手段的智能化创新性会展智慧体验；从会展经济微观视角来看，"智慧会展"是依托互联网大数据、云计算、人工智能、物联网等技术工具实现线上线下互动融合，将商品物流、信息技术资源进行整合，推动会展经济智慧发展、高效运营的综合服务体系。

作为现代科技运用的典范，智慧会展是以移动互联网技术为依托，以一种智慧的方法提供实时社交的开放平台，凭借最新科技改变会展参与各方信息交互的方式，提高商务洽谈的明确性、效率、灵活性和响应速度，以此实现会展资源的高效利用和会展服务的优化完善。

二、线上会展和线下会展的关系

关于数字会展的概念虽然叫法名称内涵不一样，但是也并非没有规律可循，我们在上述梳理的基础上，把线上会展与线下会展关系的认知归纳如图2-6所示，同时根据线上会展与线下会展在会展业数字化转型后主导地

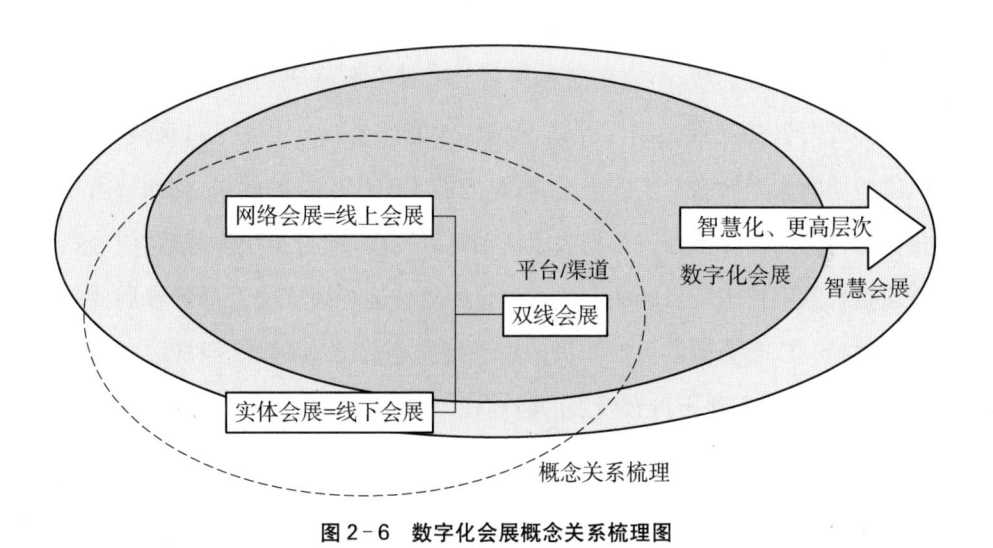

图2-6 数字化会展概念关系梳理图

位的差别,基于线下传统会展的数字化转型大致可归纳为赋能型(数字技术赋能线下会展型)、替代型(线上会展替代线下会展型)和融合型(线上展会融合线下展会型)三种类型。但无论是哪种类型,转型的关键都是要重构业务价值链,构建起全新的会展业数字化产业生态体系。

(一)赋能型。线上会展为线下会展赋能,线上会展不会替代线下会展,而是更好地服务于线下会展。这种认知侧重于从线下到线上,线下为主,线上为辅,其实也是双线会展的初级模式。所以持这种观点的人更期望后疫情时代的线下会展重新归来。

(二)替代型。随着网络技术的进一步发展,具有独特优势的线上会展存在的缺陷将被弥补,可能替代线下会展的存在,甚至可能以电商平台的模式独立存在。所以持这种观点的人更多技术至上,关注新技术对会展行业的颠覆,鼓励会展数字化平台建设。

(三)融合型。线上会展与线下会展之间不仅是补充关系,而且是互促、互补、互通、互融的关系。双线会展融合并不简单意味着线上线下同步开展,而是有交叉的两条线,都有各自的运营特点和营利模式。

目前,支持第三种认知的人更多一点,认为线上会展平台和传统会展平台各有缺陷各有优势,不能从简单意义上来讨论谁将取代谁,谁将战胜谁,只有实现两者的互促、互补、互通、互融,才能产生"1+1>2"的双赢效果。从疫情期间大型展会的实践来看,融合发展才能产生好的效果,例如从历届进博会各大品牌参展商一系列展示活动可以发现,综合运用多种数字技术,探索符合数字技术特点的线上线下融合的复合运营模式成为品牌参展商的主流选择。广交会也以更加积极的姿态拥抱新技术,以数字经济浪潮为契机,大力发展线上线下融合发展的新模式。

第三章 上海会展业数字化转型现状分析

第一节 ‖ 近年上海会展数字化概况与特点

上海是国际上展览活动举办最多的城市之一,也是中国会展第一城,已经初步建成国际会展之都,也就是说数字化转型是建立在传统展会高度发展的基础上的。近年来,全国会展数字化转型方兴未艾,特别是近三年,上海大部分展会受到新冠疫情影响,部分主办方选择用线上举办的形式;还有部分展会选择线上+线下的方式举办,线下开放部分展区,线上开放剩余展区。通过上述展会形式的改变,无论是主办方,还是参展商和观众对于线上展会的态度都是逐渐接受,这对于未来展会形式的变化有较大的影响作用。

一、上海会展数字化概况

据统计,上海会展业企业约有 2 200 多家。其中 80% 以上属于中小微企业。它们从事会议展览业的策划、设计、主办、搭建、会务、咨询、媒体、广告、教育培训、会展旅游等,基本涵盖了整个产业链。无论是就业还是产业链结构,这些企业构成了上海会展业的基本盘,贡献了行业内 50% 以上的税收、60% 以上的 GDP、70% 以上的技术创新成果、80% 以上的城镇劳动就业。全市超过 100 万平方米展览场馆、数百家高星级酒店、近 2 000 万平方米年展览面积、成千上万个国际国内各类商务和文化旅游活动的高效优质运营,都离不开众多中小微会展企业的积极参与和服务。它们的创意、创造和创新对打造靓丽的上海服务、上海文化新名片功不可没。

近年来,上海会展企业已经开展了不同层次的数字技术应用,应用领域主要包括:(1)营销数字化,依托展会网站/小程序＋报名注册＋电子邮件和短信营销、融媒体矩阵营销、SEO/SEM投放等。(2)销售数字化,建立健全CRM系统/招商/招展系统。(3)观众服务数字化,提供在线会议/会议直播/会议连线;电子报告、数据等。(4)展商服务数字化,利用数字工具帮助展商展示、直播、交流、匹配、获取商机等。(5)数据分析,比如基于观众数据标签分组开展线上和线下展商商品推介活动。(6)AI智能工具,智能匹配、智能推荐和智能客服的应用。总体特点表现在:

(一)会展现场管理一枝独秀

在会展数字化方面值得称道的领域主要体现在会展现场管理。通过观众"跟踪"技术(RFID技术或蓝牙NFC技术),优化门禁系统,特别是跟踪观众在会展场馆的活动轨迹和规律,分析人们对产品及企业的关注度,并调整展览的运营管理。利用上述技术,一方面,展商和买家(终端)可以在现场利用相关技术实现对彼此位置的准确感知,尝试更高效率的贸易合作;在展后,展商也可以查询哪些客户到过展台,对哪些产品感兴趣,以实现精准营销和产品结构及功能的调整。另一方面,主办方通过大数据了解客户喜好和感兴趣的产品信息,可以更好地对展览项目进行调整,为客户服务。

(二)会展精准营销初露端倪

会展行业所谓的大数据是通过追踪技术记录一位观众在整个展场的行为轨迹,服务于商贸配对以进行精准营销。当然在营销渠道的拓展和对营销渠道有效性的评估方面,还很缺乏。

此外,大数据时代的一个重要特征是对数据的专业分析。即便从技术手段上可以实现海量数据的收集,没有专业的数据分析人员,对大数据的分析解读也无法完成,实现大数据效应最大化更无从谈起。

(三)会展行为预测运用不多

大数据的主要用途之一在于预测,即基于消费者洞察的分析和推断。因此,理想情况下产品的研发、设计应该基于大数据对消费者偏好的"捕捉"和归纳。具体到展览,在"展览立项"分析上,大数据发挥作用还不够。

(四)出现了部分会展数字化转型的"头雁"

新冠疫情期间使我们被迫认识到数字化的重要性,其实很多企业已经主动拥抱和尝试数字化的进程。上海博华国际展览有限公司的案例似乎很能说明这一"头雁"现象。

案例:上海博华国际展览有限公司数字化转型

上海博华国际展览有限公司走在会展企业数字化改革道路的前列。企业经过数十年的不断创新、突破,在线业务板块取得较大进展。目前博华主要有8个B2B网站在线平台,5个B2P采购通小程序,1款App产品。现阶段博华互联网已由3.5阶段升级至4.0阶段,实现全域流量打通的架构突破,打造基于底层架构的基石支撑,形成以各在线平台为核心圈,以采购通小程序、天猫店/京东店/抖音店等外部店铺为内圈,以展览、会议、活动、赛事、新媒体为外圈的博华数字生态圈。

以博华的家具在线网站(www.jjgle.com)为例,该网站创始于2006年,是专业的家具行业垂直B2B平台,依托全球最具影响力的中国国际家具展丰富资源,汇聚家具全产业链上下游最优质的供应商与买家资源,打造O2O闭环,为广大家具人创造无限商机。网站拥有中英文两大站点,下设采购通、产品、厂商、资讯四大频道,专注服务于家具行业,是国内家具行业最为活跃的专业网上贸易平台之一。130 000+线上产品库,涵盖客厅家具、餐厅家具、卧房家具、书房家具、定制商用、家居装饰、材料配件等八大产品分类,家具行业上下游产业链一网打尽。

博华数字化发展契机来源于2005年举办的计算机展,这使得博华在早期就融入了互联网发展的基因。高层领导者在数字化发展上,也下了较大的决心,从早期的域名 www.furnitureinchina.com 更改为 www.jjgle.com。JJ 代表家具,GLE 代表搜索。进行这一改革主要是因为博华的受众大多是国内受众,国外受众只占到10%—20%。

博华数字化发展经历三个阶段:早期以销售摊位为主,中期以提升客群质量为主,后期以驱动数字化和新媒体为主。现阶段博华的数字化转型已经被提升到战略高度,其中主要驱动力是市场和业态的变化。博华的产业端和B端客户相对来说比较传统,更是由于近十年销售渠道发生了较大的变化,单纯的"大卖场"已经不能满足消费者的需求了,不仅是企业需要转型,展商也需要转型。

博华数字化建设的重点是:平台的建设、数字化应用、私域流量转化。要实现数字化转型,必须要实现技术领域的突破,包括AI、大数据、中台、云计算、新兴社交媒体等。博华线上数字化平台包括PC端B2B、B2P网站、移动端App、小程序(采购通)。通过使用社群的模式来吸引客户,可以获得较高质量的私域流量。在获得私域流量之后,流量的转化率也是较为重要的,只有积极建设好平台,持续投入应用,才能够获得高质量的私域流量,实现长效ROI。

博华的数字化转型,需要自下而上的动能,从基层人员到管理层全体成员的集思广益,既做好数字化的智库,又要带领博华成为行业数字化转型的先锋。

总体而言,上海会展业数字化转型还有诸多不足,仅从大数据而言,主要涉及以下几个方面原因:

1. 数据量不足,更依赖传统数据。会展行业的大数据是指具体的展会本身和所在行业相关的大数据，分为内部数据与外部数据。展会内部大数据是指展会主办商多年来所收集的历次展会观众记录，如联系方式、不同行业和类型的产品采购需求等。外部大数据是指与展会相关的其他数据，如按照国家和行业划分的全球采购统计数据等。

数据的来源有四个层面：第一，行业层面，会展行业每年都办多少展，多少参展商，哪些服务商，这些是会展行业层面的数据。第二，网络层面，来自互联网，比如大家经常说的舆情，舆情分析来自媒体和网站的报道、文本的东西，还有一种数据也在互联网上，叫社交媒体，社交媒体的数据来自很多客户端的人，这是真的大数据。第三，运营商层面，通信运营商他们掌握的数据其实也是大数据，这一部分数据需要合理合法地共享出来。第四，其他层面，如金融行业、公共部门掌握的数据等。大部分会展公司以掌握第一层面数据为主。之所以称之为大数据，是因为在数据的数量上、获取数据的速度和方式上，包括对数据的分析处理上的差异。其中，从举办单个展览项目来看，虽然目前主办方处理数据的数量有限，但即使是规模达到上万平方米的大型展览项目，通过传统数据库以及传统的数据处理方式也能从容应对。从这个意义上说，传统数据库通过因果分析实现精准营销和精细化运营仍然是会展业的主要操作方式。对比其他诸多行业，会展业支配的数据量并不大。

2. 数据分析能力不足，重采集轻分析。互联网平台提供的数据产品，实际是半成品，还需要使用者根据自己的需要，提出具体的采集指标，而后再进行分析，并出具数据报告。对于大数据，分析技术和能力要求很高。业内目前有一种倾向，过度关注数据采集技术和大数据的意义，对于数据分析能力关注极少。对于大多数企业而言，即便是踏踏实实地做好对传统数据的分析，也是个挑战。所以在对传统数据的挖掘和分析上，很多展览企业做得也很不够，需要提高的地方还有很多。

3. 基础设施的投入不足,权衡投入产出。主办方对基础设施要求逐渐提高,但是最基本的带宽要求在很多场馆都没有达到;另外,在利润模式方面,是有了清晰的利润模式再去收集数据,还是在数据的收集之后再去挖掘数据的其他使用价值和利润模式,是很多行业都会碰到的、令人困惑的问题。由于投入巨大,无论场馆方还是组织方只有比较有实力的企业才可以考虑在大数据方面进行投入。小企业即使有在大数据方面探索的雄心,也只能退而求其次,更多的是寻求与第三方服务商的合作。

4. 数据安全的担心,相关方利益博弈。一旦场馆对IT基础设施进行大幅度升级,特别是现在所谓的"智能场馆"建设,会造成主办方和消费者对数据安全的担心增加。其原因在于中国的场馆经营方对自办展的喜好,在中国现有的诚信环境下,主办方产生疑虑难以避免,所以对会展业大数据的研究和应用,目前会展产业界还是"雷声大雨点小"的状态,未来发展任重道远。

二、上海线上展会特点

2019年,上海书展已经推出手机端"移动书展",并设置了"上海书展"微信小程序。2021年,上海书展不断发展,使用了线下实体展会与线上平台相结合的模式。

2020年,受到疫情影响,更多的展会开始构筑线上平台甚至尝试纯线上展会。例如,上海博华国际展览有限公司主办的HOTELEX上海国际酒店及餐饮业博览会,在2019年的展后报告中仅在最后贴有公众号二维码,无其他线上内容。2020年,开始策划线上展来保证延期不延展,其线上展以线上论坛、体验式直播、线上产品发布会、小程序等形式为主。同为上海博华国际展览有限公司主办的ProPak China上海国际加工包装展览会同样在2020年推出了企业直播间、主题分享直播、"60天在线预展"线上展。上海教育博览会也在2020年举办了首次纯线上展,通过小程序、H5页面、直播、VR体验进行展示。中国(上海)国际技术进出口交易会(上交会CSITF)同样在2020年首次举办"云上海外展",帮助企业打破疫情阻隔、在线开拓国际市场,其核心功能为云发布、云直播、云洽谈、云采配、云签约等。上交会云上海外展由上海市商务委员会、上海市国际贸易促进委员会主办,上海市国际技术进出口促进中心、云上会展有限公司承办。

除了纯线上展会以外,一些展会选择建设线上平台,线上和线下相辅相成。例如,法兰克福展览(上海)有限公司主办的上海国际汽车零配件、维修检测诊断设备及服务用品展览会、上海园携会展有限公司承办的CLG中国(上海)国际园林景观产业贸易博览会、上海歌华展览服务有限公司承办的上海国际生活时尚内衣展览会、法国波尔多酒展公司主办的Vinexpo(国际葡萄酒及烈酒展览会)上海展等都建成了线上平台,一般有着线上展台、视频会议、智能配对、视频直播和重播等功能。

2021年,一些因新冠疫情原因难以按时举办的展会选择采用线上的形式达成延展不延期,另一些展会也继续采用了线上和线下相结合的形式以带来更好的体验。中国对外贸易广州展览有限公司、上海中贸美凯龙经贸发展有限公司承办的中国(上海)国际家具博览会已经于2020年和大健云仓(外贸B2B交易平台)达成战略合作,2021年,其原定于9月的线下展览延期至12月,但在9月开放了家具展线上平台,功能包括直播、新品发布、论坛、招商推介会。东方国际(集团)有限公司等举办的上海国际纺织工业展览会Shanghai Tex2021首次采用了线上线下相结合的"纺织创新活动周"形式进行展览。华茂国际展览(上海)有限公司承办、云上会展提供技术支持的2021年长三角国际应急减灾和救援博览会同样采用了线上和线下相结合的形式。

线上展会的实际效果难以评估,目前大多仅通过浏览量数据反映。如,2020年上海国际汽车零配件、维修检测诊断设备及服务用品展览会,官方发布统计显示其AMS Live线上平台、小程序、网页浏览量超过578 000次。2021年,ST MWC 2021上海展首次开通线上渠道,推出MWCS在线平台与线下并行,官方数据显示有大约30%的参会者通过该平台参与了2021 MWC上海展,另有17.5万人通过活动的官方媒体合作伙伴平台观看了主题演讲、专题会议及其他活动。

2020年4月,阿里巴巴集团宣布和上海贸易促进委员会共同打造云上会展有限公司,依托阿里巴巴商业操作系统的全域数字化运营能力,发展创新型展会服务模式,参与到数字会展行业"新基建"的成长中。整个2020年,云上会展成功交付了近20个国际国内大型展会标杆项目,云上会展助力会展行业数字化转型事业初见成效。2021年,基于云展大脑的产品模块化、运营数字化、生态多元化的业务思路,云展继续推进实现云展平台标准功能产品的可插拔、大型头部项目可定制,进一步推进会展数字化进程。

上海许多展会开始发展线上展会平台,如表3-1所示,通过梳理这些展会时发现,它们呈现出一些共同的特点:

(一)上海线上会展的形式正在被接受,作用越来越大。大部分展会受到疫情影响,延期举办;部分主办方选择用线上举办的形式;部分展会直接取消举办;还有部分展会选择线上+线下的方式举办,线下开放部分展区,线上开放剩余展区,不至于完全舍弃线下。通过上述数据可看出,在疫情持续的这三年时间里,延期举办的展会越来越少,线上举办和线上+线下举办的展会越来越多,从刚开始受疫情影响不得不延期举办,到现在主办方另辟蹊径,参展商和观众也越来越从容参展,由此可推论,线上或者是线上+线下的模式越来越为人们所接受。上述展会形式的改变,可发现从刚开始的延期举办,到逐渐开始摸索线上展会的模式,到完全举办线上展,无论是主

表 3-1 2019—2021 年部分上海线上或双线会展统计

序号	展会名称	主办方	规模	线上部分简述
1	上海书展	主办单位：上海市书刊发行行业协会、上海市国际贸易促进委员会 承办单位：上海贸促展览展示有限公司	（2019）主会场参展人数：39.1万人次	（2019）首次推出手机端"移动书展"，利用微信平台，设置"上海书展"微信小程序。 （2021）线下实体展＋线上平台：https://shbookfair.shmedia.tech/#/
2	HOTELEX 上海国际酒店及餐饮业博览会	上海博华国际展览有限公司	（2019）230 000 平方米，2 567 个参展商，159 267 位专业观众 （2020）线上 （2021）400 000 平方米，2 875 个参展商，211 962 位专业观众	（2019）有公众号，无其他线上信息 （2020）策划线上展、延期不延展：线上论坛、体验式直播、"新蕾·产品 SHOW"线上发布、"采购直达车"食饮在线 sygle.com 采购通小程序 （2021）展后报告内提及 sygle.com 采购通小程序，并新增慧会小程序
3	CLG 中国（上海）国际园林景观产业贸易博览会	主办单位：上海市园林绿化行业协会 承办单位：上海园携会展有限公司	（2021）10 900 人	（2020）构建了"线上展会平台"，展商可在线上展示产品，与目标观众在线互动
4	上海国际加工包装展览会 ProPak China	上海博华国际展览有限公司	（2021）170 000 平方米，39 637 人	（2015）食品加工包装在线平台：https://www.sjgle.com/ （2020）企业直播间、主题分享直播，"60 天在线预展"线上展（线上买家采购会，O2O 配对会、大咖直播）

(续表)

序号	展会名称	主办方	规模	线上部分简述
5	上海国际生活时尚内衣展览会	上海市服饰学会,上海市服饰学会内衣泳装和家居服专业委员会,上海歌华展览服务有限公司	50 000平方米,800个参展商,30 000名观众	(2020)线上展览平台——"展商秀"正式上线。MUE展商秀整合信息,观众可随时查看展品、活动,展商可以掌握行业动态、发展潜在客户
6	中国(上海)国际技术进出口交易会(上交会 CSITF)	主办单位:中华人民共和国商务部,中华人民共和国科学技术部,中华人民共和国国家知识产权局,上海市人民政府 承办单位:上海市国际技术进出口促进中心、中国机电产品进出口商会,东兰生(集团)有限公司	(2022)35 000平方米	(2020)上交会首次举办"云上海外展",帮助企业打破疫情阻隔,在线开拓国际市场。核心功能:云发布、云直播、云洽谈、云采配、云签约等。云上海外展通过数字化科技手段最大程度在线呈现(上交会云上海外展由上海市商务委员会主办、上海市国际贸易促进委员会、上交会会展有限公司承办)
7	上海半导体展 SEMICON China	主办单位:中国电子商会,SEMI	(2020)80 500平方米,31 000名观众、913个参展商	(2020)线上与线下相结合,首次采用线上直播的方式。部分嘉宾线上演讲
8	上海教育博览会	主办单位:中共上海市教育卫生工作委员会,上海市教育委员会 承办单位:上海教育报刊总社	(2017)12 000平方米,101个参展单位,100 000名观众	(2020)首次线上展、纯线上的形式(小程序、H5页面、直播、VR体验) (2021)官网包含在线观展、电子地图、教育直播、VR体验等功能,可使用小程序预约、参观教博会

（续表）

序号	展会名称	主办方	规模	线上部分简述
9	Vinexpo（国际葡萄酒及烈酒展览会）上海展	法国波尔多酒展公司	（2021）36 000 平方米，1 300 个参展商，40 000 名专业观众	（2020）线上平台：在线直播、回放重播、VINEXPOSIUM数字活动、线上研讨会、在线交流
10	上海国际汽车零配件、维修检测诊断设备及服务用品展览会	法兰克福展览（上海）有限公司	（2020）280 000 平方米，3 845 个参展商，79 863 名专业观众，AMS Live线上平台及小程序、网页浏览量超过578 000次	（2020）线上平台： 1. 总体：线上展台、视频会议、智能配对、视频直播重播、智能配对信息管理、管理工具 2. 对参展商：线上展台、视频直播及重播、在线聊天、一对一视频会议、智能配对、潜在买家信息管理、管理工具、实时数据分析 3. 对观众：参展商和产品搜索、联系参展商、创建安排日历、电子邮件通知 4. 对合作方：与目标观众建立联系、平台内视频推广，作为嘉宾参与活动
11	慕尼黑上海分析生化展	主办方：慕尼黑博览集团，慕尼黑展览（上海）有限公司	（2020）60 000 平方米，1 121 个参展商，23 652 名观众	（2020）在线展厅2020年首次开放（展会动态、展品信息、同期活动、行业热点新闻、参展预登记等功能）
12	中国（上海）国际家具博览会	主办单位：中国对外贸易中心集团有限公司、红星美凯龙家居集团股份有限公司、中国轻工工艺品进出口商会、广东省家具协会	（2020）250 000 平方米，118 000 人	（2020）B2B官方交易平台：指定外贸B2B交易平台——大健云仓（红星美凯龙和知名外贸产业及金融资本共同投资设立的跨国大件商品外贸交易平台）"云仓储""云快递""云送仓" （2021）2021年9月展览延期到12月，但在9月开放

(续表)

序号	展会名称	主办方	规模	线上部分简述
13	ST MWC 2021 上海展	合办:广州市家具行业协会承办单位:中国对外贸易广州展览总公司,上海中贸美凯龙经贸发展有限公司	(2021)25 000 名观众,220 个参展商	家具展线上平台:包括直播、新品发布、论坛、招商推介会 (2021)首届开通线上与线下渠道,推出 MWCS 在线平台。(有大约 30%的参会者通过该平台参与了 2021 MWC 上海。另有 17.5 万人通过活动的官方媒体合作伙伴平台观看了主题演讲、专题会议及其他活动)
14	上海国际纺织工业展览会 Shanghai Tex 2021	集同盟会展服务(上海)有限公司上海总部 东方国际(集团)有限公司、中国国际贸易促进委员会上海市分会、中国国际商会上海商会	(2019)103 500 平方米,1 158 个参展商,87 430 名观众	(2021)线上+线下,"纺织创新活动周"形式
15	长三角国际应急减灾和救援博览会	主办单位:上海市应急管理局、江苏省应急管理厅、浙江省应急管理厅、安徽省应急管理厅 联合主办:上海市国际贸易促进委员会 承办单位:华茂国际展览(上海)有限公司 技术支持:云上会展	52 000 平方米,435 个参展商	(2021)线上(云上会展)+线下。云上会展自主研发的 SaaS 工具 ExpoNow,核心为云展大脑,帮助实现精准的用户画像分析,通过私域盘活、公域拉新,使展会的全链路数据能够形成数据资产,提升展会数据价值

办方,还是参展商和观众对于线上展会的态度都是逐渐接受,这对于未来展会形式的变化有较大的影响作用。

上海通过不懈的努力已经成为世界第一大会展城市,会展数量和规模均显示出良好的发展势头。近年来,通过数字化渗透,会展业为了保持高效率、高质量发展,一方面,数字技术通过创造新消费场景,构建线上业务渠道,减少了服务业的时空制约,会展业形成线上线下相互促进的发展局面;另一方面,数字化带动智能机器人、大数据、SaaS 系统等在会展业领域的应用,提高了会展业平台服务效率。

(二)上海会展业效率不断优化,推动行业高质量发展。伴随着技术创新的溢出效应,服务新模式和新业态不断涌现,数字化引导下的会展业一定程度上克服了传统服务业大量依赖劳动力、物力投入的发展困境,一定程度上减弱了服务业的"鲍莫尔成本病"。数字化所带来的会展服务平台化,还有效降低了信息不对称,加强服务质量的公开透明,激励会展行业的商家主动提升服务水平,促进会展业的高质量发展。

从展会时长来看,之前实体展会的展期大致是 3—6 天左右,自实体展会转变为线上展会或者双线展会之后,不少展会将展期延长至 10 天、40 天、180 天,甚至是 365 天等,主办方会在展会期间的前几天集中安排配对的时间,后面开放的时间大多为自由对接时间。展期的延长意味着人们有更多的时间进行对接,更多的机会进行商务合作,但是这种缺乏集中性的展会可能会使参展效果大打折扣。

与 2020 年和 2021 年相比,线上展会所具备的一些技术要求也越来越完备,通过梳理相关展会的技术基础时发现,大部分展会都具有官方网站、官方微信、小程序,展会期间开放多个端口,进而提高浏览量,还有部分展会在抖音、快手、小红书、微博等社交平台上拓宽了营销渠道,吸引流量增加曝光度。目前线上会展的发展逐渐走向正轨。

（三）上海数字会展企业服务更专业，促进行业纾困自救。数字会展企业要更多地关注服务，而不是像以前一样"卖了展位了事"，服务质量的提高更加彰显"上海服务"，并全面提升城市的吸引力、亲和力、创造力和竞争力。

会展业由于受到持续的新冠疫情影响，线下展会或延期或取消，但是线上展会在很大程度上可以弥补线下展会的缺失，通过自身"专业服务"获得买卖双方的认可，进而为企业生存带来转机，当然数字会展必然带动了一批数字科技企业的发展，因此对整个上海会展行业是一种贡献。

通过观察2020—2021年能够如期举办的线下展会，我们可以发现，从规模上来看，无论是参展面积，还是参展商和观众数量都越来越大。在疫情得到一定的控制之后，以及防疫政策宽松之后，人们对于线下展会的推崇也不会就此消失，反而会迎来线下展热潮。但是根据近三年展会的发展形势来看，线下展会的回归一定不会再是之前传统意义上的展会，而是会充满数字化元素。

第二节 ‖ 上海会展业数字化转型的调研及结果分析

为了进一步了解上海会展业各主体对于数字化转型的准确心态、思想准备、面临的困难和急需解决的问题，我们针对性地进行了深度访谈和调研，并形成了一些初步的认识。

一、调研背景和过程

（一）调研背景

上海公布《关于全面推进上海城市数字化转型的意见》，涉及三大领域，其中经济领域涉及各行各业,也包括会展业。上海"十四五"规划中也提到要全面建成会展之都,而全面建成会展之都也就涉及网络和数字化的问题。在未来,网上会展、双线会展很可能是以后会展走向国际、上海建成国际会展之都的重要抓手之一,会展企业需要转型以渡过难关。

本文以上海会展业的利益相关者为主体,通过深度访谈方法获取研究资料,深入了解会展主办方、政府协会、会展场馆、会展科技公司、会展培训机构、会展物流公司等多方会展行业利益相关者对于上海会展业数字化转型的理性思考及实践探索的现状,采用扎根理论的方法对上海会展业数字化转型现状进行梳理和提炼。

(二)调研过程

本次调研的访谈形式为半结构型个人访谈,对象包括会展主办方10家(其中外资主办方和内资主办方各3家,国企主办方和合资主办方各两家),会展科技公司4家,会展场馆、会展培训、会展物流公司各一家,以及政府和协会两家。访谈围绕以下主题进行:线下展会的生存,会展业应当怎样做好数字化转型;会展业数字化的现状如何、目前呈现什么效果、遇到哪些障碍;如何评价会展业数字化转型的水平、线上展会的评估标准拟定问题;对会展数字化的未来如何预判;政府可以采取何种措施促进会展业数字化转型。本次访谈开始于2021年9月,结束于2022年3月,在半年时间中通过对20位受访者进行总时长约27小时的访谈,最终获得了近47万字的访谈记录,并整理获得约8万字的重点记录,详见附录。访谈具体情况见表3-2。

表 3-2 访谈对象样本情况

序号	类型		访谈时间	访谈单位	访谈对象	所在地	访谈时长	字数	整理字数
1	会展主办	外资主办	2021/11/8	汉诺威	刘某某	上海	0:55:29	15 852	2 492
2		外资主办	2021/11/8	汉诺威	孔某某	上海	0:56:40	16 609	3 789
3		外资主办	2021/12/2	英富曼	袁某某	上海	1:12:43	20 208	3 991
4		外资主办	2022/1/10	法兰克福	赵某某	上海	0:54:52	15 468	4 765
5		国企主办	2021/12/20	东浩兰生	姚某某	上海	1:46:55	31 648	4 095
6		国企主办	2022/2/15	中国机电产品进出口商会	龚某	上海	0:38:19	10 231	3 180
7		合资主办	2021/12/29	万耀企龙	李某某	上海	1:07:37	21 355	4 035
8		合资主办	2022/2/23	博华	王某某	上海	1:16:57	15 971	3 382
9		内资主办	2022/1/20	米奥兰特	潘某某	杭州	1:00:00	15 000	2 373
10		内资主办	2022/1/27	远大国际展览有限公司	张某某	北京	1:36:34	26 116	4 011
11	政府协会	政府协会	2022/3/1	华墅	王某某	上海	0:44:51	13 874	2 728
12		政府协会	2022/1/7	浦东会展促进中心	姜某某	上海	1:06:54	19 118	4 048
13		政府协会	2022/1/12	上海市商委/会展业促进中心	朱某	上海	1:52:12	33 974	4 752
14	会展科技	会展科技	2021/9/16	上海优品计算机科技有限公司	周某某	上海	2:49:21	53 027	7 066
15		会展科技	2021/10/20	31会议	杨某	上海	1:32:35	27 127	2 974

(续表)

序号	类型	访谈时间	访谈单位	所在地	访谈对象	访谈时长	字数	整理字数
16	会展科技	2021/12/1	云上会展	上海	李某某	2:53:03	53 058	8 994
17	会展科技	2022/1/17	亿点物联	深圳	洪某	1:08:01	22 660	4 050
18	会展场馆	2022/1/7	上海新国际博览中心	上海	张某	0:59:37	16 358	5 024
19	会展培训	2022/1/21	北京篝诺讯商务服务有限公司	北京	马某某	0:47:33	15 248	4 407
20	会展物流	2021/12/30	运展环球	上海	吴某某	1:32:18	25 206	4 129
					合计	26:52:31	468 108	84 285

二、调研资料分析过程

经过初步整理后,本文使用 NVivo 12 对访谈文本进行扎根理论分析,致力于不同会展行业利益相关主体对于会展数字化的认知和实践现状。扎根理论方法对资料的分析过程可以分为 3 个主要步骤,依次为开放性编码、主轴编码与选择性编码。开放性编码通过拆解和理解文本来确认和发展概念,并对其进行比较分析最终提取范畴。

（一）主办方调研分析

本次研究针对不同主体分别进行分析。以会展主办方为例,开放性编码的示例见表 3-3。

表 3-3 主办方开放性编码示例

访谈资料文本	概念化	范畴化
我们把数字化转型放到战略高度来考虑。为什么放到战略高度来考虑？一方面是因为疫情,疫情逼迫大家去发展线上,但是疫情不是主要原因。最主要的是市场和业态的变化。淘宝、天猫、京东这些都是线上采购加移动端(90%的下单都在移动端),电子商务市场把 C 端、P 端(Professional)往数字化引流了,我们正处在潮流推动的时代…… 第一这个主要是基于我们目前的参观习惯已经开始改变了,越来越多的年轻人不愿面对面交流,更愿意线上交流…… 新一代的话他们是靠手机生存的,然后通过手指在屏幕上点击几下就可以组成一种买卖,这是他们的一个特点。今后展览会的话,我相信实体展览会还会继续运行,但是由于 80 后、90 后,所谓新生代的介入,可能会大大地进行改变,这是一个受众最大的变化……	环境、市场业态变化的影响	数字化转型的原因

(续表)

访谈资料文本	概念化	范畴化
关于数字化问题,现在是一个非常火热和实用的课题,应该讲疫情的出现大大促进了数字化或者是线上展览会的进行。在这种情况下的话,许多展览会不得不转向线上的展览,就促进了线上展览的实行…… 到2020年的时候,疫情来了,就产生了很大的改变,因为我们的展会,尤其是国际性的展会,受到的冲击是很大的,因为我们的展会优势在于吸引国际观众,参展商也是为了这个来参的,我们的定位非常明确,但疫情就让我们必须推进数字化的改变……	疫情影响	

整理主办方访谈资料共提取133个概念,其中的高频概念如表3-4所示。可以看出,主办方受访者普遍达成的共识有:线上展不会完全取代线下展,线上功能的重点在于洽谈和匹配,双线会展是未来的方向等。并且大多认为会展数字化目前缺乏成熟盈利模式、投资风险较大,企业存在对数字化认识不深入的问题。

表3-4 主办方高频概念

概　念	参考点
线上展不会完全取代线下展	9
线上洽谈、匹配的功能	6
双线会展是方向	6
没有成熟的盈利模式,投资风险大	5
企业对数字化的认识不深入、理念转变困难	4
疫情限制,弥补线下空白	4
盈利难以达到预期、实际转化率低	4

(续表)

概　　念	参考点
没有特别成功的案例	4
数字化效果尚未达到预期	4
数字化是未来的重要方向	4
线上展示的功能	4
可能面临资金不足的困难	4
目的在于提高关键买家黏性	4
少数主办方已经获得数字化收益	4

对133个概念进行归类得到14个范畴,分别是:对会展行业的认知、对数字化概念的认知、对疫情形势的判断、对展会的认知、数字化的发展历程、数字化的功能、数字化转型的目的、数字化的现状、数字化效果的衡量标准、数字化转型的原因、行业发展趋势的判断、政府可以如何作为、主办方开发数字化产品的优势、转型的问题或障碍。各范畴所包含的参考点数量如表3-5所示。

表3-5 主办方范畴

范　　畴	文件	参考点
数字化的现状	11	40
转型的问题或障碍	9	33
行业发展趋势的判断	10	30
数字化的功能	7	21
对数字化概念的认知	8	20

(续表)

范　　畴	文件	参考点
数字化转型的目的	6	19
数字化转型的原因	7	17
数字化的发展历程	8	15
政府可以如何作为	7	13
对会展行业的认知	5	6
对展会的认知	3	5
数字化效果的衡量标准	2	4
对疫情形势的判断	4	4
主办方开发数字化产品的优势	3	4

主轴编码的目的是精练和区分范畴。从已有的范畴中选择出最能体现文本主题的主范畴。再回到原始资料中将这些主轴范畴与相关文本联系起来，检验其提取的真实性和可靠性。通过这个过程，合并次要范畴，精练主要范畴。整理主办方访谈资料，将 14 个范畴归类得到 7 个主范畴，即各主体对会展数字化认知的七个维度：基本认知、形势判断、转型动力、发展阶段、发展现状、转型障碍、政府助力。各主范畴包含的参考点数量如表 3-6 所示。

表 3-6 主办方主范畴

主范畴	范　　畴	文件	参考点
基本认知	对会展行业的认知、对数字化概念的认知、对展会本质的认知、数字化效果的衡量标准、主办方开发数字化产品的优势	11	39
形势判断	对疫情形势的判断、行业发展趋势的判断	10	34

(续表)

主范畴	范畴	文件	参考点
转型动力	数字化转型的原因、数字化转型的目的	10	36
发展阶段	数字化的发展历程	8	15
发展现状	数字化的发展现状、数字化的功能	11	61
转型障碍	转型的问题或障碍	9	33
政府助力	政府可以如何作为	7	13

（二）其他主体情况及七个维度内在关联

1. 其他主体调研分析

会展科技公司开放性编码的示例见表3-7。

表3-7 会展科技公司开放性编码示例

访谈资料文本	概念化	范畴化
现在很多会展公司有能力开发这个平台，但是没有人有能力运营，有这种数据思维的人很少，而且没有几个互联网的人才愿意去会展公司任职去做这块事情，这方面的人才现在是非常紧缺…… 这里面最主要的是运营，因为会展人员他们都是传统会展思维，他们不懂怎么去运营一个产品，他们不懂互联网的一些思维，这就无比艰难……	人才和运营	转型的障碍或问题
主办方、参展商、观众对线上展会的认知程度都有待提升。主办方更看重线下会展，疫情后重新再回到线下来。主办方跟参展商和观众三者其实都是需要教育的。用户对这些重视程度也不够，甚至期望也不大…… 我们和非常多的主办方聊天沟通过，他们会比较去怕用这套系统，因为觉得我的传统的方式我是改变不了的，或者我的人员的年纪可能比较大，所以他们就会觉得我是不是需要去适应，我的人力成本会变高……	认知和定位	

整理会展科技公司访谈资料共提取 94 个概念，其中的高频概念如表 3-8 所示。可以看出，会展科技公司受访者普遍达成的共识有：主办方难以很好地运营线上平台，缺少专业的线上平台运营团队支持；双线会展是方向，线上、线下需要走向融合；主办方和互联网公司或技术公司合作，或购买数字化服务；企业对数字化的认识不深入、理念转变困难等，普遍认为会展数字化需要注重精准推荐、智能推荐以及模糊搜索、智能筛选等功能，以更好地满足展商、观众需求，提高用户体验。在会展数字化的过程中，政府可以补贴有数字化转型意识的企业，支持其开发或购买数字化产品和服务。

表 3-8　会展科技公司高频概念

概　念	参考点
主办方难以很好地运营线上平台，缺少专业的线上平台运营团队支持	5
双线会展是方向，线上、线下需要走向融合	4
主办方和互联网公司或技术公司合作，或购买数字化服务	3
企业对数字化的认识不深入、理念转变困难	3
精准推荐、智能推荐的功能	3
模糊搜索、智能筛选的功能	3
目的是更好地满足展商、观众需求，提高用户体验	3
政府可以补贴有数字化转型意识的企业	3

对 94 个概念进行归类得到 12 个范畴，分别是：转型的问题或障碍、数字化的现状、未来发展趋势的判断、数字化的功能、数字化的目的、政府可以如何作为、对数字化概念的认知、评价指标建议、数字化转型的原因、对会展行业的认知、数字化的发展历程、会展科技公司开发数字化产品的优势。各范畴所包含的参考点数量如表 3-9 所示。

表 3-9 会展科技公司范畴

范　畴	文件	参考点
转型的问题或障碍	4	25
数字化的现状	4	20
未来发展趋势的判断	4	14
数字化的功能	4	14
数字化的目的	3	12
政府可以如何作为	4	9
对数字化概念的认知	3	8
评价指标建议	2	6
数字化的发展历程	3	6
会展科技公司开发数字化产品的优势	3	3
数字化转型的原因	1	3
对会展行业的认知	2	2

整理会展科技公司访谈资料，也可以将 12 个范畴归类得到 7 个主范畴，即对会展数字化认知的七个维度：基本认知、形势判断、转型动力、发展历程、发展现状、转型障碍、政府助力。技术公司的各主范畴包含的参考点数量如表 3-10。

表 3-10 会展科技公司主范畴

主范畴	范　畴	文件	参考点
基本认知	对会展行业的认知、对数字化概念的认知、会展科技公司开发数字化产品的优势、评价指标建议	4	16
形势判断	对行业发展趋势的判断	4	14
转型动力	数字化转型的原因、数字化转型的目的	3	15

(续表)

主范畴	范畴	文件	参考点
发展历程	数字化的发展历程	2	6
发展现状	数字化的发展现状、数字化的功能	4	34
转型障碍	转型的问题或障碍	4	25
政府助力	政府可以如何作为	4	9

政府和协会的开放性编码的示例见表3-11。

表3-11 政府协会开放性编码示例

访谈资料文本	概念化	范畴化
会议方面线上是被接受的,但线下会议仍然有需求;展览的话,2014年左右已经探讨过线上、线下,世博当时已经探索了"掌上世博",当时的观点就是线上、线下相辅相成,这是一个趋势;现在,技术手段发展了,比如云上会展做的婚纱展等效果就已经比预想的好了很多。而且现在的技术人员对展会的了解也更多了…… 总的来说,现在就纯线上或者从网上会展来看,技术已经发展了,目前来说不是技术类的问题,问题还是在于参展商和观众等对数字化的理解、运用和接受程度……	技术的发展和进步	数字化的现状
从我们来看,也去了解了一下,目前数字化会展的效果其实不好。就像广交会,广交会的组团其实是由我们商会在组团的,那么其实我们听下来的效果,并非像人家说的那样好。最直接企业参展商的反应,说没有非常好,这是一个。第二,一些据说做得比较成熟的展会,问下来效果也是不太理想,在疫情状况下,其实说是效果一般…… 疫情背景下,会展行业诞生了一个新模式:数字化+代参展。由于国外展会已经开放,无法出国的企业探索通过"线上连线+线下代参展"的模式走出国门,但现在还是不够成熟的、效果有限,疫情后如果成熟了将来也是一种可用的模式……	效果未达到预期	

整理政府协会访谈资料共提取 39 个概念,其中的高频概念如表 3-12 所示。由于本次研究采访政府和协会数量较少,在概念层面发现的共性较少。

表 3-12 政府协会高频概念

概　念	参考点
上海会展业疫情防控更为严格	2
双线会展是方向,线上、线下需要走向融合,线上赋能线下	2

对 39 个概念进行归类得到 9 个范畴,分别是:数字化的现状、转型的问题或障碍、对会展业的认知、未来发展趋势的判断、数字化转型的原因、数字化的发展历程、对会展科技公司的看法、行业数字化的目的、政府可以如何作为。各范畴所包含的参考点数量如表 3-13。

表 3-13 政府协会范畴

范　畴	文件	参考点
数字化的现状	2	14
转型的问题或障碍	2	10
对会展业的认知	2	6
未来发展趋势的判断	1	4
数字化转型的原因	1	3
数字化的发展历程	2	2
对会展科技公司的看法	1	1
行业数字化的目的	1	1
政府可以如何作为	1	1

整理政府协会访谈资料,也可以将9个范畴归类得到7个主范畴,即对会展数字化认知的七个维度:基本认知、形势判断、转型动力、发展历程、发展现状、转型障碍、政府助力。政府协会的各主范畴包含的参考点数量如表3-14所示。

表3-14 政府协会主范畴

主范畴	范畴	文件	参考点
发展现状	数字化的发展现状	2	14
转型障碍	转型的问题或障碍	2	10
基本认知	对会展行业的认知、对会展科技公司的看法	2	7
形势判断	对行业发展趋势的判断	1	4
转型动力	数字化转型的原因、数字化转型的目的	1	4
发展历程	数字化的发展历程	2	2
政府助力	政府可以如何作为	1	1

会展场馆、会展物流、会展培训三类主体访谈对象和内容相对较少,难以通过归纳概念和参考点进行分析,但其访谈内容基本符合本文根据主办方等主体分析得出的七个维度,因此按照此七个维度对这三类主体进行了梳理和分析。

2. 七个维度的逻辑关系

经过对会展利益相关主体的分析,本文梳理出各主体对会展数字化认知的七个维度(图3-1)。

各主体数字化发展的现状受到其对会展数字化的基本认知、对疫情和行业未来发展形势的判断、对通过数字化来解决什么问题的理解,以及其前期数字化转型的手段和效益等诸多因素影响,并且各主体在发展的过程遇到各类转型障碍。针对遇到的障碍,各主体认为政府在其中可以如何作为,未来需要如何发挥政府作用来助推会展行业的数字化转型。

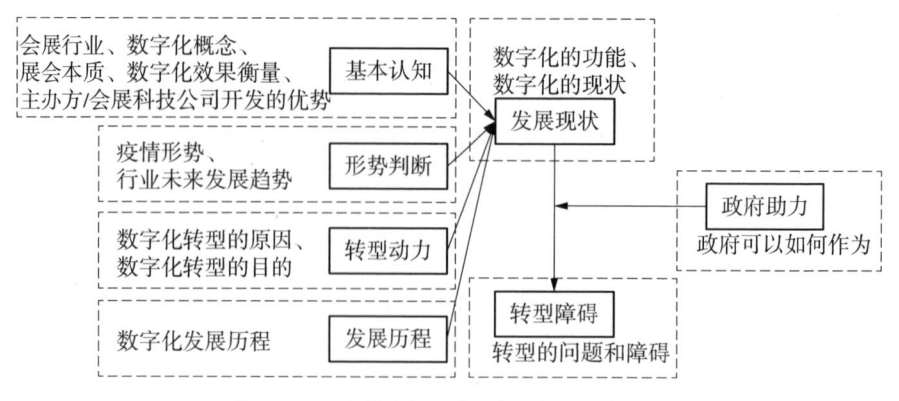

图 3-1 各主体对会展数字化认知的七个维度

三、调研结论分析

(一) 总体对比分析

围绕各主体对数字化的多角度认知,从基本认知、形势判断、转型动力、发展历程、发展现状、转型障碍、政府助力七个维度整理如表 3-15 所示。

1. 基本认知

在基本认知方面,各主体均认可数字化是未来的发展方向,线上线下未来将互相补充。主办方强调,线上展的重点在于互动,并且重点关注展会和数字化的效率和盈利问题;会展科技公司认为数字化的出发点和落脚点在于挖掘数据的价值,但同样关注效率;会展培训也认为会展行业需要追求价值和高效,认可线上和线下需要打造差异化、互补的平台,并认为双线、线上都不等于数字化,数字化是很大的概念;政府和协会认为会展数字化的主体是主办方,而会展科技公司主要提供技术和服务,尚未完全踏入会展行业;会展场馆认为疫情让整个会展行业变得比较艰难,上下游受到了一定冲击;会展物流将线上展览定位为辅助,认为线上功能可以在一些领域(例如 B2C 展会)起到直观的促进作用。

表 3-15 各主体对数字化的认知

	会展主办	会展科技公司	政府协会	会展场馆	会展物流	会展培训
基本认知	• 强调主办方和参展商的效率和盈利 • 竞争力在于有深耕行业的经验 • 线上线下是相互补充,不存在替代关系 • 线上展的重点在于互动	• 会展行业整体上很传统 • 数字化的出发点和落脚点是挖掘数据价值,核心目标是解决效率问题 • 会展科技公司具有一定的技术门槛和B2B运营经验 • 评判标准可以考虑经济、技术、服务、参与者质量感知、反馈渠道等层面	• 上海会展行业以企业自行介入为主,政府介入较少政策收紧 • 会展数字化的主体是主办方 • 会展科技公司目前仍然扮演服务于主办平台和售软件的角色,尚未真正步入会展行业	• 疫情影响下整个会展行业是比较艰难的,场馆上下游企业实际上都非常大的冲击 • 上海展会外流的主要原因在于疫情同上海举办期困难,外省市有一定的产业基地优势、价格优势	• 线上的定位是辅助、用于开拓新市场 • 线上功能在一些领域(例如B2C展会)会有直观的促进作用	• 会展行业一直在追求给客户带来的价值和高效的数字化 • 线上不等于数字化 • 双线线上的部分依然只是数字化的一小块 • 数字化是很大的一个圈 • 线上线下的价值是不一样的,要打造补充性、差异化的线上平台
形势判断	• 普遍认可双线,数字化是未来的重要方向 • 主办与技术公司的合作是一个趋势	• 数字化是重要趋势 • 双线会展在未来会成为会展业的常态 • 线上线下将会区别化运营	• 双线会展是未来的发展方向 • 会展数字化是大于弊 • 由大型主办方率先转型	• 线上展会是一个趋势,但是不可能完全取代线下展会 • 线上可以对线下起到补充作用	• 线下展会不会被线上所取代 • 线上能赋能线下,双线驱动	• 在疫情期间做的有效数字化措施(服务方式、连接方式、信息传递方式),在疫情后也会被延续下去 • 疫情的大浪淘沙

第三章 上海会展业数字化转型现状分析

（续表）

	会展主办	会展科技公司	政府协会	会展场馆	会展物流	会展培训
转型动力	• 受到环境和市场业态变化的影响 • 追求数字化带来的收益 • 提高用户黏性，追求会价值转型升级	• 行业内竞争压力 • 提高黏性，提高用户体验 • 提高效率（展会本身效率，企业管理效率） • 公域流量拉新	• 数字化帮助主办方在疫情期间延续展会和维系参展商 • 积极探索数字化以保持竞争力 • 提升士气，积蓄实力	/	• 节约人员成本，提升工作效率 • 公司内部数据共享	• 之后，会展行业的平均品质可能会增加，会展行业不会有所分化 • 线下不会被线上所替代 • 线上和线下的并存是趋势
发展历程	• 在疫情前已经有过数字化探索 • 疫情后，主办方普遍认同数字化推进的必要性	• 疫情前已经开始有数字化营销，线上注册等投入应用 • 疫情后，数字化展会迎来新阶段	• 在疫情前已经有所推进（概念认知或线上展尝试），但在具体实施的方向上尚不明确	/	/	• 疫情倒逼主办方去提升价值，塑造价值

(续表)

	会展主办	会展科技公司	政府协会	会展场馆	会展物流	会展培训
发展现状	• 已经进行了数字化的初步探索 • 缺乏成功案例,效果不佳或未达到预期 • 少数主办方已经探索出了自己的数字化发展路径 • 数字化转型进程较慢 • 数字化功能可以分为服务、管理、营销三个维度,主办方对接功能、管理功能的模糊,其中重点解决数据孤岛问题 • 线上洽谈和匹配功能最为注重	• 与主办方合作并提供数字化服务 • 会展科技公司大多选择与大型主办方合作 • 已经能够有效保障数据安全 • 服务、管理、营销三个维度的功能,更重视其中的模糊搜索、智能筛选、精准推荐,供采对接功能,管理方面重点解决数据孤岛问题	• 政府更偏向支持线下展览,并且对短期内线上展会的效果存在一定的疑虑 • 发展数字化会展需要兼听各方意见,最重要的是主办方的态度 • 主办方的数字化技术正在逐渐进步,会展科技公司对会展行业的了解也在逐步加深 • 线上展会仍然未能达到预期效果	• 各地主办方均有一些线上展会的尝试 • 效果难以达到预期 • 没有成熟的盈利模式 • 主办方对场馆的期待是仅提供硬件支持	• 在公司内部数据共享方面已经有一定实际应用 • 更倾向于在使用会展科技公司提供的公共平台的基础上,加一些定制化功能	• 数字化的功能体现在营销行为优化,公司内部管理,最终产品呈现三方面 • 线上用户画像分析,优化营销行为 • 最终展会的线上展会、会议直播和录播等,给客户带来更长期的效应
转型障碍	• 资金和成本问题是主办方数字化转型的重要障碍 • 企业对数字化的认识不够深入	• 与主办方不同,会展科技公司认为人才和运营、认知和定位是比资金和成本更明显的障碍	• 政府在引导会展数字化方面缺乏资金 • 场馆等相关方缺乏转型动力	/	• 如何寻找合适的数字化平台、以及如何衡量平台的成本及收益	• 障碍在于主办方需要厘清概念,明确想要为客户解决什么问题,以及如何利用线

(续表)

	会展主办	会展科技公司	政府协会	会展场馆	会展物流	会展培训
	• 会展行业的人才结构较为传统，缺乏跨学科的人才 • 客户使用体验	• 缺少专业的线上平台运营团队 • 会展与互联网相互融合困难 • 认识不够深入，理念转变困难	• 线上展会效果缺乏评价指标 • 利益相关者对数字化的认知和接受程度有待提高 • 会展行业人才流失较为严重 • 海外受众体验		• 网络信息安全是重点关注的问题	• 线上和线下各种举措来解决这些问题
政府助力	• 补贴有数字化转型意识的企业 • 维护好市场活力，提供良好的营商环境 • 数字化基础设施建设 • 提高数字化认知	• 对参展商采用数字化代参展或参加数字化展会等进行补贴 • 复合型人才培养	• 上海正在出台配套政策来留住会展行业人才，但政策还有待进一步的完善和宣传	• 政府可以在基础设施建设方面增加力度 • 需要认识到会的重要性，做好展会的基础工作	/	• 政府提供友好的市场环境，减少企业不必要的消耗，使之有成本和精力来投入数字化探索

2. 形势判断

在对形势的判断上,各主体普遍认可双线、数字化是未来的重要方向,但同时线上无法完全替代线下。主办方提出,主办方与会展科技公司的合作是一个趋势;会展科技公司认为线上线下未来将需要区别化运营,同时认为主办方与会展科技公司将会合作,大型主办方先转型、中小企业的转型有待探索,会展科技公司中大企业负责提供平台等基础,小企业开发具体功能;政府和协会同样认为大型会展主办将率先转型;会展场馆认为线上可以对线下起到补充作用;会展培训公司认为疫情的大浪淘沙之后,会展行业平均品质可能有所上升、会展行业将会分化。

3. 转型动力

对于转型动力,各主体均认为存在疫情倒逼行业转型升级的原因,但内部的驱动因素同样不可忽视。主办方认为,比疫情原因更重要的是环境和市场业态的变化,数字化可以带来收益、提高用户黏性、促进展会价值的转型升级;会展科技公司认为,行业内竞争压力也是各主办方积极转型的原因之一,在主办方纷纷转型时,无法跟上数字化脚步的企业竞争力下降,同时数字化还可以为主办方带来展会本身和企业管理方面的效率提升,并且帮助主办方更便利地做到公域流量拉新,精准获取新客户;会展物流公司认为数字化可以帮助企业节约人员成本、提升工作效率,同时完成公司内部数据的共享;政府和协会认为数字化有着延续展会、维系参展商的重要作用,同时企业通过探索数字化保持竞争力、提升士气,在疫情期间积蓄实力。

4. 发展历程

主办方、会展科技公司、政府协会中大部分均谈到在疫情前会展行业已经有过一定的数字化探索,疫情后数字化继续稳步发展。主办方在疫情后普遍认同数字化推进的必要性;会展科技公司在疫情前开始将数字化营销、线上注册等基本功能投入应用,疫情之后,数字化展会将迎来新阶段;政府认为疫情之前数字化的一些概念认知和线上展尝试已经有所探索,但人们在具体实施方向上尚不明确。

5. 发展现状

发展现状方面,各主体均已进行了数字化的初步探索,有部分数字化功能已经落地,服务、管理、营销是目前数字化功能的三个主要维度,但同时,数字化转型整体进度较慢,总体上存在盈利模式尚不明确、成功案例较为缺乏的问题。少数主办方已经探索出了自己的数字化发展路径,通过绑定线下展位销售、提供精准匹配服务、提供数字化技术代参展服务等方式获得了一定收益,主办方在数字化功能上相对更重视洽谈和匹配;会展科技公司目前主要与大型主办方合作,在功能上更重视模糊搜索、智能筛选、精准推荐、供采对接等,同时提到通过数字化技术解决管理上的数据孤岛问题,并且对于数据安全已经有一定保障;政府和协会偏向支持线下展会,对短期内线上展会的效果存在疑虑,对各主体对于数字化的看法已经有一定了解,认为发展数字化需要兼听各方意见,其中主办方的态度是最需要关注的;会展场馆认为主办方对场馆的期待是提供数字化的硬件支持;会展物流通过数字化平台共享内部数据,比起完全定制开发平台,更倾向于购买会展科技公司提供的公共平台加上部分定制化功能。

6. 转型障碍

各主体数字化转型面临的主要问题在于资金和成本、人才和运营、认知和定位等方面,但对于关键障碍在于哪一点的看法有所不同。大多数主办方认为资金和成本是重要障碍,同时存在对数字化认知不够深入、人才结构传统、缺乏跨学科人才的问题,带来客户使用体验不佳的问题;会展科技公司认为人才和运营是最重要的障碍,主办方缺少专业的线上平台运营团队、会展与互联网相互缺乏行业理解是需要重点解决的问题,同时认知不深入、理念转变困难也是困境之一;政府和协会在引导会展数字化方面缺乏资金,同时认为场馆、服务商等方缺乏转型动力,线上展会效果难以衡量、行业人才流失严重、海外客户体验难以优化等是数字化转型的障碍;会展物流认为如何找到适合自身的数字化平台是问题,并且对网络信息安全问题存有疑虑;会展培训认为数字化障碍主要在于认知,主办方需要厘清概念,明确希望通过数字化为客户解决什么问题,和如何通过线上线下各种举措来完成这一点。

7. 政府助力

对于政府可以如何助力会展行业数字化,各主体的看法乃至各受访者的看法均有所差异,主要集中在财政补贴、政策扶持、人才培养、维护市场环境、提高自身认知、加强基础设施建设几方面。

(二) 主办方分析

主办方普遍认可双线、数字化是未来的重要方向。在数字化的过程中,主办方强调效率和盈利,并相信自身能够依靠多年深耕行业的经验,在数字化过程中获得一定收益。主办方数字化转型的主要原因是受到环境和市场业态变化的影响,同时也因为疫情的暴发,顺势推进数字化转型。

受访的主办方大多在疫情前已经有过数字化探索,疫情后,普遍认同数字化推进的必要性,并已经进行了初步探索。在转型的过程中,主办方追求数字化带来的用户黏性提升、展会价值的转型升级等收益。大部分主办方推进数字化转型遇到了一定困难,缺乏成功案例、感到数字化的效果不佳或未达到预期,而少数主办方已经探索出了自己的数字化发展路径。在众多障碍中,资金和成本问题是主办方数字化转型的主要障碍,其他还存在包括认知和定位、人才和运营等方面的问题。

主办方认为,政府可以通过多种方式推进会展行业数字化。例如,补贴有数字化转型意识的企业、维护好市场活力、提供良好的营商环境、推进数字化基础设施建设等。

主办方的梳理结果具体如图3-2所示。

会展行业

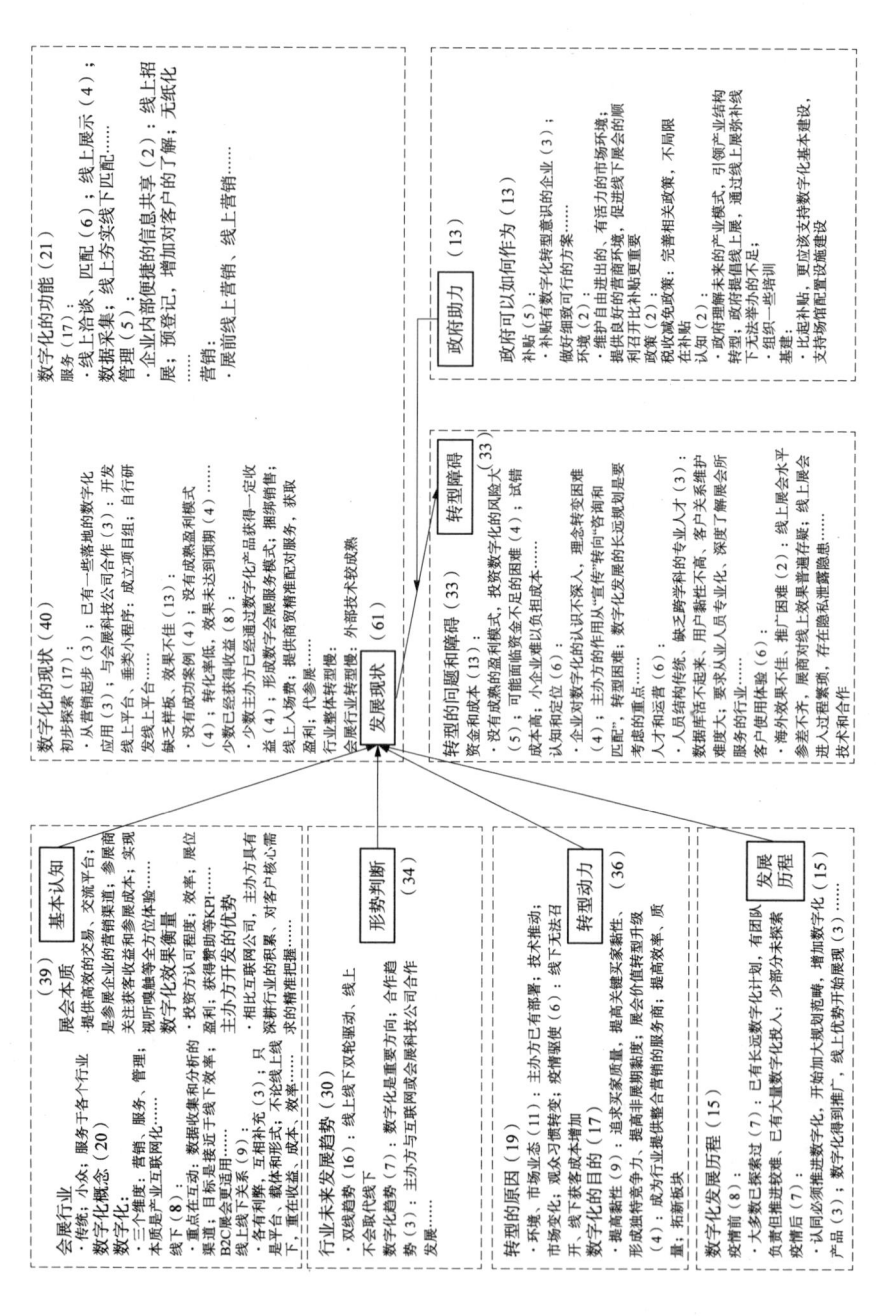

基本认知 (39)
- 展会本质：服务于各个行业 (20)
- 数字化概念：提供高效的交易、交流平台；参展商是否愿意参加这个平台；参展商关注效果收益和参展体验；数字化的三个重点是：沟通、服务、管理；数字化效果是否可以实现；数字化的衡量方式；数字化效果可以从观众和参展商两方面实现，参展方自身收益和参展商后期收益；效果 (8)……

数字化的现状 (40)
- 数字化初步探索 (3)；已有一些有效的数字化应用 (17)；
- 线上平台、重复化项目、自行研发；线上平台；
- 发散多样、效果不佳 (13)；
- 没有成功案例、效果未达到预期 (4)；数字化收益、效果 (8)；
- 少数主办方已经通过数字化产品获得一定收益 (4)；形成数字化会展服务模式、精准匹配对接、获取盈利、代替展……
- 行业整体转型慢、外部技术较成熟

行业发展趋势 (30)
- 双线趋势 (16)：线上线下双轮驱动；合作不会取代线下 (7)；数字化是重要方向；合作趋势 (3)：主办方与互联网或会展科技公司合作发展……

形势判断 (34)

发展现状 (61)

数字化的功能 (21)
- 服务 (17)：线上洽谈、匹配 (6)；线上展示 (4)；
- 数据采集、线上安全线下匹配……
- 管理 (5)：开发线上平台、小程序，增加内部便捷的信息共享 (2)；线上招展、预登记、增加对客户的了解、无纸化
- 营销：展前线上营销、线上营销……

转型的问题和障碍 (33)
- 没有成熟的盈利模式、投资数字化的风险较大 (3)；
- 成本高、小企业难以负担成本 (5)；可能面临资金不足 (4)；试错
- 认知和定位 (4)：企业对数字化的认识不够深入、理念转变困难 (4)；主办方对的作用从咨询向专业转变困难 (6)；数字化发展的长远规划还是要考虑的重点……
- 人才问题 (6)：缺乏跨学科的专业人才 (3)；人员结构传统，缺乏相关人员 (2)；
- 数据库不足、要求从业人员高、客户关系维护难度大 (4)；线上会展水平参差不齐、展商对线上效果普遍存在质疑 (2)；线上线下服务效果不佳、推广困难 (2)；
- 客户使用体验 (6)：参展太多、展商对线上的长远规划担忧，存在隐私泄露隐患 (3)；进入过渡阶段…… 技术化合作

转型动力 (36)

政府助力 (13)

政府可以如何作为 (13)
- 补贴 (7)：补贴有数字化意愿的企业 (3)；做好有针对性的市场环境……
- 维护良好的营商环境、促进线下展会的顺利召开并补贴费用的不足
- 税收减免政策 (2)：减税相关政策、常常在变、不局限在补贴
- 认知 (2)
- 培训：政府理解得不足够、有活力的市场模式、引领产业转型、政府提供硬件展、通过线上线下相结合进行一些培训
- 基建：比起补贴、更应该支持数字化基础设施建设、支持场地配置数字化基础设施建设

发展历程

转型的原因 (19)
- 环境、市场变过 (11)；主办方已有签署 (9)；技术推动；线下获客成本增加 (7)；线下获客成本增加 (17)
- 提高黏性 (9)：追求实质效果、提高关联度、提升展会价值等形成数字化壁垒
- 形成数字化壁垒 (4)：成为行业提供更好的服务的有、提高效率、质量、布展模块

数字化发展历程 (15)
- 大多数已经过 (8)：已有长远数字化计划、有团队 (7)；主办方已有投入 (6)；
- 负责且必须推进数字化 (7)；
- 数字化得到推广 (3)；数字化得到推广，开始加大规范化建设，增加功能产品 (3)；数字化得到推广，线上优势开始显现 (3)……

图 3-2 主办方视角的上海会展业数字化现状

1. 基本认知

在基本认知方面,主办方认为会展行业是传统、小众的,但会展行业服务于各个行业。在整个访谈资料中,主办方受访者多次提到"效率、高效"和"收益、成本",强调主办方和参展商的效率和盈利。对于与互联网企业在线上部分的竞争关系,主办方普遍认为会展主办方相对互联网企业而言更有深耕行业的经验,具备一定的竞争力。对于数字化的概念,在线上展方面,普遍认为线上展的重点在于互动;对于线上线下的关系上,大多数主办方达成了线上线下是相互补充、不存在替代关系的共识。

2. 形势判断

对于行业未来发展趋势,众多主办方则达成了一定共识,普遍认可双线、数字化是未来的重要方向,其中部分受访者提到主办方与会展科技公司的合作是一个趋势。

3. 转型动力

对于主办方转型的动力,一方面是受到环境和市场业态变化的影响,主办方感知到这种变化,同时受到疫情倒逼影响而进行数字化转型;另一方面是追求数字化带来的收益,如希望通过数字化达到提高用户黏性、追求展会价值转型升级,同时提高效率、质量,或达到拓新板块、扩宽收入渠道等目的。

4. 发展历程

受访的主办方普遍体量较大、是行业内的头部企业,在访谈中他们普遍表示在疫情前已经有过数字化探索,其中一些更是提到疫情前已经有长远的数字化计划或大量的数字化投入;疫情后,主办方普遍认同数字化推进的必要性,并增加了一些数字化产品,且由于疫情对实体展会的冲击,数字化展会在一定程度上得到了推广,线上展会的优势被展现出来。

5. 发展现状

受访主办方普遍已经进行了数字化的初步探索，并认为会展企业数字化往往从营销起步，目前已经有一些落地的数字化应用，如开发了线上平台和垂类小程序等，并且主办方开始与会展科技公司合作开展数字化转型。但同时，会展业数字化缺乏成功案例、效果不佳或未达到预期是摆在会展企业面前的问题。仅有少数主办方已经探索出了自己的数字化发展路径，并通过数字化产品获得了一定的收益，其收益有捆绑线下展位销售、收取线上入场费、收取服务费用并提供精准商贸配对服务、利用数字化技术提供代参展服务等。总体来看，会展行业的数字化转型进程较慢。

主办方谈及的数字化功能可以分为服务、管理、营销三个维度，其中受访者对数字化服务功能的描述最多，其中又多次谈到线上的洽谈和匹配功能以及线上展示的功能，其次是管理维度，主要体现在企业内部更便捷的信息共享，最后是营销维度，提到线上营销和内容运营。可以看到，主办方对于数字化提供的线上洽谈和匹配功能最为注重。

6. 转型障碍

数字化转型的问题和障碍有五个方面，分别是：资金和成本、认知和定位、人才和运营、客户使用体验、技术和合作。其中，资金和成本问题是主办方数字化转型的重要障碍，没有成熟的盈利模式、投资数字化的风险大，可能面临资金不足的困难、试错成本高、小企业难以负担成本等，会展主办方看到的数字化投入成本是转型路上的一道难关。企业同时也存在认知和定位方面的问题，企业对数字化的认识不够深入、多年的传统理念向数字化转变困难、主办方从单纯卖展位到提供行业内咨询和匹配服务的定位转型困难。在人才和运营方面同样面对困境，会展行业的人才结构较为传统、缺乏跨学科的人才，因此对数据的把控和线上平台的运营也缺乏经验，同时，互联网企业和会展科技公司的人才同样缺乏对会展行业的了解,两边人才的不互通导致了数字化推进进程的缓慢。此外,会展数字化的客户使用体验方面也存在一些问题,比如海外推广困难、效果不佳,国内一些参展商已经参与过水平参差不齐的数字化展会,对线上效果存在一定疑虑,或是观众认为线上展会的进入过程繁琐且存在隐私泄露的隐患,这些问题都让主办方在数字化投入方面有所顾虑。最后是技术和合作方面,主办方虽然对此提及较少,但是部分存在与会展科技公司或互联网公司合作遇到困难,或认为技术未满足需求的问题。

7. 政府助力

主办方希望政府通过精准补贴、改善环境、完善政策、改变认知、培训人才、完善基础建设等方式助力会展行业数字化。一些会展主办方认为,做好细致可行的方案并补贴有数字化转型意识的企业、给予一定的税收减免政策是能够有效促进会展业数字化转型的。但同时,另一些企业认为补贴不是重点,重要的是维护好市场活力,提供良好的营商环境,同时尽可能让线下展会能够顺利召开对会展主办而言更为重要,或者认为比起补贴而言,更应该做好场馆等的数字化基础设施建设,让主办方的数字化应用能够落地。此外,主办方认为政府需要提高数字化认知,理解未来的产业模式,支持和引领会展行业的数字化转型。

(三)其他主体分析

1. 会展科技公司

整体来看,会展科技公司受访者同样认可数字化和双线会展是未来的方向,同时,线上展会不会完全取代线下展。会展科技公司强调高效,并且认为数字化的重点在于深度挖掘数据价值。

疫情前,已经有展会使用线上作为补充,主办方和会展科技公司已经有了一定程度的合作。会展行业内头部企业开发线上平台较多、数字化程度比较前卫,但多数主办方仍然存在缺乏一些专业线上平台运营团队、对数字化认识不够深入的问题。

目前,会展科技公司主要为主办方提供线上平台的建设服务,他们普遍认为数字化的功能不能局限于线上展示,更重要的在于智能推荐、智能筛选、模糊搜索、在线匹配等,强调线上互动的必要性。数字化是为了更好地满足展商、观众需求,并提高用户体验,进行精准的客户管理。

会展科技公司认为政府可以通过补贴和政策支持、人才培养等方式助力会展业数字化转型。例如,制定细致可行的方案补贴有数字化意识的会展企业,或是支持会展与其他行业复合型人才的培养。

(1) 基本认知

会展科技公司认为会展行业整体上很传统。展会具有"规定时间、规定地点"的特点,因此对参展商而言是一种高效的市场行为。对于数字化的概念,会展科技公司受访者认为数字化不只是买卖的手段,而是一套完整的方案,出发点和落脚点都是挖掘数据价值,核心目标是解决效率问题。线上会展被认为需要满足所有行为发生在线上这一条件,线上需要具有与线下相当的交流、匹配、智能推荐功能。线上线下之间的关系是融合的,一些会展科技公司认为线上线下融合的标准是线上、线下的数据和身份在同一套系统和平台中。

会展科技公司认为,在开发会展数字化产品上,其具有一定的技术门槛和 B2B 运营经验,可以基于大部分会展主办方的共性需求加上小部分的定制化开发功能,高效地开发不同主办方所需要的线上平台。

在会展行业数字化的评判标准方面,会展科技公司认为可以从多维度考虑,例如经济层面(利益相关者投资回报率等)、技术层面(技术瓶颈的突破等)、服务层面、参与者质量感知层面(参与者对展会数字化的评价、参展商的参展回报)、反馈渠道(接收反馈、不断优化系统和服务)等。

(2) 形势判断

会展科技公司认为在未来,会展行业的数字化是重要趋势,主办方的业务和身份也会随之变得多元化,此外,双线会展在未来会成为会展业的常态,但线上不会完全取代线下,线上线下将会区别化运营,彼此优势互补。最后是行业内和行业间的分工合作,会展科技公司中大企业将主要负责云平台、云服务,而小公司会着重开发具体功能;主办方中,大主办方率先数字化转型,小主办方随后跟上;会展科技公司和主办方之间,将会更加紧密地合作。

(3) 转型动力

会展科技公司认为数字化转型的原因主要有以下几点:第一,行业竞争压力,各家主办方都在积极推进数字化转型,如果不转型则会丧失市场竞争力;第二,新冠疫情倒逼产业数字化转型;第三,政府领导重视,积极推动各行业的数字化转型。

并且认为数字化可以带来以下收益:第一,提高黏性,更好地满足展商、观众需求,提高用户体验,客户管理精准化,盘活私域流量并有效利用展会现有历史数据;第二,提高效率,一方面是提高展会本身效率,另一方面也提高主办方筹办展会的效率;第三,获取公域流量,精准营销,获取新客户;第四,拓新板块,提高展会附加值、拓宽收入渠道;第五,展会价值转型升级,推动主办方角色的转变,从单纯出售展位转变为提供整合营销服务。

(4) 发展历程

会展科技公司在疫情前已经开始将数字化营销、线上注册等投入应用,展会将线上功能作为线下的补充,并且一些纯线上展会也初具雏形。疫情后,数字化展会迎来新阶段,线上展会得到推广、场景也更为丰富,部分会展科技公司开始推进"独立站点+数据中台"的数字化展会新模式。

（5）发展现状

会展科技公司目前已经对会展数字化进行了初步探索，与主办方合作并提供数字化服务，认为目前线上展览的数量有所上升，但仍然不是主流，会展行业整体上数字化转型较慢。在挑选合作的主办方时，会展科技公司大多选择与大型主办方合作。会展科技公司同样发现，已经有少数行业头部的主办方走在时代前沿、对数字化的认知更为前卫，已经通过数字化获得了一定的收益，其收入来源于小程序入驻费用、为展商提供精准营销服务、线上线下展位搭售等。但相对而言，更多主办方的线上投入目前仍然处于负收益的发展阶段。对于主办方、参展商和观众普遍担忧的数据安全问题，会展科技公司谈及目前已经有一套成熟的体系和模式，能够有效保障数据安全。

会展科技公司在数字化功能方面同样可以归为服务、管理、营销三个维度。其中被提及最多的是服务，会展科技公司更重视其中的模糊搜索、智能筛选、精准推荐功能，其他功能包括供采对接、在线匹配、线上洽谈等；其次是营销维度，包括精准营销、在线直播等；最后是管理维度，包括解决数据孤岛问题，有效连接各信息系统从而提高效率，以及现场人流管控方面。

（6）转型障碍

会展科技公司的视角下，数字化转型面临的困难也可以归结为五类：人才和运营、认知和定位、技术和合作、客户使用体验、资金和成本。但是与主办方不同，会展科技公司认为人才和运营、认知和定位是比资金和成本更明显的障碍。

首先，会展科技公司认为主办方缺少专业的线上平台运营团队，在运营方面会存在一定困难，这是会展数字化最大的障碍之一。在与主办方合作时，会展科技公司发现主办方担忧人员年龄或人才结构无法适应数字化转型。会展行业从业者缺乏互联网思维，互联网人才对会展行业了解不够深入,这使得互联网和会展行业的人才存在壁垒,相互缺乏行业理解。第二,会展科技公司认为主办方对数字化的认识不够深入、理念转变困难也是会展数字化的障碍之一。第三,主办方、参展商、观众作为数字化平台的使用者,体验仍然有待改进。一些主办方对线上平台的易用性抱有疑虑,主办方对参展商使用线上平台缺乏引导和培训,同时参展商对线上平台的运营投入和回报也不看好、使用意愿低,海外观众面对国内线上平台也有一定门槛且存在时差问题,使用体验差。第四,主办方与会展科技公司需要更深入的沟通,会展科技公司需要深入了解主办方及参展商、观众对线上平台的需求,主办方需要对会展科技公司所能够提供的服务进行更深入的挖掘。最后,会展科技公司也发现主办方面对会展数字化在资金和成本上存在一定忧虑。

(7) 政府助力

会展科技公司认为,政府可以从补贴、人才培养、政策支持等方面助力会展数字化转型。例如,补贴有数字化转型意识的企业并建立合理的评判标准,对参展商采用数字化代参展或参加数字化展会等进行补贴;注重会展和其他行业的复合型人才的培养;提供政策支持主办方和会展科技公司进行合作。

2. 政府协会

政府和行业协会认同数字化是未来的发展方向,并且认为疫情期间探索的数字化模式,在疫情结束后将会继续延续和发展。

(1) 基本认知

政府和协会对上海会展业的认知相对更宏观,提到上海会展行业是以企业自行发展为主的,政府介入较少。会展业人流量大、人员集聚,对疫情防控具有极大的挑战性,因此上海对会展业放开的政策需更加谨慎。针对一些上海展会因疫情防控原因转向周边城市召开、上海展会是否会就此流失一部分的问题,政府和协会认为短期内可能会有一些流失,但上海仍然具有独特的区位条件优势,长远来看影响较小,并且在长三角一体化的背景下,部分上海展会转向周边城市是符合结构性调整的趋势的,同时发挥一定的溢出效应。

政府和协会认为会展数字化的主体是主办方,而会展科技公司目前仍然扮演服务于主办方、出售软件和平台服务的角色,尚未真正步入会展行业。

(2)形势判断

双线会展是未来的发展方向,线上线下走向融合、线上赋能线下。政府和协会认为,会展数字化是利大于弊的,并且应由大型主办方率先转型,中小型主办方的转型路径仍有待探索。

(3)转型动力

政府和协会认为会展数字化转型能够在疫情期间延续展会和维系参展商,同时,在数字化大背景和新冠疫情的倒逼之下,各家主办方都在积极探索数字化以保持竞争力,同时通过数字化探索在疫情期间维持员工信心、提升士气、积蓄实力。

(4)发展历程

政府和协会同样认为会展行业的数字化探索在疫情前已经有所进展,例如提出概念或探索线上会展,认可线上线下相辅相成是未来的趋势,但在具体实施的方向上尚不明确。

(5)发展现状

政府和协会对各主体进行了分析,政府更偏向支持线下展览,并且对短期内线上展会的效果存在一定疑虑;展馆、服务商也更支持线下展会,但展馆可以通过加强智慧展馆建设来推动数字化进程,服务商可以运用数字化手段提升工作效率;综合来看,发展数字化会展需要兼听各方意见,其中最需要了解的还是主办方的态度。

对于技术发展现状,政府和协会认为主办方的数字化技术正在逐渐进步、会展科技公司对会展行业的了解也在逐步加深,数字化展会在技术上已经有一定框架、数字化效果正在越来越好。但目前许多线上展会仍然未能达到预期效果,在疫情之下,一些企业探索"线上连线+线下代参展"走出国门,技术尚未成熟、效果比较有限。

(6)转型障碍

政府和协会认为数字化转型的障碍有六方面:资金和成本、转型动力、效果衡量、认知和定位、人才和运营、客户使用体验。第一,上海市和各区县在引导会展数字化方面缺乏资金。第二,缺乏转型动力,线上展会对线下展会有冲击,场馆方对数字化转型意愿低、主办方投入也存在一定顾虑。第三,政府和企业对于数字化效果的衡量标准存在差异、线上展会效果缺乏评价指标。第四,利益相关者对数字化的认知和接受程度有待提高,会展科技公司和主办方仍需磨合。第五,疫情期间,会展行业人才流失较为严重。最后,国外观众或者参展商与国内在主流社交平台上有一定差异,线上展会的效果需要多方磨合。

(7)政府助力

政府和协会通过了解国外现状发现,国外的会展行业不管是展馆、主办方还是服务商,都存在比较严重的人才流失问题,而会展行业一旦出现人才流失的问题,将很难逆转。因此,上海正在出台配套政策来留住会展行业人才,但政策还有待进一步的完善和宣传。

3. 会展场馆

(1)会展行业和会展场馆现状

会展场馆受访者谈到,疫情影响下整个会展行业是比较艰难的。不光是主办单位,场馆上下游企业实际上受到的冲击都非常大,服务商、搭建企业的损失最大。作为重资产的场馆方也损失严重,政府目前没有设置场馆方面的专项补贴。2021年,许多场馆状况有所好转、盈利有增长,新国际博览中心相对而言办展较少、损失最大,但新国际博览中心比欧洲一些场馆状况略好。

上海展会外流的主要原因在于上海举办困难,而外省市有一定的产业基地优势、价格优势。

(2) 形势判断

国际机构对会展行业恢复时间的预测是2025年展览业才有可能完全恢复。从展商和观众的意愿来讲,他可能还是更倾向于实体展会。线上展会是一个趋势,但是不可能完全取代线下展会。这主要由线下展会的功能所决定的,在线下展会中可以与客户进行有效的沟通、了解市场信息、获得市场反馈、了解行业发展趋势、现场演示和体验等,这些功能线上无法完全取代。线下向线上延伸是一个趋势,线上可以对线下起到补充作用。

(3) 转型现状

目前各地主办方均有一些线上展会的尝试,但无论从观众还是厂商的角度来看,反馈较差、效果难以达到预期,且没有成熟的盈利模式。

场馆对数字化也进行了一些探索,如新国际博览中心召开相关主题的座谈会。主办方对场馆的期待是仅提供硬件支持,例如做好网络基础建设。目前,新国际博览中心已经完成室内5G全覆盖。

(4) 政府助力

政府实际上发挥的作用并不大,因为数字化往往是企业和市场自然而然的选择。政府可以在基础设施方面增加力度,同时需要认识到展会的重要性,做好展会的基础工作。

4. 会展物流

(1) 基本认知

会展物流公司认为线上的定位是辅助,在使用新技术开拓新市场时发挥作用,且在一些情况之下线上成本相对较低。线上在一些领域,例如B2C展会,有着绝对而直观的促进作用。

（2）形势判断

会展物流公司认为双线展会是一个趋势,线上和线下未来将会形成平衡。疫情之后许多线下展会停办,线上展会召开。会展行业的服务商(包括物流公司、装修设计、搭建公司等)起初是焦虑的,但通过与一些参展商的沟通,了解到尽管在线上工作中大多日常工作都可以完成,人们仍然期待一个线下面对面的沟通环境,参展商和观众都迫切地等待线下展会回归的消息,线下展会不会被线上所取代似乎是目前人们达成的共识。未来的展会应当是线上赋能线下、双线驱动。

（3）转型动力和发展现状

数字化能够帮助会展物流公司节约人员成本、提升工作效率。例如解决场馆内车辆进入顺序问题、统筹运输目标展台等。

会展物流公司结合会展科技公司提供的平台,研发出一套适合自身业务的工具,完成公司内部数据共享。例如在总公司和分公司之间数据共享,或者是在与参展商沟通联络、收取费用、确认到货情况等,物流公司目前都可以通过数字化平台完成。

对于开发平台的价格,会展物流公司是比较可以接受的,但更倾向于在使用会展科技公司提供的公共平台的基础上,加一些定制化功能。从整个会展物流行业来看,普遍更倾向于有一些公共的平台,根据每个所涉及的项目不同,不同企业使用公共平台中的一些部分功能来实现目标。例如,顺丰使用App和公众号、小程序的一些功能。

（4）转型障碍

会展物流公司面对数字化转型有两项担忧:一方面,对于物流公司而言,如何寻找这样的平台,以及如何衡量平台的成本及收益是一个问题。另一方面,物流的经营门槛并不高,客户来源是重点,在这种条件下物流公司最担心的是网络信息安全问题,尽管会展科技公司对平台信息安全有过保证,但仍然存在信息泄露取证困难的问题,物流公司方面存在一旦信息泄露将难以维护权益的顾虑。

5. 会展培训

(1) 基本认知

会展行业一直在追求给客户带来的价值和高效的一个方式,如何做到更高效、带来更好的价值是会展行业一直以来的追求。

线上部分只是数字化应用的一个方面,但线上不等于数字化。数字化是很大的一个圈,有很多方面,不只是线上展。至于双线会展,它是数字化世界和我们现实物理世界的一个联手,但是双线线上的部分依然只是数字化的一小块。

线上线下的价值是不一样的,不需要把线上打造成与线下一模一样。线上需要解决另一些问题,要打造补充性、差异化的线上平台。

(2) 形势判断

受访者认为在疫情期间做的一些有效的数字化措施,在疫情后也会被延续下去。

在疫情期间,主办方大多寻求价值升级,因此在疫情的大浪淘沙之后,会展行业的平均品质可能会增加。一些有创业者精神的团队会尝试新的做法,收获成功;而比较守旧的主办方,没有积极去思考如何为客户塑造价值的主办方可能会受到打击。因此,会展行业在疫情后会有所分化。

未来我们在会展中嵌入线上的一些服务的方式、连接的方式、信息传递的方式,这是一定的。但线下不会被线上所替代,因为人的面对面交流需求、面对面的效率仍然是线上无法替代的,线上和线下的并存是趋势。数字化会加入会展行业,越来越多的人将会习惯于线上的会展,数字化让体验更为丰富,这是可预期的事情。

(3) 转型动力

疫情之前市场环境没有那么严峻,在疫情来了以后,市场环境变了,客户有很多的犹豫,不愿意掏钱、不愿意参展,这就倒逼主办方去提升价值、塑造价值,去打动客户。

(4) 发展现状

会展培训公司认为,数字化的功能体现在营销行为优化、公司内部管理、最终产品呈现三方面。

数字化现在是全社会一个大的变革,这可能与之前的多次的工业革命是一样的,它影响所有的行业,从会展行业的应用或者各个行业的应用来说都影响很多。首先,我们现在可以在线上进行用户画像分析,从而优化我们的营销行为,这可以是数字化的一种应用。其次,在公司的内部管理方面,这方面应用数字化的时间更早,但过去的智能化处理较少,现在,我们通过更智能的方式进行分析,优化内外部的工作流程。最后,在我们最终产品的呈现也就是展会方面,例如做线上展会、线上配对、会议直播和录播等,给客户带来更长期的效应。从会展培训来看,培训可以当作是小型的会议,数字化帮助我们把远程的客户变成现实,同时将一些互动体验搬到线上,这与现实中的会展是相似的。

(5) 转型障碍

数字化最大的障碍在于主办方需要厘清概念,明确想要为客户解决什么问题,以及如何利用线上和线下各种举措来解决这些问题。并不一定要把展览搬到线上,数字化的举措其实有很多,线上和线下都是手段。尚未明确数字化的概念而急于推进,是没有意义的。纯粹将展会搬到线上是错误的做法,主办方需要明确到底想通过线上让用户接收到哪些信息,有明确的想法之后再去投入资金和技术。

如果尚未想好,可以先回到营销和管理这两个层面,因为无论什么企业都可以与时俱进地在这两方面利用数字化便利进行优化升级。

(6) 政府助力

政府可以为会展行业提供友好的市场环境,减少企业不必要的消耗,使之有成本和精力来投入数字化探索。会展行业是各个行业进步的催化剂,为会展行业提供生存和发展条件有助于各行业的发展。

四、上海会展业数字化存在的问题

在上海会展业新形态蓬勃发展的同时,也存在着诸多发展困境。会展行业作为典型的生产性服务业,除展馆场所外,具有轻资产、头脑型、流动资金依赖大、线下活动依赖大、上下游联动密切、人力资源成本高等特点。总体上存在行业技术创新不足、业务模式传统、内容引领不力、金融工具的引进和使用不够、资本运作仍然尚未普及等问题。特别是2020年疫情暴发以来,会展业遭受严重冲击,各环节数字化水平的差距导致上下游产业链企业协同联动受阻。当前,会展业呈现出新矛盾和原有困局的叠加,导致对上海会展业高质量发展形成制约。

(一)认知问题:数字认知难深入,转型指南待推出

一方面,在数字化的背景下,主办方需要从单纯出售展位向提供整合营销服务转型,同时主办方与会展科技公司的合作更为深入,对于主办方而言,自身的数字化认知水平存在一定挑战。主办方需要认识到数字化的趋势,分析自身在数字化过程中的优势和劣势,积极提高数字化转型意识。

另一方面,政府也需要加深对会展业数字化的认识,并推出转型指南帮助会展行业推进数字化。目前上海会展行业主要以企业自发转型为主,政府可以联合专业机构、征询各利益相关主体建议,发布会展行业数字化转型

的指南或方案,引领行业转型升级,降低企业转型成本、提高企业转型效率。

(二)行动问题:数字化渗透水平存在差异,各方动力待激发

当前,上海会展业数字化渗透水平在上下游产业链环节和不同体量会展主体间存在差异。一方面,会展行业具有较长的供应链与价值链,涉及多个行业与生产环节,覆盖诸多领域。目前,会展业网络营销、线上展会等环节数字化程度较高,但其他数字化服务渗透率相对较低,导致企业并未完全摆脱传统经营思维,会展行业难以科学合理地制定策略,优化运营流程以提高企业的经营效率,一定程度上制约了会展行业的高质量发展和数字时代的综合竞争力。

根据访谈结果可以看出,会展行业头部的主办方已经具有一定的数字化认识,一些主办方在疫情前对会展数字化已有布局。但目前,只有极少的头部企业通过数字化转型获得了一定收益,绝大部分主办方的数字化探索处于投入大于回报的阶段。线上与线下如何协同发展、优势互补仍是问题,会展数字化的具体发展方向和盈利模式有待进一步探索。

会展场馆和会展物流等服务商缺乏转型动力。需要鼓励会展场馆积极参与做好数字化基础设施建设,为会展数字化打好基础。提高会展物流企业、搭建企业等服务商的数字化意识,鼓励其通过数字化手段降低时间和人员成本、提升工作效率。

(三)沟通问题:行业之间壁垒高,沟通理解要加强

会展主办方和会展科技公司之间存在相互缺乏行业理解的问题,需要加强沟通和合作。会展行业长期以来总体比较传统,主办方对数字化技术缺乏了解、缺乏互联网思维,与会展科技公司合作的经验较少;会展科技公司对会展行业理解不够深入,难以精准把握需求,双方需要加强理解和沟通。

（四）人才问题：技术经验需兼备，复合人才培养难

会展行业人才结构相对传统，许多企业缺乏具有互联网意识的技术人员和运营团队。主办方目前往往通过与会展科技公司合作进行人才培训或是招聘技术人员再培训会展专业知识的方式弥补这一问题。未来，兼具互联网意识、技术知识和会展行业经验的人才是需要重点培养的对象。会展公司需要重视复合型人才的培养，政府亦可以出台政策提供助力。

（五）政策问题：有效覆盖面和便利化水平较低，实施环境需改善

2020年新冠疫情暴发以来，各部门频频施策，各地纾困方案密集落地。然而，相关政策发布缺乏统一、广为人知、便利快捷的平台或渠道，优惠政策适用性和含金量比较低，部分财税支持政策审批前置条件过多、手续繁琐、申请时间成本过高等问题，导致会展行业企业普遍呈现经营预期不高、政策信息熟悉度较低、受惠面较小的现象。

应该认识到，政府政策出发点是好的，要注意好事办好！在数字化的过程中，一些主办方面临缺乏资金支持的问题，或是对数字化投入存有疑虑，政府需要制定完善补贴的方案和政策，给予有数字化转型措施的企业相应补贴，维护开放、有序的会展行业市场环境。当然政府也可以通过推动场馆等方面的基础设施建设为会展数字化奠定基础，并对会展行业人才培养提供一定支持。

第四章 上海会展业数字化转型的比较分析

第一节 ‖ 会展业与相关行业数字化转型的比较

如前所述,会展业数字化转型在各行业中并不是领先的。上海会展业数字化转型和其他城市相比较也有很多可以借鉴和学习的,所谓他山之石可以攻玉,在这里我们选择了酒店、旅游和零售业等几个和会展业相近的行业数字化转型的情况进行比较。

一、酒店、旅游行业的数字化转型

(一) 酒店行业数字化转型

1. 酒店业数字化发展现状

酒店业数字化转型主要分为三个阶段:

第一阶段为信息化发展阶段(1998—2018年),2015年之前,在互联网大浪潮的席卷下,酒店业营销开始大量从传统的线下转移到线上。在电子商务大行其道的年代,网上预订已成为酒店最基本的信息化步骤。从2015年开始,酒店技术发展迈入关键时期,行业的数据意识开始崛起。这一阶段的特点是:对客技术和效率提升类技术开始应用,线上化、移动化、无线技术和大数据是这一发展阶段的主要代表技术;酒店业信息化建设基本完成,但数据效能还未被激发,行业对数字化转型认知也不够充分。

第二阶段为数据化和平台化发展阶段(2018—2021年),2018年,整个酒店行业迎来了技术应用的爆发期。2020年在以自助机、区块链、物联网、机器人等为代表的技术赋能下，酒店业数字化转型进入加速期，由阿里巴巴集团打造的全国首家未来酒店菲住布渴，成为行业内里程碑式的大事件。通过物联网与智能技术的应用，该酒店实现了AI智能服务与全场景身份识别。"去前台化"的概念也在酒店行业进一步深入。

整合行业的营销环境发生了巨变，经历了交易类电商、内容类电商到短视频电商的迭代。酒店也在积极布局新零售场景，打造差异化竞争优势。受疫情影响，酒店业在数字化变革上更为积极和开放。从直播带货营销，到拥抱"无接触服务"，传统意义上的酒店形象开始逐渐被"颠覆"。

第三阶段为数智化发展阶段（2021年至今）。随着大数据和算法的深度应用，行业将从IT（信息技术）时代向DT（数字技术）时代迈进，进入数智化发展时代。2021年，携程首个官方品牌"星球号"正式开通，聚合品牌产品、内容和活动；抖音正式加入文旅产业，重点发力酒旅市场；航旅纵横也新增添酒店预订业务……可以说，品牌化建设和营销成为行业眼下新的发展趋势。

从目前中国酒店业数字化转型发展的现状来看，中国酒店业整体已经具备了初步的数字化基础，表象的体现主要集中在营销数字化方面，直接的体现在于线上营销渗透率的持续增加。

（1）国内市场IT投资热情高，但较国际市场还是有较大差距

根据Hospitality Technology发布的报告，整体来说，欧美国家酒店IT支出占收入比处于连年上升的态势。从2013年的2.8%增加至2019年的4.6%，2015年甚至达到了6%，即便在2020年，这一比例也达到了4%，见图4-1所示。而就国内来说，IT支出占比仅约为1.2%，差距还相当大。

其实自疫情发生以来，酒店业对于IT的投入热情明显上升，不少酒店

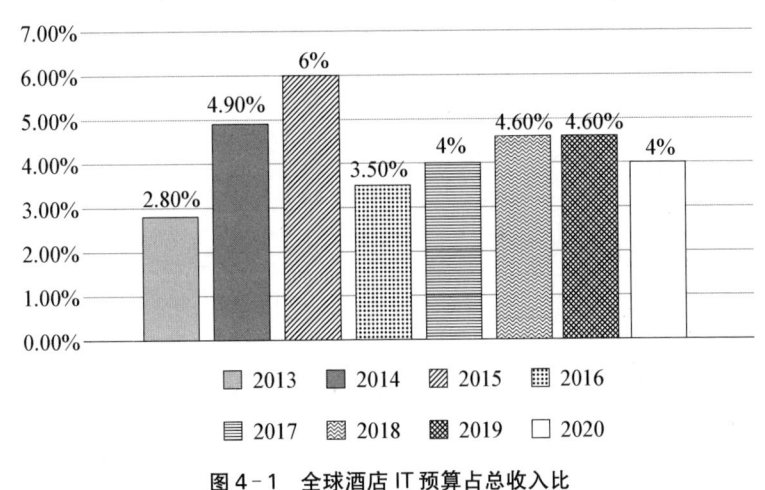

```
7.00%
6.00%                    6%
5.00%      4.90%                         4.60%  4.60%
4.00%                         3.50%  4%              4%
3.00%  2.80%
2.00%
1.00%
0.00%
```
☐ 2013 ■ 2014 ▨ 2015 ▦ 2016
☰ 2017 ▧ 2018 ▨ 2019 ☐ 2020

图 4-1　全球酒店 IT 预算占总收入比

数据来源：Hospitality Technology

也已经将数字化转型放到了重要的战略层面。但是鉴于数字人才和预算的缺口仍然较大，导致酒店在数字化投入方面仍然保持谨慎态度。

（2）国际管理与国内管理四星和五星级酒店 IT 占比差异持续分化

从不同的管理模式来看，国内管理酒店和国际管理酒店在 IT 投入方面均较往年呈现出上涨的趋势，但是国内与国际的差异较上一年也更为突出。2020 年，国内五星级和四星级酒店在 IT 方面呈现出了小规模的上涨，分别为上涨 0.9% 和 0.6%。而国际管理五星级酒店则从 2019 年的 1.2% 上涨到了 1.6%，国际管理四星级酒店从 2019 年的 1.6% 上涨到 2.1%，增幅最为明显。从近年来的情况来看，不同管理模式高星级酒店对数字化方面的重视程度处于连年上升的态势。如图 4-2 所示。

在近两年疫情的影响下，中国酒店业的数字化转型更是以加速模式向前递进。但是在这个过程中，实现技术的真正落地和赋能，仍然有一段很长的路要走，酒店也需要结合自身业务需求不断对技术投入的宽度和深度进行调整。

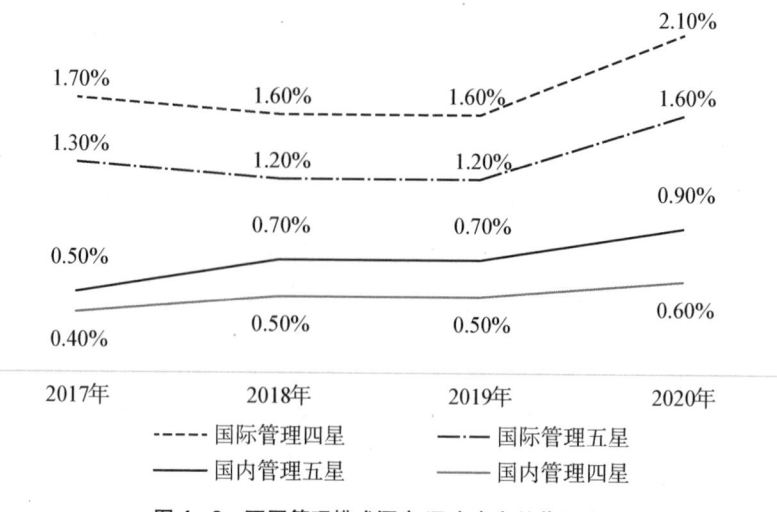

```
        2.10%
1.70%                          
      1.60%      1.60%         
                              1.60%
1.30%  1.20%     1.20%         
                              0.90%
      0.70%     0.70%          
0.50%                          0.60%
0.40%  0.50%    0.50%          

2017年   2018年    2019年    2020年
```
----- 国际管理四星   —·— 国际管理五星
——— 国内管理五星   ——— 国内管理四星

图4-2 不同管理模式酒店IT支出占总收入比

数据来源：Hospitality Technology

2. 酒店业数字化发展趋势

（1）中国酒店业仍处于数字化红利期，但需要理性看待

美国著名科技领域作家，《哈佛商业评论》前执行主编 Nicholas Carr 曾在 2003 年 5 月发表过一篇题为《IT Doesn't Matter》的文章，观点是当 IT 正在变成大众化商品，变得越来越容易获得的时候，它便不再提供竞争优势。技术虽然普遍存在，但是能够将技术发挥出极致价值的公司并不多。从行业、企业和技术三个方面来说，中国酒店业已经从 2018 年到 2020 年的觉醒迷茫期，进入数字化探索期。行业技术已经相对成熟，正处于技术＋业务场景应用的红利期。但需随着时代的发展理性看待，营销技术、对客技术、员工技术发展所处的阶段不同，这也需要企业能够制定符合自身发展阶段和发展目标的数字化策略，并且打造合理的路径图，才能推动战略落地。

无论是数字化战略、数字化业务应用、技术能力、数据能力，还是组织能力和变革管理，都还远未到成熟程度。这也恰恰意味着中国酒店业数字化价值仍有待释放。

(2) 重塑部门协同关系和组织架构

随着酒店业数字化程度的不断深入,酒店经营者不再仅以迭代智能设备作为数字化策略的唯一抓手,而将重心落在组织架构调整以及部门协同能力构建上,并开始全面建立企业数字文化。这意味着,数字化对传统 IT 部门提出了新的要求。例如中旅酒店集团于 2019 年启动数字化转型战略,首先就进行了组织架构的调整,将原来只服务于市场部需求的 IT 部门独立出来重新定位,以响应组织内部包括党群、审计部、纪检监察等各个部门的需求。

(3) 机遇场景落地,打造速赢策略

定位于单一场景,在能力范围内解决一定的数字化问题,谨慎衡量 ROI[①],以点到面地进行数字化速赢策略,成为了大多数酒店管理集团的选择。以试点为前提,以场景为基础,以 ROI 为标准,以成本与效率为核心,以点到面的布局,更多可规模化复制的阶段性数字化成果正在不断涌现。

(4) 紧抓私域红利,追求长效 ROI

如果说品效合一,对应的是公域广告投放的效果,那么长效 ROI 对应的就是企业进行私域运营的期待。而私域运营的核心就是:引流、客户分层、提升下单与复购。在消费者所处的不同阶段,品牌方需要采取不同的措施,来提升长效 ROI。根据《2022 年中国酒店业数字化转型趋势报告》调研的数据来看,微信小程序、抖音/小红书和微信商城成为 2022 年酒店运营者会增加支出的前三大渠道,占比分别为 52%、45.4%、52.8%。

(5) 移动端仍是对客技术投资重点

最好的对客技术应该让客人感觉不到技术本身的存在,技术应用不能太刻意。酒店毕竟还是一个服务场景,不能为了数字化而数字化,而是在场

---

① ROI 是 Return on Investment 的缩写,意思是投资回报率。

景中构建出一些新东西,让用户有新的体验。

(6) 数据分析重要性有增无减

数字化时代,数据分析将成为企业分析用户消费行为,驱动业务发展,提高业务效能的重要抓手。

(7) 中台成为酒店管理集团新标配

数据中心的搭建是中旅酒店数字化转型道路上的关键一步。"技术+流量"的独特管理模式将不断赋能差异化的核心能力建设,从客户服务视角出发,实现精准营销、数据分析闭环以及会员体系的管理。

3. 酒店业在数字化转型过程中的主要挑战

对于酒店行业来说,数字化转型势必会遇到新模式与旧模式相互碰撞以及如何迭代过渡的问题。这需要保持开放的心态,通过各种渠道进行反馈信息分析,不断调整和迭代数字化转型路线,以实现平稳着陆。数字化转型行动方案,总结起来,单点实验、小步快跑、迅速迭代、以点带面,成为酒店业破局数字化转型的重要路径和方法论。在2022年的中国旅游饭店协会《中国酒店业数字化转型趋势报告》显示:

(1) 阻碍酒店数字化转型的前3大挑战分别是:过时的系统架构(46.2%)、缺乏专门的数字化人才(45.9%)和缺乏足够的预算(43.0%)。如图4-3所示。

(2) 企业能够成功落地数字化转型战略的三大关键要素分别是:专业数字化人才和专职转型小组(48.5%)、一把手负责(48%)和人才培养和加强数字化相关能力建设与培训(43.8%)。约80%的受访者对企业自身数字化人才储备和专业能力不太确信或有点/非常顾虑。如图4-4所示。

(二) 旅游行业数字化转型

为减轻行业压力,除常规性的工作指导外,中央、多部委先后出台扶持方案:一方面通过税收、租金等一系列补贴和减免,助力相关产业渡过眼前

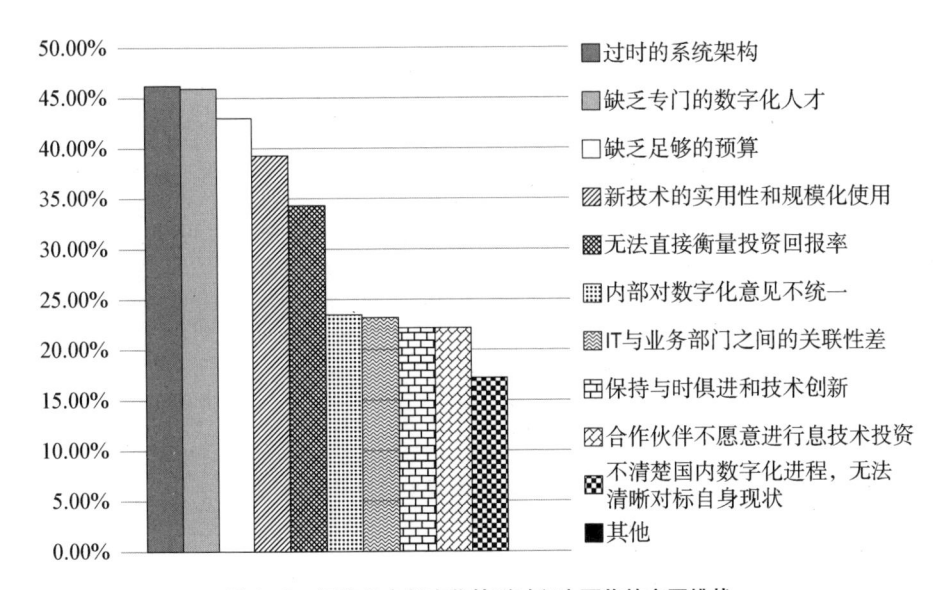

图4-3 酒店业在数字化转型过程中面临的主要挑战

图例：
- 过时的系统架构
- 缺乏专门的数字化人才
- 缺乏足够的预算
- 新技术的实用性和规模化使用
- 无法直接衡量投资回报率
- 内部对数字化意见不统一
- IT与业务部门之间的关联性差
- 保持与时俱进和技术创新
- 合作伙伴不愿意进行息技术投资
- 不清楚国内数字化进程，无法清晰对标自身现状
- 其他

数据来源：中国酒店业数字化转型趋势报告[R].中国旅游饭店协会，2022

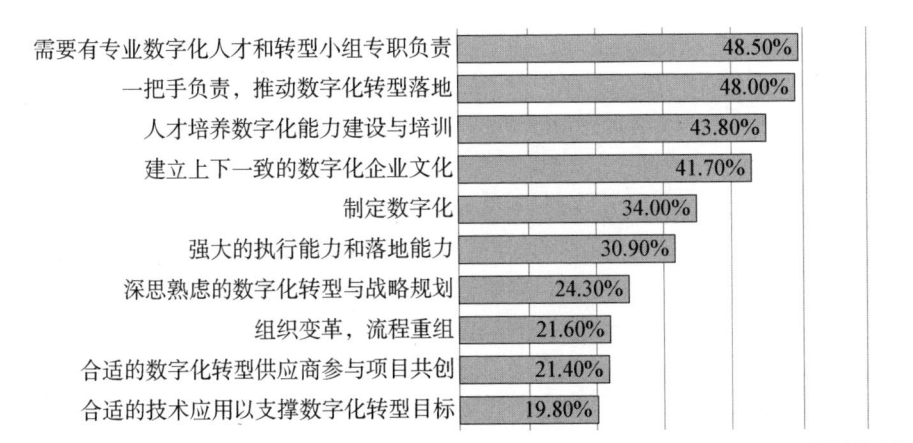

图4-4 酒店企业成功进行数字化转型的核心要素

要素	比例
需要有专业数字化人才和转型小组专职负责	48.50%
一把手负责，推动数字化转型落地	48.00%
人才培养数字化能力建设与培训	43.80%
建立上下一致的数字化企业文化	41.70%
制定数字化	34.00%
强大的执行能力和落地能力	30.90%
深思熟虑的数字化转型与战略规划	24.30%
组织变革，流程重组	21.60%
合适的数字化转型供应商参与项目共创	21.40%
合适的技术应用以支撑数字化转型目标	19.80%

数据来源：中国酒店业数字化转型趋势报告[R].中国旅游饭店协会，2022

难关；另一方面刺激内部消费，借助"新基建""智慧旅游"推进文旅消费提质升级。

1. 国外旅游业数字化转型现状

全球旅游业的变革速度也在加快。来自不同技术领域的创新成果持续为旅游行业的重塑提供动力。国外智慧旅游起步较早,注重提供便捷化、个性化及"DIY"的旅游定制服务。国外智慧旅游推动力主要是政府的推动和引导,方向主要是智慧旅游相关理论实践研究;基础建设与公共服务提升;智慧旅游等相关标准制定;引导企业积极参与智慧旅游建设和创新;嫁接多方资源与合作,推动行业发展。见表4-1。

表4-1 国外信息技术于旅游业的早期实践举例

应用实践	特 色	地区
RFID 手腕带系统	韦尔滑雪场:2005年引入,游客通过手环实现远距离入场检票、选择滑雪路线、景区内"一站式"消费等。景区通过手环精准定位,提供个性化服务	美国
	波科诺山度假区:2006年引入,保障游客在景区的人身安全	美国
VR 主题公园	全球首家VR主题公园——The Void,通过头显、适配电脑与可穿戴的设备,结合灯光、烟雾、气味等效果,在真实的空间里给玩家打造一个虚拟的全触感空间	美国
游客自助导航等	智能票务,实时公交线路运行状态查询,游客自助导航等	美国
投影灯光森林	Coaticook 森林公园 Foresta Lumina(幻光森林),光影制作改造森林,艺术带来多重感官体验	加拿大
个性化移动旅游服务	2001年欧盟举办"创建用户友好的个性化移动旅游服务"活动,重视基础设施建设和应用推广,并致力打造一体化市场,开发智能导游软件、旅行路线规划软件等	欧洲
Target City 项目	2012由布鲁塞尔提出,成为全球第一个数码移动旅游城市,基于移动智能终端的二维码和城市信息对接技术处于智能化领先地位,推出"标识都市"手机服务,提供线路导航、景区导航、历史文化介绍和购物优惠等服务	欧洲

(续表)

应用实践	特　色	地区
智能导游	2009年,英德推出智能导游软件,通过增强现实技术,以视频展示形式将风景呈现给游客	英德
智慧首尔	2011年韩国基于智能手机开发"I Tour Seoul"移动旅游服务平台,提供五种语言服务	韩国
智能接听系统	日本酒店注重人性化设计,支持多国语言的智能电话接听系统,功能全面、支持Skype;2013年产官学合作的团体"山阴山阳智能观光项目推进协会"致力于通过利用智能手机,推出旅游用户端	日本

资料来源:后疫情下旅游目的地消费变革与数字化[R].北京:国双科技,2021

2. 国外旅游景区如何应对疫情影响

(1) 旅游局搭建数据共享平台,通过可视化的数据平台让各方共享,搭建旅游咨询平台,提供权威的咨询服务,与OTA平台合作,与旅游行业和企业合作,带动相关利益方共同发展。如图4-5所示。

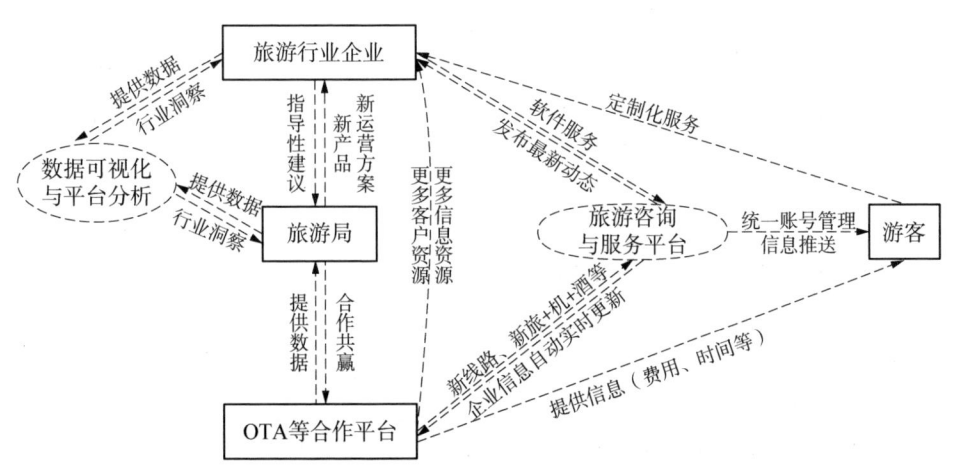

图4-5　数据平台与服务平台结合驱动旅游业态发展图

资料来源:国外旅游局官网,公开资料整理

（2）在数据平台的基础上，旅游局/景区更深入地了解客户需求与特征，指导后续经营。依据人口统计学、消费心理锁定消费者；每年通过调研收集信息，提供核心市场的一般/高价值游客介绍。

（3）在变现上，分为"对公""对私"两种方式。"对私"主要是针对休闲度假游，重视人群细分，打造差异化卖点，在不同细分市场上推广创新项目。"对公"主要是针对商业活动和会展，提供行业资源、场地或者策划执行。通过"对公""对私"运作，旅游局和景区会嫁接多方资源，拓宽了整个旅游生态触达消费者，实现转化的能力，打造行业生态。

此次疫情中，国外旅游局协同政府/组织/景区在加大推广、培育国内外市场的同时，通过数字化和智能化进一步稳固"员工-企业-平台"的增长生态。主要做法：

协助数字化转型：提供自测工具，便于企业数字化转型诊断、定位；提供企业合作平台、创意展示平台、沟通平台等。

在线培训员工：专家以在线研讨课的形式，免费为旅游企业负责人分享行业营销经验、数字化营销知识，为经济重建做准备。

资金扶持：扶持旅行社，在不影响消费者的前提下，降低90%旅行社为遵守监管规定所产生的成本。

旅游资源宣传：通过电视、社交媒体宣传著名景点、自然风光、饮食文化、野生动物、地貌、艺术文化，提升关注度和吸引力。

推出商务合作计划：不影响防控的前提下鼓励跨部门合作，推广境内旅游，宣传景点和旅游局。集思广益，寻找能带动复苏旅游业的营销方案。拉动需求，保持国际上的出镜率，将本国定义为商务活动的首选。

互动式推广：设置故事内容基金，吸引更多国内外观众到本国旅行。不影响疫情防控的前提下（室内拍摄为主），以视频为载体，分享本国故事。

3. 智慧旅游发展面临挑战

受疫情隔离等影响，人们线下出游特征更加强烈；"短途游""周边游"复苏，"家庭亲子""朋友出行"比例较多；大家更注重安全感；双微、小程序、App是景区提供实时在线服务的重要渠道。但多样化的传播使得景区在网罗大众的同时也面临数据割裂、消费者画像不完整、价值难评估等难题。

（1）景区营销方面。需要思考：如何让景区的营销预算不浪费，真正触达景区潜在用户？如何让景区品牌持续性地在市场广而告之，吸引人流？如何平衡销售成本和渠道占比的关系，优化收益结构？等问题。

（2）景区体验方面。需要思考：如何解决游客日益多样化的旅游体验需求和景区旅游产品开发能力滞后的矛盾？如何有效利用数字化手段和数据能力打造智能服务景区？如何更好更全面地了解景区游客需求，提供给游客景区一站式服务？等问题。

（3）景区消费方面。需要思考：如何顶层规划景区内吃、住、游、购、娱产品的全面升级，摆脱景区产品同质化，缺特点，无创新的尴尬局面？如何盘活景区商户自主创新的能动力，全面促进景区非门票消费营收？无论是消费升级，还是消费降级景区，如何找到符合自身资源特色的产品发展之路？等问题。

（4）景区IP方面。需要思考：如何讲好、讲透景区品牌故事？如何充分调动景区文化资源及产品资源，建设景区自身的文化特色及产品矩阵？如何专注打造景区数字化名片，综合文化、产品、服务体验、口碑等多维度信息数字化，利用好数据时代工具，创建一流旅游品牌？等问题。

4. 旅游业数字化路径

（1）旅游业数字化路径

旅游业正在经历一个不断发展的过程，从数字化到数字化转型，再到数字化重塑的三个阶段。见图4-6。

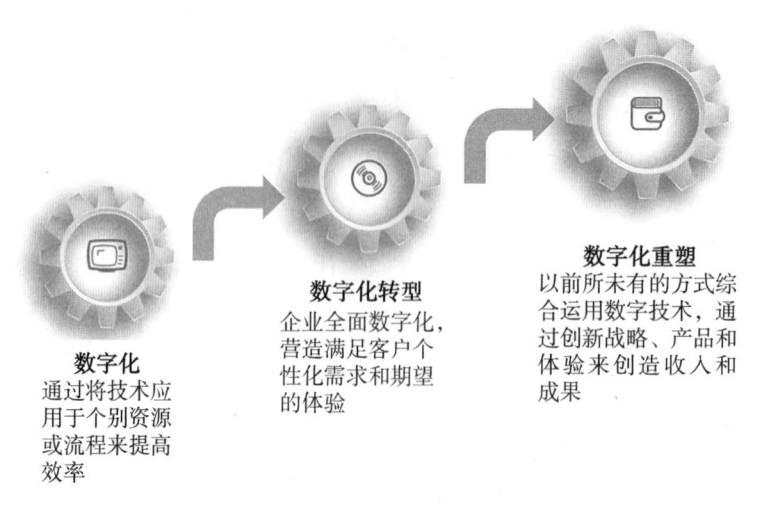

数字化
通过将技术应用于个别资源或流程来提高效率

数字化转型
企业全面数字化，营造满足客户个性化需求和期望的体验

数字化重塑
以前所未有的方式综合运用数字技术，通过创新战略、产品和体验来创造收入和成果

图4-6 数字化路径示意图

资料来源：Greg Land. 无处不在：旅游业的数字化重塑. 美国：IBM Corporation，2017

第一阶段的数字化就是通过技术应用到个别资源或流程来提高效率，包括建立数字系统来支持在线售票等流程，例如，最初的SABRE（全球的计算机预订系统），但在逐渐发展为在线服务之后，客户无须通过传统的旅行社代理就可以直接预订。

第二阶段的数字化转型则更进一步，包含了整个企业中数字功能或流程的整合。通过引入一套数字系统和流程，实现数字化转型的旅游企业可以为客户提供个性化的全渠道体验。举例来说，旅游服务提供商越来越需要将通过旅游预订网站和个人社交媒体渠道收集的数据结合起来，以便为客户提供高度个性化的度假体验。

第三阶段的数字化重塑更为全面、深入。旅游行业的数字化重塑意指在数字技术的帮助下，对企业运营以及与客户和其他利益相关者互动的方式进行根本性的再塑造。从最基本的层面上看，数字化重塑就是从客户至上或者以客户为中心的角度出发,重新构思旅游企业的运营发展。举例来说,塑造或重新设计一个企业,这个企业要能够以最有效的方式交付引人注目的独特客户体验,这便反映了数字化重塑的哲学。

(2) 为数字化重塑做好准备

为成功实现数字化重塑,企业需要形成新的战略重点,培养新的专业技能,并建立新的工作方式。

所谓形成新的战略重点,就是旅游企业需要继续开发新的方式来营造体验、构建生态系统并实现创收。相关举措可能包括培育新的业务模式,发现新的融资形式,建立更全面有效的风险评估方式。领导者还需要建立更深层次的相关能力。

所谓培养新的专业技能,就是旅游企业还应继续推进产品、服务和流程的数字化进程,开创物理世界与数字世界融合一体的新局面。可以通过更先进的预测性分析、人工智能和认知计算,以及物联网和新型自动化技术来丰富重塑举措,建立完全整合、灵活且敏捷的运营环境,支持营造客户期望的个性化体验。

所谓建立新的工作方式,就是旅游企业需要发现、培养和留住所需人才,为创建和维持强大的数字型企业积蓄力量。他们亟须培养和保持创新文化,融合设计思维、敏捷工作和不怕失败等要素。

旅游企业应该迅速部署新技术,以支持业务发展,扩大市场份额。他们需要使用数字工具来优化现有运营环境、增加收益,进而为进一步的创新和发展提供资金支持。有些人称这种方法可以"大幅降低成本,显著提高效率"。

(3) 掀起数字化重塑的浪潮

要走上数字化重塑的道路,旅游行业领导者可以采取四个步骤:展望未来、建立试点、深化能力和统筹生态系统。

第一步:展望未来。开展展望对话,在设计思想的基础上,绘制明确的变革蓝图。例如,通过深层对话和深入营销分析,更好地了解客户需求、愿望和期望;开展头脑风暴,集思广益,提出新想法以增强互动;描绘出奇制胜的客户方案。可以邀请外部利益相关者(包括客户)参与这些对话,鼓励各种非常规的奇思妙想。

第二步:建立试点。通过敏捷开发流程,建立原型,交由客户进行检验,快速投放市场,获得反馈,不断完善。建立兴趣社区,创建可以测试创新的安全环境,将其作为设计和开发流程的核心。

第三步:深化能力。通过战略计划扩充能力,持续构建和部署必要的应用,以符合数字化重塑运营模式和生态系统战略等方面的目标。随着试点的推进,开发过程中的障碍会不断浮出水面,反映出当前能力的缺陷。采取连续的迭代策略,培养新的能力或扩充现有能力,解决这些难题。

第四步:统筹生态系统。采用整体重塑方法,而非一系列关注特定领域的解决方案,明确关注消费者、客户(如合伙人)和同行(如服务提供商)的深层需求、愿望或期望。关注生态系统,扩充并整合更广泛的能力,帮助建立并兑现客户承诺。

二、基于 SWOT 分析的会展业与酒店业、旅游业比较

为了清晰认识会展业与酒店业和旅游业数字化转型的现状、路径、挑战等异同点,本研究借助于 SWOT 分析方法来分析会展业的优势(Strengths)、劣势(Weaknesses)、机会(Opportunities)和威胁(Threats)。并且把三个行业做一个比较,看看对上海会展业数字化转型有何启迪?如表 4-2 所示。

表4-2 会展、酒店、旅游数字化转型SWOT分析表

	优势S	劣势W	机会O	威胁T
会展	1. 国家方针政策鼓励支持会展业数字化转型。 2. 双线融合办展模式接受程度不断提高。 3. 线上办展数量不断增加,会展数字化进程加快。 4. 国际和国内会展领军企业提供数字会展经验做法。	1. 中小型会展企业转型意愿不强烈。 2. 会展数字化收入不容乐观,占企业总体收入较少。 3. 数字化转型过程中,缺乏相关人才,业务发展和技术运营存在不匹配现象。	1. 会展业成为促进贸易增长的重要引擎。 2. 国家大力提倡发展数字经济,推动企业数字化转型。 3. 互联网巨头布局云会展,助力会展业搭建数字基建。 4. 大型会展企业积极抢占市场,汇聚资本力量。	1. 外贸经济整体下行,会展业面临较大压力。 2. 疫情反复,会展业遭受重创。 3. 顶层方针政策不完善,政府指导力度不足。
酒店	1. 酒店业数字化转型开始较早,已进入快速发展阶段。 2. 酒店智能先进系统不断完善。 3. 头部酒店集团数字化发展领先。 4. OTA巨头持续加码投资,为酒店业发展带来新的空间。 5. 酒店连锁化率提升幅度较大,抗风险能力增强。	1. 酒店业整体数字化差异明显。 2. 酒店业缺乏数字化营销和运营方面的人才。 3. 单体酒店数字化转型速度较慢。 4. 旧式组织架构难以适应新型数字化变革。 5. 酒店业产品和服务存在半互联网状态。	1. 电商平台蓬勃发展,跨界玩家不断涌入酒店业。 2. 酒店行业技术投资环境较好。 3. 数字消费打开内需增长新空间。	1. 受疫情影响,酒店行业市场不断缩减。 2. 客户使用智能设备,享受便捷服务的同时,面临数据安全隐患。

(续表)

	优势 S	劣势 W	机会 O	威胁 T
旅游	1. OTA 平台赋能旅游业,加快旅游业发展。 2. 景区持续完善新型智能服务设施。 3. 智慧旅游典型案例频出。	1. 数字化成本收益难以实现均衡。 2. 旅游企业数字化人才缺口较大,技术和业务存在脱节现象。 3. 各区域之间旅游产品数字化转型差距较大。	1. 旅游业进行数字化转型是大势所趋。 2. "云旅游"倒逼旅游业数字化转型升级。	1. 新技术在旅游场景中应用不够充分。 2. 受疫情影响,旅游行业曲折前行。

（一）会展业 SWOT 分析

1. 优势 S

国家方针政策鼓励支持会展业数字化转型。国家及地方持续出台会展数字化转型相关政策,鼓励会展业创新办展模式,支持会展业对相关设施设备进行智能化改造。2021年11月18日,商务部发布了《"十四五"对外贸易高质量发展规划》,明确提出"建立线上线下融合、境内境外联动的营销体系""搭建云展会等线上平台,促进数字化营销"。以及《"十四五"数字经济发展规划》《国务院办公厅关于加快发展外贸新业态新模式的意见》《"十四五"商务发展规划》《商务部办公厅关于创新展会服务模式-培育展览业发展新动能有关工作的通知》等文件均为发展数字会展提供了政策依据,指明了发展方向。

双线融合办展模式接受程度不断提高。根据中国会展经济研究会数字会展工作委员会联合其他单位发布的《DRCEO-中国会展主办机构数字化调研报告（2022）》来看,2021年,近70%的会展主办机构选择双线融合办展的方式。① 受疫情影响展会取消或推迟举办已经成为常态,但是双线办展的方式也不断被会展主办机构所接受,选择双线办展的比例较 2020 年又有所提高。

境内线上办展数量不断增加,会展数字化进程加快。据中国展览数据统计报告 2021 年发布的数据来看,2021 年中国境内举办线上展总数为 714 场,比 2020 年增加 13.69%;同期举办境内线下展总数达到 623 场,比 2020 年增加 22.97%,其中广交会、进博会、服贸会等国家级展览皆为线下与线上双结合的办展模式;另外 91 场线上展则单独举办。

国内外会展领军企业提供数字会展经验做法。国内外展商借助 5G、云计算、大数据等技术积极搭建国际贸易数字展览平台,将 AI、虚拟技术、营销自动化、直播与连线、集成应用等最新技术引入到国际贸易数字展览运营管理与服务,通过大数据掌握买家、供应商信息,极大提高了供采双方对接效率。国际和国内代表性数字平台主要有:"贸发网采购""ISH digital""展贸通 GTW""Trade China""Matchup Expo""贸促云展""网展贸 Max""BizPal App""家具在线"等,以上平台为数字会展发展提供借鉴范本。

2. 劣势 W

中小型会展企业转型意愿不强烈。总体来看会展企业体量偏小,中小型企业占比较多。受疫情影响,不少会展中小型企业面临倒闭或被迫裁员,首先要解决的是生存问题,在会展业进行数字化转型发展上意识不强。并且由于企业自身能力等因素,无法在短时间内完成数字化转型升级。

会展数字化收入不容乐观,占企业总体收入较少。根据《DRCEO-中国会展主办机构数字化调研报告(2022)》来看,在所调研的 195 家会展主办机构中,获得数字化收入的机构占比为 61%;数字化收入占该机构总体收

---

① DRCEO-中国会展主办机构数字化调研报告(2022)[R].中国会展经济研究会数字会展工作委员会等,2022.

入超过10%以上的机构不足10%。虽然有不少企业已经逐步开始对企业业务的营销和管理进行数字化转型,但是仍然有将近40%的会展主办机构没有获得任何数字化收入。对于会展企业来说,进行数字化发展实际所获得收入与所投入成本的比例是不容乐观的,可能会打击一部分会展企业进行数字化发展的积极性。

会展业缺乏数字化发展相关人才。会展企业的人才,大多数是以运营、销售、管理为主的人才。在对会展20多家相关单位的调研采访过程中,发现会展相关单位在进行数字化发展过程中,均提到缺乏相关人才,或者是数字化人才易流失等问题。

3. 机会O

会展业成为促进贸易增长的重要引擎。国家重要城市正在部署建设国际消费中心、国际贸易中心,会展业作为促进消费和贸易增长的重要引擎,大力发展会展业势在必行。

国家大力提倡发展数字经济,推动企业进行数字化转型。数字经济是继农业经济、工业经济之后的主要新经济形态。"十四五"数字经济发展规划提出加快企业数字化转型升级,大力发展数字商务,全面加快商贸、物流、金融等服务业数字化转型。

互联网巨头布局云会展,助力会展业搭建数字基建。阿里巴巴、腾讯、京东等互联网企业助力进博会、广交会、服贸会等国家级展会顺利举办,创新展会线上线下融合模式。随着互联网大型企业不断加持会展业,凭借其拥有良好的技术优势、丰富的流量资源,会展业在数字化发展方面有望实现新突破。

大型会展企业积极抢占市场,汇聚资本力量。受疫情影响,部分中小型会展企业面临生存困境,但是国内外部分大中型会展企业正积极布局、抢占市场,不断发展壮大。如:上市公司东浩兰生会展集团2021年合资成立了4

家公司;上市公司米奥会展公司2021年收购了深圳华富展览服务有限公司;部分外资会展公司也通过资本运作、收购兼并等方式抢占市场。

4. 威胁T

外贸经济整体下行,会展业面临较大压力。会展业是促进国家外贸增长的重要引擎,但是目前来看,国际环境复杂严峻,国内疫情反复,会展经济重启面临压力。

在这样的形势下,会展业与其他相关行业受到了巨大的影响,线下举办展会面临大规模人流聚集问题。但是展会频繁延期或取消,给展会利益相关者带来一定的损失,对会展业的生存发展造成一定的影响。

顶层方针政策不完善,政府指导力度不足。"十四五"规划中提出了要大力发展数字经济,不少城市也提出要建设国际会展之都,打造云会展平台。但是相关的实施政策不够完善,政府在发展数字会展方面指导力度较弱。

(二)酒店业数字化转型SWOT分析

1. 优势S

酒店业数字化转型开始较早,进入快速发展阶段。自1999年起进入信息化发展阶段,由于IOT、5G、人工智能、物联网、大数据、云计算、数据中台等技术手段不断提升,移动支付、信用住、智慧硬件服务、会员互通、App小程序直销等数字化服务和营销手段被广泛地使用,酒店业数字化转型已经进入快速发展阶段。

酒店智能先进系统不断完善。目前来看,星级以上酒店均开始逐步完善酒店智能基础设施,持续探索智慧酒店,引入无人前台、智能机器人、人脸识别技术,不断创新客户体验模式。

头部酒店集团数字化发展领先。世界经济迎来数字化浪潮是大势所趋,酒店业积极响应国家政策,开始加速布局软件和硬件基础设施改造,加快酒店业智能化发展。部分酒店行业领军企业：锦江、首旅、如家、万达等均已经形成线上线下全渠道数字化，能够为客户提供个性化体验，公司也已形成全新的组织架构，并取得显著成效。

OTA巨头持续加码投资酒店业，为酒店业数字化发展带来新的空间。自1999年起，随着携程、艺龙、同程、去哪儿、马蜂窝等OTA平台的成立，酒店业开始进入互联网营销时代。近几年，携程、同程艺龙、美团等开始不断投资自有酒店和已有酒店集团。同程艺龙成立艺龙酒店科技平台，集酒店管理、信息技术和采购贸易于一体，助力住宿行业效率和效能不断提升。

酒店连锁化率提升幅度较大，抗风险能力增强。由于国内外环境的复杂多变，单体酒店的抗风险能力较差。根据《2022年中国酒店业发展报告》显示，2022年我国酒店住宿业较2020年减少2.7万家，酒店连锁化率升至35%，较2021年增加4个百分点，可以看出，受疫情影响，越来越多的酒店选择连锁化，可以整体增强酒店抗风险能力。

2. 劣势W

酒店业整体数字化差异明显。虽然大多数企业开始使用数字化系统，不断拓宽多媒体渠道，但是酒店业整体还处于数字化发展初期。

酒店业缺乏数字化营销和运营方面的人才。"用工荒"是服务业的难题，酒店业也不例外，并且由于酒店行业自身特点，出现人才招聘难度大、应聘人员少，人工成本高、人才流失率高等问题，酒店业在数字化人才方面更是缺乏。

单体酒店数字化转型进程较慢。单体酒店由于其自身特点，在数字化发展方面的资金投入和数字化人才方面可能会受到限制，需要借助外力或者是酒店集团帮助提供数字化解决方案。

旧式组织架构难以适应新型数字化变革。在酒店进行数字化转型的过程中，在组织架构的转型上可能会面临一些问题。酒店业属于传统的服务行业,在转型过程中,酒店部分员工知识架构及思想意识难以打破传统僵化思维模式,跟不上数字化转型发展。

酒店业产品和服务存在半互联网状态。酒店产品线上数字化,线下服务传统化,数据方面存在系统多,且系统之间难以打通,数据孤岛现象严重,数据无法及时共享,也无法形成数据资产,难以做到数据驱动决策等问题。

3. 机会 O

电商平台蓬勃发展,跨界玩家不断涌入酒店业。拼多多上线酒店住宿产品、进军在线旅游;爱奇艺进军酒店业,打造 VR 娱乐酒旅空间;小红书与订单来了达成合作,实现民宿直连;抖音布局酒旅市场,打造自由平台交易闭环生态;高德地图上线"安心住酒店",支持在线预订等,给酒旅市场带来新的发展机遇。

酒店行业技术投资环境较好。石基信息发布的《2022 年中国酒店业数字化转型趋势报告》中提出:66.9%的受访者会继续增加酒店业在 IT 方面的投入[1],表明酒店高层人员对于酒店数字化转型的态度比较一致,并且不断重视转型发展。

数字消费打开内需增长新空间。发展数字经济,促进数字消费已经成为国家建设经济的重要内容。在常态化疫情的环境下,线下消费仍然受到一定的影响,而数字消费已经成为中国经济实现新旧动能转换的巨大推动力之一。在各种因素的影响下,消费者需求不断发生变化,酒店业应该不断适应环境变化,用创新发展迎合消费者需求变化。

4. 威胁 T

疫情频发,酒店行业市场不断缩减。根据中国饭店协会发布的《2022

---

[1] 2022 年中国酒店业数字化转型趋势报告[R].石基信息,2022.

年中国酒店业发展报告》显示：截至 2022 年 1 月 1 日，中国酒店业设施总数 252 399 家，同比下降 9.59%，是 2020 年初的 74.67%；客房总数 13 468 588 间，同比下降 12.12%，是 2020 年初的 76.44%，平均客房规模 53 间，同比下降 2 间。① 各地疫情反复暴发，导致国人出行意愿降低，出行人次大幅度降低，部分经营不善的酒店面临倒闭和歇业，酒店行业承受一定压力。

客户使用智能设备，享受便捷服务的同时，面临数据安全隐患。多数酒店都在使用智能设备，客户只需一分钟便可完成登记入住，但是在为客户提供智能便捷的设施和服务时，也面临着客户信息泄露等数据安全隐患。近几年来，酒店数据安全事件频发，导致酒店信誉受损，客户隐私泄露，在一定程度上给酒店带来不可估量的损失。

（三）旅游业数字化转型 SWOT 分析

1. 优势 S

OTA 平台持续赋能旅游业，加快旅游业发展。受疫情影响，各大 OTA 平台开始通过数字化、智能化技术挖掘旅游市场更多的空间。OTA 巨头携程重点打造云旅游、直播等数字化模式，推动旅游产品线上营销；同程艺龙持续深耕数字化，推出"同城全域通"，使用 3D、VR、AI 等新技术，为游客提供景区目的地等各类公共场所智慧地图、VR 预订、3D 展品、AI 智能客服、网红直播等，使游客享受更加优质的服务。

景区持续完善新型智能服务设施。景区作为服务提供方，借助物联网、5G、VR、AR 等数字化科技手段，提供数字化导览设备、扫码听讲解、智能化的机器检票、"刷脸"技术与酒店快捷入住功能等多样化服务，使游客无须排队，既提高了工作效率也让景区管理更加人性化。

旅游数字化加速发展，智慧旅游典型案例频出。2021 年，文化和旅游

---

① 2022 年中国酒店业发展报告[R]. 北京：中国饭店协会，2022.

部为加快推进以数字化、网络化、智能化为特征的智慧旅游发展,经各方综合评审,确定了全国27个智慧旅游典型案例。这些经典案例为我国众多景区发展智慧旅游提供可借鉴范本,助力我国旅游数字化发展大步向前。

2. 劣势W

数字化成本收益难以实现均衡。旅游企业多为中小型企业,在数字化发展上缺乏主动意识。并且大多数中小型企业资金薄弱,在数字化技术和人才的投入上受到一定的限制。受疫情影响,大多数企业经济发展不景气,数字化产生效益时间可能相对较长,难以满足企业对收入的预期要求。

旅游企业数字化人才缺口较大,技术和业务存在脱节现象。各行各业都在推动数字化转型,对数字化人才的需求也呈现爆发式增长。从旅游企业组织架构来看,旅游企业人才主要以业务型人才为主,技术型人才比较缺乏。旅游企业数字化发展过程中,对从事旅游业的数字化人才要求要不断提高,加强技术和业务融合型人才培养。

各区域之间旅游产品数字化转型差距较大。我国地缘辽阔,旅游资源丰富,但是各地区旅游景区数字化发展差距较大,主要表现为东部地区数字化基础设施建设比较完善,但大多数中西部地区旅游景区基础设施建设还处在传统旅游景区阶段,需要不断加强,促进各地区数字化协调发展。

3. 机会O

旅游业数字化转型大势所趋。"十四五"文化和旅游发展规划中明确指出,行业要加强旅游信息基础设施建设,深化"互联网+旅游",加快推进以数字化、网络化、智能化为特征的智慧旅游发展,并对激活数据要素潜能进行了展望。

"云旅游"倒逼旅游业数字化转型升级。在疫情影响下,大数据、人工智能、5G、云计算等技术催生了"云旅游",旅游博主或者是其他 KOL[①] 通过网络直播或者是拍摄短视频等形式,将旅游资源展现给游客。"云旅游"抓住当下年轻人消费心理,满足消费者探索旅游目的地的好奇心,为游客提供全新旅游体验,旅游产业线上线下融合得到进一步发展。

4. 威胁 T

新技术在旅游场景中应用不够充分。旅游业属于服务行业,不具备专业技术人才,在新技术的开发和使用上可能存在不足之处。并且旅游更加注重产品体验,在数字化进程中,技术和场景使用上可能无法深度融合,从而导致旅游企业一味在技术上进行投入而忽略提升旅游产品的核心竞争力。

受疫情影响,旅游业曲折前行,面临的形势更为严峻,游客出游意愿大幅降低,出游人数减少。

(四)酒店和旅游业数字化对会展业的启迪

会展、酒店、旅游业均属于服务行业,行业关联性较大。根据上述行业对比分析来看,三个行业在数字化发展方面存在一些相似之处。从优势方面来看:三个行业均已开始进行数字化转型,并且逐步摸索出一些典型案例,为行业数字化发展提供范本。从劣势方面来看:三个行业在数字化发展过程中均面临相关人才不足、组织结构比较传统等挑战。从机会方面来看:三个行业进行数字化发展均在国家政策指引下进行,数字化转型是发展趋势。另外,疫情倒逼各个行业加速数字化转型。从威胁层面来看:三个行业均受到疫情影响,损失比较严重,行业重启面临较大问题;在数字化发展速度上表现为头部企业领先,中小型企业落后,这部分企业在行业整体数字化转型中面临较大困难。

---

① KOL 关键意见领袖,是 Key Opinion Leader 的简称。

从会展行业特点来看,在数字化转型过程中与酒店业和旅游业相比存在一些明显的不足之处:

1. 在政策引领方面不够突出,扶持政策相对较少,具体方针政策落实不到位。

2. 会展行业体量较小,资金、人才和技术储备相对薄弱,抗风险能力也不足,在智能化基础设施建设上也处于起步阶段,与酒店业存在明显差距。另外,酒店和旅游行业在数字化发展历程上起步较早,又有OTA平台的不断加持,线上营销和数字基建发展比较迅速,会展业在线上平台建设方面还需要不断努力。

3. 会展数字化盈利模式尚不清晰,数字化收入占比较少,数字化成本投入较大,导致较多会展企业数字化转型意识不清晰,转型信心不足。

总的来说,会展数字化转型正处于逐步摸索过程中,企业需要根据行业和自身的特点去借鉴学习其他行业成功的经验,更好地推动行业整体数字化转型。

三、零售行业数字化转型

零售行业也是一个非常值得会展行业借鉴的行业,一方面,零售行业受到电子商务平台影响比较早,冲击比较大;另一方面,零售行业和数字平台融合得也比较好。

(一)零售企业数字化应用发展历程

我国零售业的发展历程经历了四个阶段,集贸式零售、连锁式零售、电子商务式零售和新零售,如图4-7所示,其实从数字化而言只有三个阶段,传统零售(含集贸式零售和连锁式零售)、电子商务式零售和新零售。2005年以前零售业数字化技术主要包括POS、ERP和WMS;2003年从淘宝成

1990年前	1991—2002年	2003—2015年	2016年后
集贸式零售	连锁式零售	电子商务式零售	新零售
改革开放前百货商店实行计划资源分配；改革开放后，国有大型百货为零售业主体	零售体系发展迅速，零售业态逐渐丰富，百货商店、连锁超市、便利店等共存	2003年淘宝成立，零售业进入电商时代，C2C、B2C、B2B等多种模式共存	零售业逐渐向全渠道运营演进，以消费者为中心，线上线下渠道同步运营
POS ERP WMS		CRM RDM	DMP CDP
2005年以前，零售企业信息架构主要包含：POS、ERP及WMS。其中POS沉淀收银、门店信息等数据；ERP包含人员、采购等财务数据；WMS收集物流数据		在之前架构基础上衍生出客户关系管理系统CRM及零售仓库数据RDM	DMP位于营销链路前端，CDP处于中后端，实现数据整合、清洗、打标签等功能，更好实现用户培育

图4-7 我国零售业四个阶段

资料来源：2021年中国零售数字化转型研究报告[R].艾瑞咨询

立，零售业进入电商时代，数字化技术包括CRM和RDM；2016年以后进入新零售阶段，数字化技术主要包括DMP和CDP。

（二）零售行业发展现状

1. 从线上渠道的探索，到数字化对线上线下渠道的融合赋能

根据国家统计局数据，2020年受新冠疫情影响，社会消费品零售总额为39.2万亿元，同比下滑3.9%。其中，网络零售保持稳健增长，在社会消费品零售总额中占比达30%，如图4-8所示。基于大数据及新技术，数字化持续赋能零售业全渠道，线下渠道向智能化转型，线上渠道在便捷性及个性化推荐方面优势显著，预计未来在数字化的驱动下，线上线下渠道将进一步融合。

2. 零售行业数字化现状解构

零售行业的发展从战略层面分别经历了产品为王、流量为王和用户为王三个阶段，而每个阶段的战略重心，都分别很大程度上推动了"人货场"的

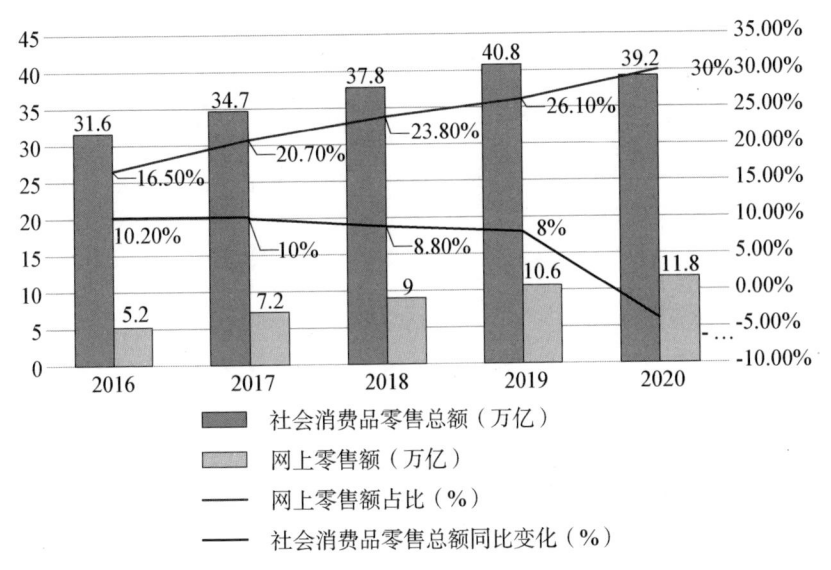

图 4-8 近年中国社会消费品零售总额及网上零售额

数据来源：国家统计局

数字化转型进程。新零售数字化赋予了"人货场"更多价值，从人的层面，用户运营由碎片化的信息发展为用户画像，同时用户标签使企业能够更大程度地挖掘用户的生命周期价值；从货的层面，产品及服务的研发与营销以人的偏好展开，供应链向柔性化、网络化发展；从场的层面，线上线下交互融合，承载产品及服务的同时，沉淀数据资产。由产品为王、流量为王发展到用户为王，用户消费选择权及话语权愈加强势，"人"的数字化是识别、了解、运营用户，实现商业变现的必要途径。所以注定新零售时代用户为王，"人"的数字化备受关注。

（三）零售行业用户价值提升痛点

1. 流量红利增长受限，存量运营日趋重要

中国互联网络信息中心（CNNIC）数据反映了互联网流量环境，2016—2020年中国网民规模及移动网民规模逐年递增。截至2020年末，中国互联网用户量高达 9.89 亿,网民渗透率为 70.4%;移动网民规模高达 9.86 亿,渗透率为 70.2%,如图 4-9 所示。高渗透率一方面驱使零售行业企业主重视线上渠道的销售与营销;一方面说明流量红利向上增长空间受限,零售企业主应重视存量用户的运营,深度挖掘用户全生命周期价值。

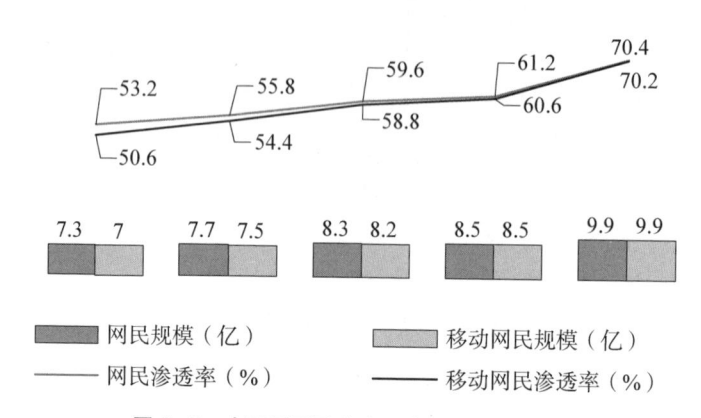

```
         53.2      55.8      59.6    61.2   70.4
                                     60.6   70.2
         50.6      54.4      58.8

         7.3  7   7.7  7.5   8.3  8.2   8.5  8.5   9.9  9.9
```

■ 网民规模(亿)　　　■ 移动网民规模(亿)
— 网民渗透率(%)　　— 移动网民渗透率(%)

图 4-9　中国网民及移动互联网规模与渗透率

数据来源:中国互联网络信息中心(CNNIC)《中国互联网发展状况统计调查》

2. 平台获客成本上升,用户需求分析势在必行

货币化率即平台变现能力,反映平台型电商通过佣金及广告变现的情况,典型电商平台如京东、阿里货币化率逐年提升,货币化率从另一个层面也反映平台入驻商家的投入成本,而且零售行业中的快速消费品、服装类商品佣金要较其他品类更高。获客成本升高,企业经营及营销承压,零售业态用户为王,关注用户需求势在必行。根据中国百货业协会调研,百货店收集消费者数据的用途集中在了解用户偏好与精准营销,并为顾客提供更个性化的产品及服务。

3. 外部环境推动业务需求技术化,IT 团队和业务团队存在错配

中国信息化周报针对企业数字化转型主导权做出调研,结果显示不同企业数字化转型主导部门有差异,42.6% 的受访企业 IT 部门起主导作用,

41.2%的是企业管理部门,11.8%为业务部门。如图4-10所示。

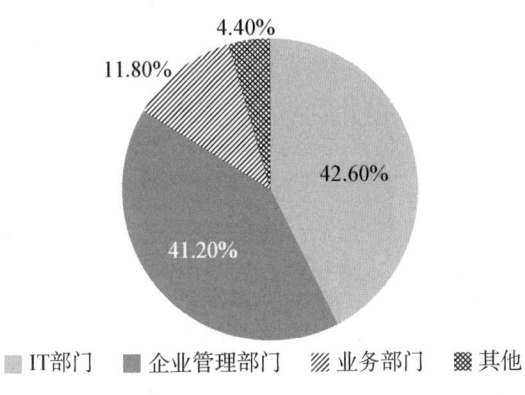

图4-10 2018年企业数字化转型主导权调研比例分布图

技术团队与业务部门在协作过程中存在以下痛点:从职能本质来讲,技术团队主导数据的底层处理与分析,处于价值转化的前端;业务团队基于业务逻辑,结合分析成果做出决策与判断,处于价值转化的后端。IT部门在技术支持上和业务需求存在错配,仍需不断磨合和协同,尤其是在数智化阶段,如何让IT技术更加贴近业务进而产生更大的价值,是零售企业转型的主要痛点。

4. 技术和业务错配影响数据洞察,掣肘精准运营

零售业数智化升级进程中,数据作为平台及企业的关键资产,更是企业主的痛点所在。从数据采集层面看,企业主面临一方数据采集难、三方数据质量差的困境,对于分销渠道复杂的零售品类,用户数据采集缺乏实时性与全面性;从数据处理层面看,数据清洗困难、各渠道数据打通不易,用户分层及用户标签的创建与数据质量息息相关,直接决定企业是否能够实现精准营销;从数据应用层面看,数智化产品在用户行为预测、销售决策等复杂建模功能上亟待优化。

（四）零售企业数智化升级的主要路径

零售企业提升用户价值，关键在于实现企业数智化的升级，主要包括战略的升级、业务的创新、深化的用户洞察、高效的用户运营、技术的支撑五个方面，这也是零售企业在数智化升级过程中需要重点关注、探索和建设的能力和方向。

（五）零售企业用户价值提升策略

策略一：战略转型。 从流量思维到单客思维，CLV[①]是转型的重要目标导向；战略驱动营销目标升级，CLV 成评估企业价值重要指标。

策略二：业务创新。 零售企业可以通过不断布局更多的数智化创新业务，来增加自身在用户运营上的能力。通常来看，零售企业的营销链路主要可以分为数据洞察、创意内容、媒介渠道、服务体验及定制生产等几大场景，各类创新业务赋能不同场景，帮助企业实现用户价值提升。如创意自动化业务，可帮助零售企业更加高效地进行千人千面的创意内容制作和匹配，提高内容制作效率及对用户的个性化吸引力。再如营销自动化业务，可帮助零售企业对用户进行更加智能化、个性化的沟通与触达等。

策略三：深化洞察。 中国广告主对营销部门的职责认知，最主要是正确帮助企业理解消费者和市场趋势，而其最需要提升的能力恰恰也是快速洞察市场和提出策略的能力，及对消费者数据的处理和分析能力。可见在用户洞察方面，企业的期待效果和实际效果仍有差距。尤其是在用户为王的零售行业，加强对用户的洞察显得尤为重要，包括从群体画像到个体画像的升级，从静态标签到动态标签的运用等，零售企业需要投入更多的资源和精力，去打造更加深度和全面的洞察能力。

策略四：高效运营。 零售企业在数智化升级推进过程中，还需要搭建一

---

① CLV 是顾客生命周期价值（Customer Lifetime Value）的英文缩写。

个成熟的数智化运营体系,以提高企业的用户运营效率,进而更加高效、灵活、敏捷地开展相关工作。而通常来讲,建立成熟的数智化运营体系需要做好三个方面的准备:(1)根据企业自身数智化进程做出更加合适的组织架构调整,提高整个企业的灵活性;(2)对企业所有触点的数据采集做好标准化规范,提高数据的使用价值和效率;(3)做好各业务场景数据使用的引导和培训,加强对用户数据的利用程度。

策略五:技术准备。零售企业的数智化升级首先需要形成足够的用户数据资产沉淀,进而对用户数据进行分析与处理,并将其应用在各个具象的营销场景中,实现更加优质的营销效果。而数据中台、CDP、DMP 等平台在整个企业营销数据生态中扮演着底层基础设施的作用,负责各方用户数据的收集、整合及加工处理,几乎所有 Mar-tech 应用场景都需要基于数据中台/CDP/DMP 去实现和落地。因此,对零售企业来讲,选择合适的方式,把底层基础设施建设得更加稳固,也是为未来搭建完整、成熟的营销数智化生态矩阵提供更加优质的生长土壤。如图 4-11 所示。

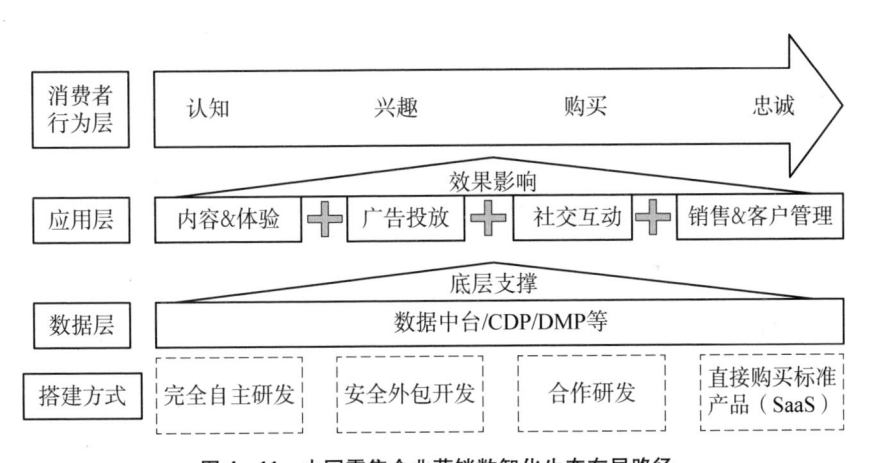

图 4-11 中国零售企业营销数智化生态布局路径

资料来源:2021 年中国零售数字化转型研究报告[R].艾瑞咨询

(六) 零售企业数智化发展趋势和展望

1. 零售企业不断向 DTC[①] 模式转型，重视布局私域流量

DTC 模式起源于美国，其凭借跟消费者更加直接、深度和稳固的关系连接，受到越来越多零售巨头企业的青睐，随着中国零售理念和社交媒体环境的发展，中国本土零售企业也开始向 DTC 模式进行尝试和转型。依托社交关系链，私域流量以性价比高、去中心化、可深度触达等优势成为零售业布局的新风口。用户购买行为链路形成闭环，沉淀在企业私域中，反哺数据资产，不断强化用户触达与交互。未来 DTC 模式触达渠道将更加丰富，DTC 的渗透也将进一步加速中国零售企业数智化升级的进程。

2. "人货场"数智化愈加融合，构建新零售数智化生态

在零售行业的数智化浪潮中，人、货、场的数智化转型进程都在不断深化，数智化变革也不断优化人的管理、货的管理和场的管理。未来零售企业的数智化不是仅专注于某一个部分，而是把人、货、场所有的数据进行整合打通，实现真正意义上的新零售数智化生态，除了在营销策略上能够依托数智化进行决策外，在渠道铺陈、门店管理、供应链管理、产业研发等方面都能够实现智能化和自动化。在新零售时代的数智化生态构建中，用户数据将成为打通"人货场"的关键所在，用户价值将愈加显著。

以上是对零售行业数字化的梳理，那么它对上海会展业有什么样的启迪呢？接下来我们做个分析。

四、零售业数字化转型对会展业的启迪

我国传统会展业以开展线下展会的形式，实现客户之间的信息交流、增

[①] DTC 是 Direct to Consumer(直接触达消费者)的缩写。

强商品流通、带动周边经济的发展等。但是近些年,随着消费形式的不断升级、新兴科技的持续赋能以及近几年来疫情常态化所带来的影响,我国传统会展业的发展面临诸多挑战,迫切需要进行转型。通过梳理零售业的发展历程,发现零售业从传统零售时代变迁为新零售时代,正是经历了从线下到线上的这一关键转变,并且电子商务在这一过程中发挥了至关重要的作用。而会展业在进行转型的过程中,衍生了数字会展模式,同样要面临从线下到线上这一过程的转变,但是对于此发展模式还存在一定的争论。所以后文将从电子商务兴起之后,传统零售业由线下过渡到线上这一过程进行分析,从而对传统会展业转型起到借鉴意义。

(一) 电商平台与数字会展平台相同点

我国零售业经历了以百货商店、超市/连锁店和电子商务为标志的三次零售业革命,在消费升级、技术进步和渠道融合的驱动下已经进入第四次零售革命,即"新零售"时代。[①] 从销售渠道变迁来看,前两次革命均是线下经营模式的自我横向变迁,第三次革命实现了由线下经营向线上经营的纵向变迁,第四次革命所倡导的是线上线下融合模式,既包含了电子商务的线上革新,也兼顾了传统零售的线下革新。[②] 在"线上＋线下"的新零售商业模式时代下,零售行业进入智能化、数字化转型升级的加速发展期。[③]

通过零售业从线下发展为线上,再由线上发展为线上线下融合的过程来看,电子商务时代是其重要的转折点。电子商务借助互联网销售的方式与传统零售业相比,具有一定的优势。对于消费者来说,不受时空的限制、

---

① 彭岚."新零售"下企业信息服务与订单履行全渠道整合策略研究述评与展望[J].中国流通经济,2020,34(10):17—27.
② 张普.新零售的兴起、理念及构建——以新零售革命的发展为视角[J].哈尔滨商业大学学报(社会科学版),2021,(5):112—120.
③ 彭岚."新零售"下企业信息服务与订单履行全渠道整合策略研究述评与展望[J].中国流通经济,2020,34(10):17—27.

选择更加多元化、商品价格更加透明、购物流程更加简洁。对于企业来说，节约运营成本、市场更加多元化、信息流通速度更快、更加深入了解客户需求等。但是传统零售业在刚开始向电子商务模式转型的时候，面临一些比较突出的问题：1. 对新技术使用不熟练，对数字化零售转型模式简单照搬；2. 消费者消费习惯短期内难以改变；3. 复合型电子商务人才匮乏；4. 网络服务不成熟；5. 传统供应链体系难以匹配电子商务的发展等。

传统零售业开始逐渐摸索转型路径，主要有以下几种：完全做电商模式、B2C 或 C2C 模式，以及 O2O 模式。完全做电商模式，意味着传统零售业要放弃之前线下商店的零售模式。这种模式仅适用于小规模的企业，对于一些大型超市不适用，规模越小转型越迅速、损失费用越小。比如早期的京东以门店连锁扩张的形式代理和销售光盘，2004 年，京东开始打造电商平台，发展至今百亿企业的规模。B2C 或者 C2C 模式，意味着可以自己成立电子商务公司独立运营，也可以与第三方平台合作，借助第三方的优势带来客户。B2C 和 C2C 电子商务平台已经发展得非常成熟，如淘宝、天猫、京东、一号店、当当网等，很多传统零售业借助第三方平台的优势，直接入驻到 B2C 和 C2C 等平台中①。但是这种模式的弊端在于消费者无法看到实物，对于一些昂贵的家电、器械、珠宝等并不适用，因为无法鉴别真伪和体验感受。2013 年，O2O 模式走进大众视野，主要定义是融合移动互联网技术、电子商务技术和本地化服务技术实现线上线下销售的融合发展，商家利用 O2O 电子商务平台在线上线下接触更多的消费者，而消费者可以实现低价购物，享受线上线下服务，全面了解产品信息②，比较典型的有美团、携程、大众点评、滴滴等。

---

① 许宁.电子商务背景下传统零售企业转型思考[J].商业经济研究,2016(13):121—123.
② 尹志洪,龙伟."互联网+"时代传统零售业向电子商务模式转型发展探析[J].商业经济研究,2017(15):64—66.

电商 O2O 模式初步实现了零售业的线上线下融合和互通。零售业在进入线上线下融合发展阶段时,所具备的必要条件是电商平台的成熟发展。这里不单单是指电子商务技术发展成熟,而是指电商平台的渠道建设完善,拥有庞大的流量数据等。而对比会展业发展现状来看,传统会展行业遭受疫情的影响,产业一度面临停摆,无法开展线下展会,导致会展从业者损失惨重,会展业迫切需要找到新的办展模式,重拾会展从业者信心。在新冠疫情暴发初期,广交会、进博会、服贸会等国家级展会纷纷开始尝试线上展会,但是效果并不尽如人意,会展业正处在转型的探索时期,正面临传统零售业刚进入电子商务时代所面临的问题,技术人才不足、商业模式不清晰、用户接受程度不高,归根到底遇到最大的困难是没有满足消费者需求,没有给企业创造利益。

其实,在线展览和电商平台都是属于市场,就是 marketplace,而且都是 online marketplace,所以线上展览可以借鉴电商平台的一些做法。

(二)电商平台与数字会展平台的差异

虽然上述提及会展业与零售业的转型之路存在相似之处,但是又有本质的区别。

线上展会,属于商机获取型市场,卖家主要是通过在线平台展示企业和产品,买家通过搜寻、查看、比较、洽谈获得商家信息和产品信息,而完成交易是线下完成的。这样的平台应该具备展示、匹配、沟通、获客等功能,商业模式是按照年、月付费,比较有名的是:线上广交会、博华的家具在线,国外的有 Thomas 等。

电商属于交易型市场,买家可以直接下单支付,卖家可以处理订单,发送货物。电商平台具有展示、匹配、沟通、交易等功能,商业模式是按照交易额付费,在 B2B 的市场里面,典型的是阿里的国际站 1688,美国的 Bulletin 等。

从线上展会与电商平台功能之间的差异分析,最本质的区别是大多数电商平台所具有的核心功能是完成交易;而线上展会的核心是为展商匹配到合适的买家,并不一定要在线上进行交易,并且注重潜在用户的积累和转化。虽然线上环节也是买家做出交易决定的一个重要因素,但不是决定因素,因为在展会交易中一般涉及的数额往往较大,所以决定买家进行交易的环节往往是线下。另外,线上展会与电商平台都存在的巨大缺陷就是无法在线上进行全面的体验和直观的感受。

基于此,打造展会的线上环节并不能直接借鉴电商平台的发展模式,但是通过电商平台的O2O(online to offline)模式,对于会展的转型也受到部分启发。在O2O模式的发展上,近几年有学者提出了会展O2O2O模式。第一个"O"是Online,可以在平台上搜索产品,并提前与展商预约会面;第二个"O"是Offline,在展会中和买家进行面对面的沟通,平台提供配对中心和私人会议室;第三个"O"又回到Online,进入线上交易环节,通过Aibaba.com使用信用保障服务确定买卖合同。① 该模式还被广泛用于会展营销领域,会展社群营销O2O2O模式,即"线上精准营销——线下体验交流——线上平台交易"模式。②

虽然会展业已经从O2O模式逐渐过渡到O2O2O模式,但是比较注重线上到线下过程的探索,对于线下如何过渡到线上并没有提出清晰的观点,在展会的实际应用上也并没有取得很好的效果。所以在会展转型模式的分析上,我们需要明确的是会展业转型是从线下转向线上,但最终还是要回归到线下。根据目前的会展业转型现状来看,在"Online"这一过程并没有获得良好的效果,所以会展业在O2O模式的基础上应该更加关注进入到

---

① 田灿.后疫情时代展览会O2O2O商业模式研究[J].商展经济,2021(23):10—13.
② 方璐萍.后疫情时代会展社群营销O2O2O模式研究[J].海南师范大学学报(社会科学版),2021,34(2):94—103.

"Online"之前的过渡过程。并不是所有的展会都可以直接放到线上举办,在进行"Online"之前的"Offline"环节,我们需要关注什么类型的线下展会需要转型到线上?需要转型到线上的展会应该怎么转?明确这些问题之后,在"Online"环节需要充分发挥互联网优势,满足展商和观众沟通、获客、交易、了解市场行情等需求,同时提供便利的服务,为"Online"之后的"Offline"环节提供更多的机遇,让企业、展商和观众都能够获得很好的效益。还需要明确一点,线上和线下环节所提供的功能并不是完全一致的,要注重打造线上和线下所提供服务的差异性,做好各个环节之间的连接部分,通过线上赋能线下,只有这样会展业的转型才能发挥最大效果。

第二节 ‖ 上海与相关城市会展业数字化的比较

基于数字会展经济的巨大潜力,国内一些城市已纷纷开始加快布局。2020年3月23日,由北京主要大型会展场馆、会展主办企业、会展技术服务商户、互联网企业和行业协会组成的北京线上展会发展联盟成立,其覆盖了展会业务产业数字化的全流,推动了健康产业、环卫与市政设施设备、防疫物资出口等主题的线上展会项目开展。2020年5月7日,上海市成立云上会展有限公司,发展数字会展第三方平台模式,进行2020新车"云发布"。《深圳市加快会展业发展三年行动计划(2020—2022年)》的提出大力推进了智慧场馆建设,并构建了会展综合信息服务平台。现阶段,会展经济数字化转型成为全国大型城市纷纷布局的重点方向。为了探讨上海会展业数字化转型,我们选择国内会展业有竞争力的城市做个分析和比较。

一、北京会展业数字化转型

2021年8月2日,新成立的首都会展(集团)有限公司举行成立仪式。首都会展集团成立之后,将引入京东集团在"云服务"数字技术领域的成熟经验以及一体化供应链物流服务能力,推动北京会展业线上线下融合和行业的创新转型升级;引入智奥会展国际化展会资源及策划运营高端人才资源,进一步推动首都会展国际化发展;引入首旅集团在住宿、餐饮、出行、文娱、商贸服务等领域资源,完善首都会展集团服贸会运营保障功能;引入首钢集团进一步丰富扩大服贸会空间布局,打造"新首钢高端产业综合服务区",引导促进京西地区经济升级发展。

会展行业的发展,不仅服务于首都建设国际交往中心,还将成为建设国际消费中心城市的推动力。会展行业活动作为一项交流工具,可以撬动更多的资源与市场,尤其,与会人员的来往将促进文旅消费快速增长。

(一)积极布局云会展成为城市新动向

2020年3月23日,由北京主要大型会展场馆、会展主办企业、会展技术服务商户、互联网企业和行业协会组成的北京线上展会发展联盟成立,其覆盖了展会业务产业数字化的全流,推动了健康产业、环卫与市政设施设备、防疫物资出口等主题的线上展会项目开展。

(二)会展数字服务技术更加完善

中国国际服务贸易交易会、中国国际进口博览会与中国进出口商品交易会一起组成中国对外开放的三大展会平台。北京作为服贸会的主办地,以这一国家级、国际性、综合性大规模展会和交易平台为契机,推动首都经济高质量发展。

北京对受疫情影响的展会项目给予资金支持,对搭建中小微企业经贸交流平台的展会项目也给予一定的资金支持。同时围绕数字化转型发展也出台了一系列的政策,如表4-3所示。

表4-3 北京市会展数字化相关政策

发布时间	政策名称	重点内容
2021.10	《北京市关于促进数字贸易高质量发展的若干措施》	构建数字贸易会展交易平台
2021.08	《北京市关于加快建设全球数字经济标杆城市的实施方案》	支持京津冀区域合作搭建工业、金融、会展等云平台,打造京津冀数字共同体

二、深圳会展业数字化转型

1999年是深圳会展业发展的起点,后来被誉为"中国科技第一展"的中国国际高新技术成果交易会诞生,也拉开了深圳会展业发展的大幕。借此契机,深圳迎来了会展业发展的春天。自此,深圳会展经济持续升温,"高交会馆"年办展次数大幅攀升,一批展览面积在3万平方米左右的大型展会初步成形,逐渐发展成为在全国乃至世界都具有产业辐射力的定期性深圳展会品牌。1999年展馆举办展会18个,全市举办展会45个。

在"中国国际高新技术成果交易会"的带动下,深圳会展业开始驶入快车道,展会规模逐年递增,"高交会馆"的使用率开始趋于饱和。2002年,深圳市政府又斥资32亿元在福田中心区兴建深圳会展中心。到2003年,深圳全年举办展会数量60多个,四年间展会增幅达37.7%。2004年,深圳会展中心建成并开始使用,为深圳会展业的发展增添了新的动力和发展空间,深圳会展业从此进入一个高速发展时期。

同年,深圳市政府出台国内第一个《关于发展深圳会展业的意见》,提出会展业发展国际化、市场化、专业化的指导方针和创建"知名会展城市"的目标,会展业正式作为一个新兴产业被纳入深圳市产业发展规划,为深圳会展业的快速发展提供了政策保障。2005 年深圳市政府出台了《深圳市会展业及国内参展财政资助资金管理暂行办法》,《办法》指出,从 2005 年起至 2007 年止,本资金每年由市财政在预算中安排 2 000 万元用于会展项目扶持。2009 年受金融危机影响,市政府为了帮助会展企业对抗危机,特别将专项资金额度调整到 5 000 万元。2012 年,市经济贸易和信息化委员会出台《深圳市品牌展会认定办法》,开始培育一批国内知名、具有国际影响力的品牌展会。

深圳会展业经过长期发展,已经催生了一批如"高交会""文博会""安博会""光博会""钟表展""电博会""珠宝展""礼品展""机械展""电池展"等具有行业影响力的品牌会展。一批中等规模的二线展会如"国际电子展""绿博会""手机 3D 玻璃展"也逐步成型,且呈上升趋势。可以预见,随着深圳逐步加强展览品种的开发、加大国际招展的力度、扩大展会的宣传、增进国内和国际会展业横向合作,深圳品牌展会的数量、规模及影响力将不断扩大和提升。

深圳会展中心开始使用的 14 年里,深圳举办展会数量逐年递增,展览面积迅速扩大,品牌展会的国际化、市场化、专业化程度不断提升。据统计,2017 年,深圳市在深圳会展中心举办展会 114 个,展览面积近 325 万平方米。另据不完全统计,2017 年深圳市全年展览总数为 195 个,比 2016 年同比增长了 8.9%;展览总面积 376 万平方米,比 2016 年同比增长了 8%。展览面积为 10 万平方米及以上的展览会有 10 个,5—10 万平方米的有 18 个,3—5 万平方米的有 35 个,3 万平方米及以下的有 132 个。

2019 年 6 月,深圳国际会展中心一期建成投入使用。全部建成后室内展览总面积达 50 万平方米,将超过德国汉诺威展览中心成为全球最大的会展中心。

二十多年来,深圳会展业与产业共发展、与科技创新共繁荣,已经成为国内外知名的会展城市,展会规模居全国前列。

深圳加快了建设国际会展之都的步伐。2022 年 2 月 23 日,深圳市商务局官网正式发布《深圳市关于建设国际会展之都的若干措施》(以下简称《若干措施》),首次提出培育"三大会展集聚区",将深圳建成服务湾区、闻名世界的国际会展之都。《若干措施》包括建设国际一流会展业发展空间、打造国际知名的会展业发展高地、厚植会展业发展环境、强化会展业发展保障等。

深圳市到 2025 年,"三大会展集聚区"的发展格局基本成型,会展业营商环境和综合竞争力达到国内领先水平,高交会等一批展会的国际影响力进一步提升,对七大战略性新兴产业(二十大产业集群)和八大未来产业的支撑效果明显,年办展面积达 1 000 万平方米,基本建成服务湾区、闻名世界的国际会展之都。

《若干措施》在"鼓励会展业创新发展"的论述中就有:积极规划布局会展业新型基础设施,推动各场馆创新建设"多媒体展览中心",提升线上线下融合办展的软硬件支撑环境。加大会展业科技创新力度,支持各市场主体积极应用 5G、大数据、人工智能等新一代信息技术,大力研发新型展会解决方案,积极探索"数字+会展+X"新模式,培育智慧化、创新型特色展会。

三、基于 PEST 视角的北京、深圳和上海比较

PEST 分析是一种宏观环境的分析方法,是指影响一切行业和企业的各种宏观因素。上海会展行业和企业根据自身特点和经营需要,分析的具

体内容会有差异,但一般都应对政治(P)、经济(E)、社会(S)和科技(T)这四大类影响企业的主要外部环境因素进行分析。北京是首都也是传统会展业高地,深圳是后起之秀,根据这四个方面不妨把上海与北京、深圳做个分析和比较。如表4-4所示。

(一) 北京会展数字化发展环境分析

1. 政治因素:会展成为促进消费中心城市建设新引擎

北京印发关于《北京培育建设国际消费中心城市实施方案(2021—2025年)》的通知,其中在会展消费扩容提质行动中提出要完善雁栖湖国际会都配套功能,推进现有场馆硬件设施智能化、信息化改造;要加快会展业数字化转型升级,积极应用5G、大数据、人工智能等技术,推动会展业线上线下融合发展。

北京市商务局发布《北京市关于促进数字贸易高质量发展的若干措施》,提出由各展会主办单位促进构建数字贸易会展交易平台。

北京在《北京市关于加快建设全球数字标杆城市的实施方案》中,提出支持京津冀区域合作搭建工业、金融、会展等云平台,打造京津冀数字共同体。

2. 经济因素:数字经济发展迅速,数字经济核心产业规模较大

北京数字经济发展提速,2021年,北京数字经济增加值规模达到1.6万亿元,同比增长13.1%,占全市GDP比重为40.4%;数字经济核心产业占全市GDP比重达22.1%,超过全国平均水平(7.8%),高于上海、浙江、江苏等地区。

2019—2021年的三年间,北京数字经济核心产业新设企业年均增加1万家,全市数字经济核心产业规模以上企业8060家,占全市规模以上企业数量的19.2%。

表4-4 北京、深圳、上海会展业数字化发展环境对比分析

	北京	深圳	上海
政治	1. 提出建设国际消费中心城市，在会展消费扩容提质中，要完善场馆信息化、智能化改造；加强会展业数字化转型，推动会展业线上线下融合发展； 2. 发布《北京市关于促进数字贸易高质量发展的若干措施》，提出各会展主办单位促进构建数字会展交易平台； 3. 加强京津冀区域合作，共同打造京津冀数字会展共同体，搭建会展云平台，促进加速建成全球数字标杆城市。	1. 提出"打造全球数字先锋城市"，促进数字化转型，完备场馆城市数字基础设施建设； 2. 提出建设国际会展之都，并颁布若干措施和实施细则； 3. 深入推动建立粤港澳大湾区会展业合作机制，为促进会展业数字化发展提供良好合作伙伴； 4. 出台《深圳市加快会展业发展三年行动计划（2020—2022年）》，提出引领会展智慧发展、绿色发展，大力推进智慧展馆建设等； 5. 会展企业补贴政策完善，减少中小型企业进行数字化发展的资金压力。	1. 提出全面建成国际会展之都，持续拓宽城市影响力和竞争力； 2. 上海建设国际贸易中心助推会展业高质量发展； 3. 发布《上海市推进商业数字化转型实施方案（2021—2023年）》，促进上海会展云上发展； 4. 颁布《上海城市数字化转型标准化建设实施方案》，研制实施线上会展标准，支撑商业线上化、服务数字化； 5. 颁布《上海市促进在线新经济发展行动方案（2020—2022年）》，提出结合创新展览会等展览新形式，推进场馆智能化建设。
经济	1. 数字经济发展提速，2021年数字经济核心产业平均水平超过全国平均水平（7.8%），高于上海、浙江、江苏等地区； 2. 数字经济核心产业新设企业增量明显，规模较大； 3. 数字消费蓬勃发展，引领数字贸易和消费新趋势。	1. 深圳数字经济发展走在全国前列，2021年，数字经济核心产业总量和比重均位居全国第一； 2. 2021年深圳规模以上工业总产值达4.1万亿元，连续三年居大中城市首位。	1. 上海总体经济实力较强，GDP连续多年位居全国百强城市榜首； 2. 上海数字经济综合实力强劲，数字经济发展水平全国领先。

第四章 上海会展业数字化转型的比较分析

(续表)

	北京	深圳	上海
社会	1. 22家会展业相关单位率先成立线上展览会展发展联盟，加速搭建线上办展服务平台； 2. 北辰会展集团正式更名为首都会展集团，引入多家战略投资者，推动北京会展业线上线下融合和行业的创新转型升级。	1. 城市结构年轻化，汇聚大量年轻高质量人才； 2. 人均收入全国领先，数字消费发展迅速； 3. 行业知名展会较多，且不少展会已进入线上+线下的新办展模式； 4. 城市办展会吸引力增强，不少大型展会移址深圳； 5. 深圳科技博览中心落地"龙岗西核"，填补城市东部区域会展中心空白。	1. 线上展办展数量位居全国前列； 2. 世界影响力较大的知名会展公司较多； 3. 行业影响力较大的会展公司较多，且均已开始布局线上展； 4. 青浦区将加速打造会展业发展集聚高地，进一步优化会展营商环境。
科技	1. 实现5G信号五环内全覆盖，五环外重点区域和典型应用场景精准覆盖； 2. 建成国家工业互联网大数据中心、国家顶级节点指挥运营中心，成为国家工业大数据交互的核心枢纽； 3. 服贸会助推北京智慧场馆建设，会议中心加强推进改软硬件设施和升级场馆数字化体验。	1. 城市5G发展迅速，5G信号全市覆盖，智能化基础设施完备； 2. 新建智慧场馆——深圳国际会展中心，成为城市新名片，会展发展进入新阶段； 3. 深圳高技术产品产量快速增长，为会展业发展提供了良好的产业依托； 4. 中兴通讯、腾讯、平安科技等一批科技巨头，引领数字经济风向，并且带动中小企业发展。	1. 加紧新一代信息基础设施建设，至2025年，上海5G覆盖率超过90%； 2. 阿里巴巴联手上海贸促会共建云上会展公司，立足打造"数字会展"新基建，打造覆盖全行业的云上展第一平台； 3. 进博会将助推国家会展中心新基建升级，实现5G网络全覆盖。

北京数字消费蓬勃发展,引领数字贸易和消费新趋势。创建全国首批综合型信息消费示范城市,建设8K超高清视频制作技术协同中心、网游新技术应用中心,引入阿里、腾讯"大文娱"板块,培育字节跳动、快手等头部企业。

3. 社会因素:会展企业率先成立线上会展联盟,借助各方资源优势发展云会展

北京商务局联合22家会展相关单位成立线上展会发展联盟,进一步加强交流合作和资源共享,搭建线上办展服务平台,为疫情期间展会项目线上办展提供免费技术服务。

北辰会展集团正式更名为首都会展集团,引入多家战略投资者,与首旅集团、首钢建投、京东科技及法国智奥会展集团达成战略合作,推动北京会展业线上线下融合和行业的创新转型升级。

4. 科技因素:5G信号五环内全覆盖,智慧基建发展迅速

北京5G实现五环内全覆盖、五环外重点区域和典型应用场景精准覆盖。

北京建成国家工业互联网大数据中心、国家顶级节点指挥运营中心,成为国家工业大数据交互的核心枢纽。

北京服贸会助推北京智慧场馆建设,国家会议中心加强改进软硬件设施和升级场馆数字化体验。

(二)深圳会展数字化发展环境分析

1. 政治因素:发展数字会展相关政策突出

深圳在"十四五"规划中提出,到2025年,深圳要打造国际新型智慧城市标杆和"数字中国"城市典范,成为全球数字先锋城市,明确以数字产业化和产业数字化为主攻方向,建设数字政府、智慧城市、数字生态,全面促进城市数字化转型升级。

深圳提出建设国际会展之都,并颁布相关措施和具体实施细则,制定具体、可执行的管理规定,以保障支持政策落地。深圳将建设全球一流会展承接地,措施首次提出,深圳将打造三大会展集聚区,提出以深圳会展中心、深圳国际会展中心和深圳科技博览中心三大场馆为核心,以会展带动产业发展。除此之外,提出要积极规划布局会展业新型基础设施,支持各市场主体积极应用5G、大数据、人工智能等新一代信息技术,积极探索"数字＋会展＋X"新模式,培育智慧化、创新型特色展会。

粤港澳大湾区全面建设正在提速,深圳将不断加强与香港、澳门相关展会联动,推动建立粤港澳大湾区会展业合作机制,探索联合参展、联合办展、联合推广等合作新路径,为促进会展数字化发展提供良好合作伙伴。

深圳出台的《深圳市加快会展业发展三年行动计划(2020—2022年)》中,提出引领会展智慧、绿色发展,大力推进智慧场馆建设,运用人脸识别、大数据分析、云计算等科技手段,整合提升场馆服务功能。

深圳会展企业补贴政策完善,专业展会补贴政策分市、区等特点制定,企业可按照要求申请,减少中小型企业进行数字化发展的资金压力。

2. 经济因素：数字经济发展全国领先

深圳数字经济发展走在全国前列,2021年,深圳数字经济核心产业增加值占全市GDP比重约30%,总量和比重均位居全国第一。

中兴通讯、腾讯、平安科技等一批科技巨头,抓住5G以及数字经济风口,引领数字经济风向,并且带动中小企业发展,给深圳及全球经济注入新活力。

深圳新产业、新技术、新业态蓬勃发展,以新能源汽车、工业机器人、智能手机、3D打印设备为主的高技术产品产量快速增长,为会展业发展提供了良好的产业依托,为会展数字化发展提供了基石。

3. 社会因素：高质量人才吸引力、办展吸引力不断增强

深圳人口结构年轻化、城市吸引力不断增强,汇聚大量年轻人才。深圳人均收入全国领先,数字消费发展迅速。深圳有行业影响力的大型知名展会较多。如:"高交会""文博会""慈善展""安博会"等,且不少展会已开启线上线下展会模式。深圳办展吸引力不断增强,不少大型展会移址深圳,如上海的 AMTS & AHTE 2022,食品饮料创新论坛(FBIF)等都选择深圳国际会展中心举办。深圳科技博览中心落地"龙岗西核",满足辖区高新科技产业举办大型高端展览及会议需求,对填补深圳东部区域国际会展博览空白具有重大意义。

4. 科技因素:城市 5G 信号全覆盖,智慧场馆优势明显

深圳已经实现全市 5G 独立组网全覆盖。5G 技术全球领先,基站密度全国第一,5G 产业规模、5G 基站和终端出货量全球第一。

深圳智慧化场馆落地成为城市新名片。深圳国际会展中心是全球首例 5G 信号全覆盖的展馆,可满足大型展会期间参展商、观众快捷上网需求;展馆配备智慧大数据平台、智能会议系统、智慧停车、智慧安保系统等。

(三)上海会展数字化发展环境分析

1. 政治因素:城市整体数字化转型趋势明显

上海在"十四五"规划中,提出要全面建成国际会展之都,提升进博会全球影响力和竞争力。其中重点包括:提升会展业配置全球资源的能力,集聚高能级办展主体,培育具有国际影响力的会展项目体系,创新发展"线上线下"融合的展会模式。

上海在《"十四五"时期提升上海国际贸易中心能级规划》中,提出要不断推进上海市会展业高质量发展,全面建成国际会展之都,努力实现上海国际贸易中心能级跃升。

上海在《上海市推进商业数字化转型实施方案(2021—2023 年)》中提出,要发展云会展,支持展览企业与互联网、云服务企业加强合作,培育 2—3 家以"云会展"为主要业务的新型会展企业;不断推动展会线上线下联动,引导100个国际性优质品牌展会开展线上运营;打造3—4家具有高智能化水平的智慧场馆,逐步建成集客流大数据分析和场馆管理于一体的综合服务平台。

上海市人民政府颁布《上海城市数字化转型标准化建设实施方案》,提到在着力推进商贸领域数字化转型中,提出聚焦商贸流通新技术、新业态发展和消费升级趋势,研制实施智慧零售、智慧供应链、直播电商、线上会展等标准,支撑实体商业线上化、生活服务数字化、物流配送即时化和零售终端智能化等重点方向,推动数字技术在商业场景的深度应用。

上海市人民政府颁布的《上海市促进在线新经济发展行动方案(2020—2022年)》中,提出创新发展在线展览展示,推动各类专业化会展线上线下融合发展,推进智能化会展场馆建设,放大"6+365"进博会一站式交易服务平台效应。推动大型展览展示企业和知名云服务企业共建云展服务实体,打造云会议、云展览、云走秀、云体验等系列活动。结合5G互动直播,加快VR/AR技术应用,拓展网上"云游"博物馆、美术馆、文创园区等,建设数字孪生景区,打造沉浸式全景在线产品。

2. 经济因素:城市经济实力及数字经济总体实力较强

上海整体经济实力较强,GDP连续多年位居全国百强城市榜首。2021年财政收入突破7700亿元,实际增长10.3%,GDP总量达到4.32万亿元,综合经济实力持续增强。

上海数字经济综合实力强劲,数字经济发展水平全国领先;是我国大型互联网、金融企业的经济中心,持续引领产业数字化加速发展,取得较多突出的阶段性成果。

3. 社会因素:上海会展市场营商环境良好

上海连续两年(2020—2021年)线上展办展数量位居全国第一。

上海拥有较多的具有世界影响力的知名展会,如进博会、上交会、华交会、工博会等。

阿里巴巴联手上海贸促会共建云上会展公司。云上会展自成立以来，成功交付多个大型国内外展会标杆项目，助力会展业数字化转型初见成效。

上海有行业影响力的会展公司较多，如英富曼、汉诺威、博华、华墨等知名会展企业，已开始拓宽线上展览平台。

"十四五"期间，国际会展中心（上海）所在的区域将加速打造会展业发展集聚高地，加快推动会展经济国际化、专业化、市场化、品牌化发展，进一步优化营商环境，更高质量打造上海国际会展之都重要承载区。

4. 科技因素：上海不断加强互联网基础设施建设

上海加紧新一代信息基础设施建设，至2025年，5G基站规模超过7万个，超过8000幢商务楼宇和重点公共建筑完成5G室内覆盖，上海5G覆盖率超过90%。

进博会助推国家会展中心新基建升级，实施5G网络全覆盖，实现5G基站NSA/SA双上联保障，同时落实室外一体化节能机柜改造、全网节能深度运营等措施，为进博会打造一张更节能的"4G+5G"精品网。

（四）上海会展数字化发展环境之不足

北京、上海、深圳是我国一线发达城市，与其他城市相比综合实力遥遥领先，在会展业数字化发展方面也比较迅速。综合上述对三个城市的政治、经济、社会、科技四个方面的宏观环境分析来看，上海在会展数字化发展方面具有一定的特色和竞争优势，但同时还有不足之处，需要不断提升和改进，以促进会展业不断创新，谋求更好的发展。

1. 从政治环境来看，北京、上海、深圳三地围绕"十四五"规划及各自城市定位，均出台促进会展业发展相关政策，上海在"十三五"期间已基本建成国际会展之都，与其他两个城市相比较，会展业发展本身具有一定的优势。"十四五"期间，上海市提出全面建成国际会展之都，但是在相关政策的制定上不够突出,缺乏完善具体的相关方案和实施细则,在具体落实方面还需要加强。

北京加强与京津冀区域合作,深圳推动建立粤港澳大湾区会展合作机制,形成区域合力,上海应借助长三角会展联盟展开会展数字化区域合作。

2. 从经济环境来看,上海总体经济实力较强,城市GDP连续多年居全国百强城市榜首,经济发展环境较好。但是受到2022年疫情影响,上海经济遭遇重创,会展业一度面临停摆,在重振经济期间,需要不断重视重振会展业。除此之外,会展业的数字化发展,离不开数字经济的发展,但是上海在数字经济发展方面稍微落后于其他两个城市,在数字经济核心产业水平发展上还需不断提升。

3. 从社会环境来看,上海市知名会展企业、知名会展项目较多,营商环境较好,在会展数字化发展进程中,大型企业均有所行动,促进会展数字化发展形成良好的生态环境。但是上海城市生活压力较大,对于数字化人才的吸引力不足;并且由于城市人口结构、产业结构等问题,城市整体数字化转型步伐不一致,北京22家会展相关单位成立合作联盟,加速线上展发展,而上海会展企业进行数字化尚未形成合力,中小型企业数字化转型短板明显。

4. 从科技环境看,上海正全面推进数字化转型,加强建造城市新基建,打造智慧城市。但是上海与其他两市相比还需提升5G覆盖范围和速度,加强城市智慧化基础设施建设。在智慧化场馆建设方面,深圳国际会展中心走在前列,上海还需持续加强场馆智慧化改造。上海大型平台型公司数量不足,科技巨头较少,不利于建立持续发展的数字经济生态圈。

综合上述宏观环境的分析,上海会展业数字化发展需要加紧相关政策的制定,并且出台具体落实细则,明确政策落实责任人;需要加快完善城市新基建,为数字会展提供良好城市环境;需要改进场馆软硬件设施,推进场馆智能化、信息化建设;需要推动会展企业形成联盟,带动中小型会展企业加速数字化转型,从而促进上海市全面建成国际会展之都。

第五章　上海会展业数字化转型的目标和路径

第一节 ‖ 上海会展业数字化转型目标

前文从背景、现状和比较等视角分析了上海会展业数字化转型的基础,从理论上也进行了梳理,并建立了一个上海会展业数字化转型的产业框架模型,至少我们对转型的"此岸"有了了解,接下来还要了解"彼岸",即如何树立一个目标(或叫目标体系),并找出走到这个目标的"路径"。

全世界的会展企业都在探索新冠疫情冲击下的市场新模式。互联网和大数据支持下的数字化转型必将成为大趋势。即使是线下展览完全恢复,上海会展业也不可能简单地回到从前了,所以上海会展业要高瞻远瞩,制定目标。

上海会展业数字化转型总体目标就是:通过若干年的努力,上海会展业数字化水平稳居全国前列,数字会展产业显示度明显提高,高潜力数字会展企业加快成长,高水平数字会展消费能级不断跃升,数字会展生态体系初步形成,助力国际会展之都全面建成。

一、上海数字化会展生态体系

上海会展数字化转型是一个系统工程,需要全社会各个层面协同推进,数字化转型改变了会展产业原有的商业模式和价值链。

首先,在商业模式上,各个会展企业为获取更有价值的资源,普遍依靠大数据分析来增强自身竞争力,但是仅靠自身的能力是不够的,还需要整合各方资源加以补充。各企业为获得更广泛的资源需要跨越平台的限制进行合作,采取新的商业模式进行协同发展,创造出超越产品与服务的价值。例如,云计算产品的开发最初是由亚马逊需要重新分配闲置计算资源引起的,如今亚马逊已经成为该技术领域的领先组织。在共享经济的模式下,开放性资源将推动整体产业进行数字化转型。巨头企业可以利用数字化平台共享资源,中小微企业也可以借此实现资源高效利用和价值共享。互联网的普及使得整体商业环境变得不确定和相对复杂,跨体系的数字化转型能够让企业通过数字技术更加了解客户,减少因为了解不充分而导致的管理决策失误,并推动商业模式不断地创新演化,从而促成大数据技术变现、销售渠道创新、市场占有率扩大、营业收入增加等。

其次,数字化转型促进价值链的跃升,在会展行业,数字化转型让寻求建立或保持竞争优势的组织感受到了巨大压力,因为数字化技术降低了进入壁垒,新的竞争者可能破坏现有的市场力量。消费者由价值需求者向价值创造者身份的改变将迫使企业进行价值链重构;数字化技术的发展也能够支持信息在企业间高效率地传递,从而为价值链重构奠定技术基础。数字化在会展体系中促进融合,提升效率并创造价值,促进该体系向互联网体系的跨越和升级。信息技术的发展使得以大数据为基础的信息能够为跨界合作带来收益,保证一部分会展企业在价值链中占据较为优越的地位,现有会展企业间的合作关系也将被重新审视。

上海数字化会展生态体系包括基础设施层、全域数据层、ToG 生态层、ToB 生态层和 ToC 生态层。如图 5-1 所示。

在基础设施层,人工智能物联网(AIOT)、5G 网络、数据中心等为代表的新型基础设施共同组成数字会展的基础,直接服务于数字会展建设,推动会展数字化转型,为数字会展发展提供技术保障和实现手段。

在全域数据层,利用大数据等基础设施建设汇聚各类数字会展资源数

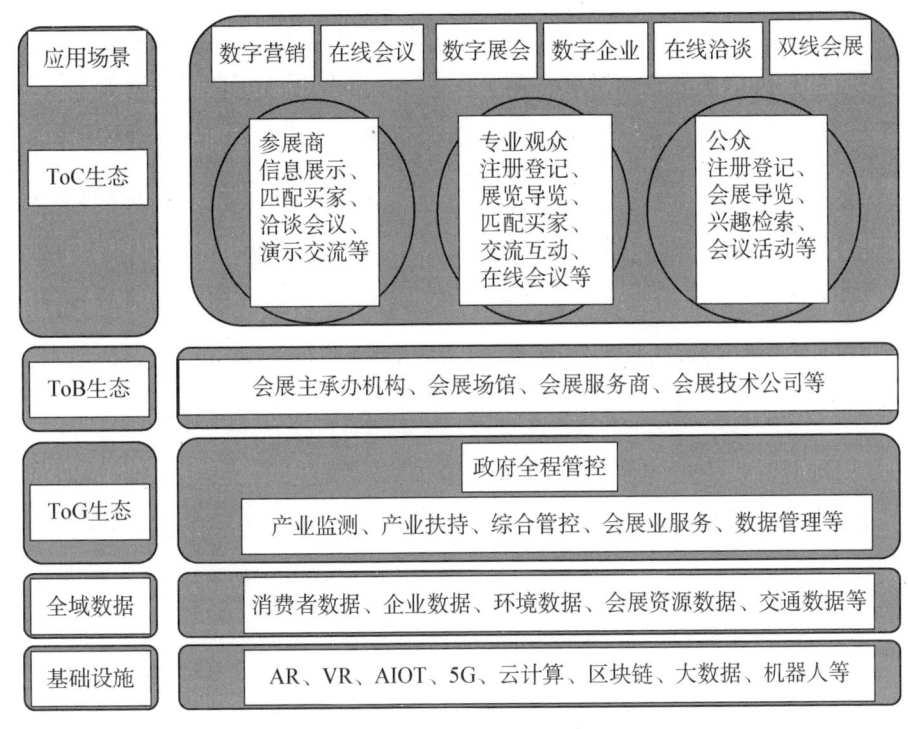

| 应用场景 | 数字营销 | 在线会议 | 数字展会 | 数字企业 | 在线洽谈 | 双线会展 |

| ToC生态 | 参展商信息展示、匹配买家、洽谈会议、演示交流等 | 专业观众注册登记、展览导览、匹配买家、交流互动、在线会议等 | 公众注册登记、会展导览、兴趣检索、会议活动等 |

| ToB生态 | 会展主承办机构、会展场馆、会展服务商、会展技术公司等 |

| ToG生态 | 政府全程管控 |
| | 产业监测、产业扶持、综合管控、会展业服务、数据管理等 |

| 全域数据 | 消费者数据、企业数据、环境数据、会展资源数据、交通数据等 |

| 基础设施 | AR、VR、AIOT、5G、云计算、区块链、大数据、机器人等 |

图5-1 上海数字会展生态体系图

据库,为数字会展服务企业的IP开发和体验服务产品开发提供支撑;实时收集消费者数据、会展企业数据等数据要素,研究分析消费者的偏好和需求,为政府的决策提供建议支持,同时也为会展企业提供开放共享的智库平台。

在ToG生态层,政府利用数据提升管理、服务和决策的水平,实施全程综合管控,对各方面数据资源进行有效整合,全面监督数字会展项目的实施,优化市场秩序,促进会展产业繁荣发展,推动数字会展公共服务建设。

在ToB生态层,开放创新的平台促进会展企业提升效能,让更加多元的企业参与到数字会展生态建设中来,会展企业的主体地位不断得到突显。

在ToC生态层,消费者享受到更加智能化、个性化的服务体验,数字会展服务贯穿展前、展中、展后各环节、全过程,为消费者提供无缝化、个性化、体验化服务,消费者的需求和反馈又源源不断地催生数字会展的新业态。

立足模式创新,精心打造数字会展技术平台,攻克"数字会展"技术难关,提供标准化程度高、行业适配性强并且能够快速部署、安全高效的数字会展基础设施,帮助众多办展企业特别是中小企业在数字化转型过程中能够"轻装上阵,借船出海",提升传统展览会数字化转型的能力和水平,解决会展产业数字化投资成本大、技术门槛高、开发周期长和数据孤岛等痛点和难点。

重点落实《上海市推进商业数字化转型实施方案(2021—2023年)》和《虹桥商务区建设进口贸易促进创新示范区实施方案》等相关文件要求,为会展行业上下游产业链提供更丰富立体的数字化综合解决方案,加强数字会展研究、人才培养和技术创新,形成会展业数字化转型的"上海经验"和"上海模式",助力上海国际会展之都和国际数字之都建设。

通过平台运营数字化、创新技术场景化和商业生态多元化助力上海会展行业向数字化方向创新发展,逐步形成一个百花齐放的"数字会展"新商业生态体系,为上海会展行业的高质量发展注入新动能、构建新格局。

二、上海会展业数字化转型的指标

支撑上海会展业数字化转型目标的具体指标包括:会展业数字化水平,数字会展企业水平,数字展会水平。

(一)会展业数字化水平

上海会展业数字化要在世界城市前列,成为全国会展业数字化水平的引领者,会展业企业数字化转型比例达到80%左右,数字会展新动能和经济贡献度跃上新台阶。

作为全国会展数字化转型的排头兵,立足上海高地,辐射全国市场,连接海外资源,抢抓机遇布局线上会展业务。全面拓展国内市场的同时,在国际化方面,依托上海线下会展资源,与国际会展集团机构和驻沪使领馆机构共同拓展国际化战略。

(二) 数字会展企业水平

从企业整体而言,上海数字会展企业活跃度显著提高。上海要培育一批数字会展领军企业和高成长性企业,每年新增一批数字会展新兴企业主体,一批高价值的会展产业新业态新模式,多元市场主体创新活力不断增强。

从企业经营而言,上海会展企业提质增效,增加会展企业获客效率,改善参会参展体验和提升办展效率。会展企业数字化也是一项系统工程,它涉及许多不同的方面,会展数字化进程将会是在各个方面、各个领域具体的数字化基础上不断深化,逐步走向融合,形成会展企业数字化体系的过程。在深刻理解会展运营模式与内容的基础上,逐步推进数字化的开发与运用。根据问题的痛点选择适当的技术工具,特别是改变原有的思维模式,最为重要。放眼未来,会展企业数字化既需远景,更需要从具体工作分析开始,运用数字化技术进行探索、尝试和运用。

数字化技术的发展为会展企业变革提供了动力,也带来新的机会,因此探索与数字技术相关的新型会展组织形式至关重要。

首先,数字化转型给会展组织结构带来了深层次的改变。数字化转型是一种再平衡行为,在这种行为中,价值创造的变化、结构的变化和数字化技术的使用相互影响。同时,组织间的相互依存度也在不断增加,并带来组织与信息系统战略的两种不同的结合方式。第一种是建立一个独立的单位,保持一定程度的独立性,这种结构有利于灵活性创新,同时还能充分利用现有资源;另一种是创建跨职能团队,将其保留在当前组织内。

其次，数字化转型重塑了企业的动态能力。动态能力观点建立在企业资源基础观之上，用于解释企业在环境中的生存能力。随着时间的积累，组织能够依靠数字产品获得长远绩效的提升，并且提升动态能力。动态能力理论更加关注公司整合和构建内外部能力以应对快速变化的环境。动态能力是数字化转型的基础，对于企业而言，能够在转型过程中提升动态能力，对于获取竞争优势是至关重要的。其中信息技术能力的动态提升反映了企业数字化转型的程度。信息技术能力就是组织通过配置与运用信息技术资源来整合组织其他资源的能力。具体来说，数字化技术引导组织重新考虑信息技术在制定其业务战略中的作用，并打破业务和信息技术职能之间的孤立以实现紧密协作。

最后，数字化转型引发了组织对发展战略的调整。数字业务战略被定义为"利用数字资源创造差异价值从而制定和执行的组织战略"。事实上，转型隐含地承认这样一个前提，即战略主要是基于实践的情境设定来实现的。在组织内部，数字化转型被概念化为变革的战略推动力。数字化发展战略是未来互联网环境下组织发展并保持竞争优势的最佳路径。组织在数字化转型的过程中需要不断地变革，但这并不意味着组织要完全摒弃之前的资源与知识，而是应该在保留原有优势的基础上加强与新环境的适应性，从而找到平衡点进行组织变革。这就意味着大企业会面临着是否转型与如何转型的难题，因为数字技术带来的变化，可能让大企业原先具有的竞争优势变得难以适应现有环境。关于战略的研究近年来已经从组织层面对信息技术的战略管理研究转移到微观层面，这有助于理解战略在实践中是如何被实施的，以及如何丰富产品的附加价值。在数字化转型的背景之下，企业调整发展战略具有重要的意义，因为它重新审视甚至颠覆了战略一致性的概念及其理论假设，因此需要对战略制定过程进行更深入的探讨。

(三)数字展会水平

上海数字会展显示度高,数字会展消费能级不断跃升,数字会展生态体系初步形成。通过扶持、引进、合作等方式打造一批国际化水平较高的数字化的专业办展企业和会展项目;支持数字化办展企业积极引进国内外品牌展会,培育一批符合国家产业导向的专业精品展;积极推动数字化会展企业海外办展,培育一批具有核心竞争力的中小型国际专业展会。

1. 率先探索双线会展的会展模式

根据前面的分析,我们知道线上会展取代不了线下会展,线下会展也不能替代线上会展,双线会展才是最优选择。双线会展(Online And Offline)就是将数字化技术与线下活动会展紧密结合的会展形式。

双线会展首先是线下会展与线上会展一体化,智能化,线下线上互通融合,线上展会与线下展会同时举办时,线上展会宜与线下展会形成互动机制,线上展会在策划、设计、流程、运营等方面,应与线下展会协同发展。双线会展要将企业、客户、线上、线下四点联动,打通关系流与信息流,发挥线上线下各自的优势,互补线上线下各自的瓶颈,双线驱动效果叠加永不落幕。双线会展多了一种展会的举办模式和盈利模式,双线驱动强化展商对展会品牌的忠诚度,增强了自身展会的品牌竞争和发展优势。

2. 锚定智慧会展的发展大方向

智慧会展是以先进的信息化技术及多样性的网络组合为基础,在会展举办的全过程中拥有灵活的人与物之间的相互感知能力,对信息具有安全、高效的处理和整合能力,并能科学地进行监测、分析、预测、预警和决策,为会展活动主体提供专业化、个性化的服务。也许听起来很遥远,但是上海会展业也在这方面有所布局,否则颠覆性的技术产生的时候,企业可能无法转型翻身。

智慧会展的主办单位及相关组织方要确保相应数据得到妥善积累和保

护，从制度、技术、人员等多个层面，保护参展商、观众和其他相关利益方的合法权益，承担社会责任。要在确定效益（包括经济效益、市场效益、社会效益等形成的综合效益）足够覆盖成本时，提供线上展会服务。要综合运用信息技术手段，最优化地配置资源，吸引有效流量，使参展商和观众更高效地参与展会，在最短的时间内实现展会目标。

第二节 ‖ 上海会展业数字化转型路径

上海会展业数字化转型需要从微观和宏观两个角度来推进，微观是指企业层面，会展企业和企业的会展项目是数字化转型的核心；宏观是指行业层面，即会展业数字化转型的营商环境建设。

一、上海会展企业数字化转型路径

数字经济时代，数字化转型是会展企业全面实现数字化时代的客户价值、转型数字化运营和数字化商业模式的必由之路。数字化转型的本质是企业的业务变革，需要企业高层及各方参与顶层设计，对数字化转型进行全面思考、全面布局。

上海会展企业数字化转型需要在新技术、新思路、新方法、新体系的支持下展开，为此具体路径我们引进一个理论模型，同时探讨产品转型三种形式和两类核心企业的转型关切。

（一）上海会展企业数字化转型模型

近几年来，关于数字化转型的战略模型和方法工具很多，但核心都离不开从上至下的战略和使命转型、组织和文化转型、业务和商业模式转型、技能和人才转型。在各种战略规划工具中,能够将战略规划和落地的工具进行结合,从而具有一定的操作性的是 2003 年由 IBM 咨询部门和哈佛商学院共同开发的"业务领先模型(business leadership model,简称 BLM)",如图 5-2 所示。

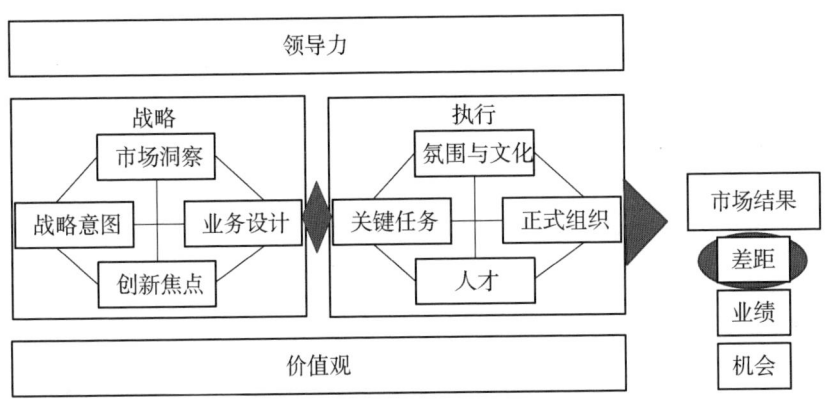

图 5-2 IBM 的业务领先模型

BLM 方法论成为 IBM 公司全球从公司层面到各个业务部门共同使用的统一的战略规划方法。BLM 把战略的规划和执行较好地结合到了一起,解决了传统战略咨询中规划和执行脱节的问题,不仅强调对市场和业务的分析,还特别强调领导者的领导力、价值观和企业文化,这些恰恰是战略能够落地的关键要素。在会展企业数字化转型过程中,BLM 依然适用,而且非常强调战略的敏捷、共创和迭代等特点。

模型中的"差距",指明了 BLM 是以市场为导向,从市场结果中分析业绩差距和机会差距,进而指导企业的战略设计与执行。BLM 分为四大部分。最上面是领导力,公司的数字化转型首先需要由企业的领导力来驱动,领导力是根本。最下面是价值观,主要是企业从上到下共同遵守的一些行为准则,这构成了企业文化的重要组成部分,价值观是基础。这也是 BLM 优于其他战略模型的地方,它充分考虑了领导力和价值观对战略规划与落地的作用。

中间两个部分分别是战略和执行。一个好的战略必须有好的战略设计,也需要强有力的执行,两者缺一不可。BLM 的战略和执行部分一共有八个相互影响、相互作用的环节,分别是战略意图、市场洞察、创新焦点、业务设计、关键任务、正式组织、人才、氛围与文化。

以 BLM 为理论框架,围绕会展企业中的主办机构的数字化转型分别阐述这七个环节:

第一步:差距分析。通过业绩评估和机会的评估,找出与市场的差距。上海会展企业应该具备全球视野,和全球性标杆企业寻找数字化转型的差距。

第二步:明确企业战略意图。战略意图是战略思考的起点,按照业界广泛采用的 SMART 原则(Specific 具体的,Measurable 可衡量的,Attainable 可实现的,Relevant 相关的,Time-based 有时限的)设立一组具体的战略目标。一个好的战略规划起始于好的战略意图陈述和战略目标的精准表达,这是战略规划的第一步。会展企业数字化转型涉及的是:

1. 会展企业数字化转型领域。企业可以实现数字化的领域有很多,比如:会展项目运营和管理的领域、企业内部协同的领域、企业外部协同的领域、商业模式和客户关系领域等。每一家企业在数字化过程中可以定义轻重缓急,找到战略中心。现阶段上海会展企业应从客户为中心的视角出发,先外后内,先易后难,即先以服务展商、赞助商、观众群体为先,再到内部的组织优化运营。

2. 会展企业数字化转型的价值创造。数字化为客户和组织创造的价值包括:客户体验的提升、数字化收入的获得、生态伙伴和新的商业模式的建立、组织运营效率的提升和成本的节约等。鉴于数字化的收入是一个缓慢的渐进的过程,上海会展企业初期主要以提升客户体验为中心。

3. 会展企业数字化转型的愿景和短期目标。愿景是长期的,目标是短期的结果。就愿景而言,上海会展企业可以是成为数字化的行业垂直展示、交易、互动、学习社群或平台;短期目标包括获得虚实融合办展能力等。

第三步:市场洞察。市场洞察决定了战略思考的深度,其目的是清晰地知道未来的机遇和企业可能遇到的挑战与风险,理解和解释市场上正在发生什么,以及对公司未来的影响。好的市场洞察需要对宏观周期、行业趋势和客户都有全面的了解。数字化企业转型涉及的是:

1. 数字化对会展企业的竞争环境的影响。国内国际同行和标杆案例在做什么？有无数字化对于企业短期和长远带来什么影响？业绩迅速上升的企业是否都是数字经济占比较高的企业？这些就是会展企业竞争环境。

2. 数字化对会展企业的客户价值影响。例如可以探索如果没有数字化是否带来客户的流失,是否影响客户的体验？客户是否会转移至其他的数字化的渠道、平台？等等。

第四步:创新聚焦。把创新作为战略思考的焦点的目的是捕获更多的思路和经验。好的创新体系是企业与市场进行同步的探索和实验,而不是独立于市场之外闭门造车。关于创新,会展企业数字化转型涉及的是:

1. 数字化对会展企业创新的主要影响。比如:在线展涉及虚拟展示、虚拟交流、在线询盘、供采对接、智能匹配等创新服务,哪些服务是展商的刚性需求？哪些是参展者最喜爱的服务？

2. 通过数字化找到新的业务增长点。寻找新的业务增长点核心是寻找新的商业模式。在数字化转型之中,这是最大的挑战,在前文的上海会展业数字化发展现状调查中也证明了这个结论。

3. 找到数字化创新的突破点。传统展位销售模式的增长是否见顶?

以新媒体、数字化的内容、社交、品牌营销、线上采购是否会成为新的破局点？这是上海会展企业寻找突破点的好问题。

第五步：业务设计。战略思考要归结到业务设计中，即判断如何利用企业内部现有的资源，创造可持续的战略控制点。会展企业数字化转型涉及的是：

1. 重新认识会展企业的核心客户。虚实融合时代，会展企业的客户外延在不断扩展，即便是展商和观众，其需求也从一年一度的一次性活动，转变为全年的信息、对接、营销的需求者。所以说上海会展主办方应该成为全年、全连接的价值创造者。

2. 重新认识会展企业的客户价值主张。以展商为例，在虚实融合时代，企业参加线下展会和虚拟展会有不同的投资回报。

在实体展会，展商成本衡量指标主要有：实体展设计、搭建和制作成本；展品设计、制作和物流成本；差旅成本、商务宴请成本；时间成本、机会成本；营销宣传推广、广告设计和购买成本；配套活动策划运营成本等。展商收益衡量指标主要有：实际或意向签单数量；展位访客数量、平均停留时间、感兴趣的洽谈数量、参与现场互动吸粉数量、印刷资料发放数量；商务预约对接洽谈数量；媒体对品牌的曝光、采访和报道数量；新品推广会场次和听众数量；获得意向客户的数量；行业情报信息等。

在虚拟展会，展商成本衡量指标主要有：数字展位及其权益购买成本；数字展位设计、布置和运营成本；学习与人员培训成本；数字营销扩邀成本、数字广告；配套数字活动运营成本等。展商收益衡量指标主要有：产品发布、直播观看数；预约洽谈数、配对质量；在线新增获客数；展品、展位浏览和点击量；分享和转发量；新增意向买家数量；买家用户画像；采购商数据库；老客户激活、访问数量等。

3. 重新认识会展企业合作伙伴。虚实融合时代，主办企业的合作伙伴除了传统的搭建商和服务商,还有数字新基建服务商。因为虚实融合产生了新的需求,新的服务,需要新的运营管理技能、方法和保障;从而产生新的服务商类别,服务商可以自建团队转型升级,也可以与合作伙伴建立生态合作关系,合作伙伴主要包括以下类型:

数字新基建服务商提供的服务包括:3D建模、渲染;3D展位、展品设计;视频拍摄加直播;元宇宙虚拟云会场;AR/VR/MR;互动、游戏;智能服务、机器人助理等。

数字和新媒体营销商提供的服务包括:新媒体运营;公众号托管运营;展位展品代运营;软文推广写手;互动营销;新媒体培训;数字营销分析等。

数字经纪人提供的服务包括:网红经纪人;主播主持经纪人;软文发稿平台;线上培训师经纪人;在线流量监测审计等。

4. 重新思考会展企业的盈利点。以会展主办方为例,在虚实融合时代,有不同的盈利模式和盈利点。

在实体展会,主办方衡量成本的指标是:场馆租赁成本、营销成本、销售成本、人员成本、展会运营成本等,衡量收益的指标是:展位、门票、广告、赞助和配套活动等方面销售收入;服务佣金收入;展览项目的营业利润;展会面积;专业观众数量;展商数量等。盈利模式涉及定价的有:展位销售收入,与单价和面积相关;服务佣金收入,与销售额和提成比例有关;户外广告收入按照大小和地段定价;赞助收入根据演讲机会和曝光机会定价;门票收入是针对供应商类观众按人头定价。

在虚拟展会,主办方衡量成本的指标是:平台调研、规划、咨询、建设、运维成本;人员培训成本;客户培训成本;营销推广成本;销售成本等。衡量收益的指标是:数字化展位收入(展商入驻);数字化广告位收入;预约配对服务收入;发布会直播平台收入;注册采购商数量等,盈利模式涉及定价的有:入驻展商收入,由基础入驻费、数字基建、平台服务和营销流量构成;电子广告位收入,与网页的位置、曝光数和点击数有关;数字基建与展台展品3D特效、个性化展商微站等有关;平台服务与数字配对数、直播服务、询盘功能、RFQ功能、速记功能、预约服务、线上聊天、买家推荐、小语种翻译、智能客服有关;营销流量与渠道和流量服务有关;会员模式与会员权益有关。

5. 持续地为客户创造价值。数字化转型的每一个阶段,都有不同的任务,即便是相同的客户在不同的阶段,也存在不同的需求,因此,设计客户数字化体验和用户数字化旅程是复杂、多变的,不是一步到位的。以会展企业创建在线会员或社群为例,应针对不同的场景、会员的需求等诸多因素,采用不同的策略,创造不同的价值。例如:在线会员知识渊博,技能专业,不想共享太多个人数据,控制欲望强,并且随时会表达他(她)想要什么,这时企业就要采用快速高效的响应期望策略,快速交付、最小摩擦、灵活性和精确执行是首要原则;在线会员遇到海量内容,不知所从时,并且不介意分享一些数据,重视建议但有最终决定权,企业要采取精选产品策略,为会员提供量身定制的菜单选项,做出好的个性化推荐;在线会员由于思维习惯和偏见无法获得最适合他们的东西,不介意共享个人数据,希望获得建议,企业可以采用教练行为策略,洞察会员需求,学会推动会员采取行动实现自我目标;在线会员的行为可预测性强,不介意共享个人数据并让组织为他们做决定时,企业可以采用自助执行策略,加强会员的管理,将输入的数据转化为自动化的服务行动,在会员没有要求的情况下预计并满足他们的要求。

6. 重新评估会展企业面对的风险点。风险无处不在,找错了数字化转型的方向、贻误和错过最佳时间点、在最关键的时刻放弃都是风险。在一个高度变化的环境中,战略的制定和执行将不再可分,依靠调研得出的咨询方案未必能体现企业的真实情况,方案的制订者如果不参与执行,方案将无法真正落地。此外,企业的周期越来越短,企业战略的周期也越来越短,这个时候,会展企业不需要一个长达三年的战略,而是需要一个不断更新的战略。这个时候需要转变战略的方式,有三个关键词:一是敏捷,二是共创,三是迭代。

第六步:安排战略部署及关键任务。关键任务的设定统领执行的细节,它是连接战略与执行的轴线点,给出了执行的关键任务事项和时间节点,并对企业的流程改造提出了具体的要求。会展企业数字化转型涉及的是:

1. 建立可持续的业务增长举措。以往的会展项目,往往是主办方先做市场调研,或者研究国际国内的标杆和竞品,针对假定的目标行业和人群设计展会项目,然后把展会做大做强,在各地办地方展、分展,但这种增长模式不仅成本越来越高,且总有增长的极限。数字化时代,将观众拉入会展项目的内容共创、营销和社交分享是可持续增长的重要潜力,而且可以降低主办方的成本。

2. 展商可持续的能力改进举措。以主办融合会展项目为例,不仅主办方自己需要完善能力和技巧,也要帮助自己的客户(比如展商)做好相关准备,提升运营的技巧和能力,提高效率和投资回报率。

展前阶段,展商提升的技能包括:要加强参展案例、参展权益、参展必要性和ROI分析、确定参展形式和内容、预算和经费申请、制订参展整体计划等调研启动工作;编写数字宣传材料、制订详细计划和风险预案、选择线上技术服务商、网红直播和线上主持人、制作数字展品和线上门户、线上活动内容策划维护和发布、测试与试运行,制订线上运行计划等筹备工作。

展中阶段,展商提升的技能包括:线上运营、洽谈、询盘、配对、线上访问和行为监测等买家服务管理;活动内容、线上宣传和公关、活动数据监测等管理;获取在线访客、回答关键问题、获得关键数据等线上运营软技能管理;技术和客服管理。

展后阶段,展商提升的技能包括:编制全面的线上展会报告;针对线上数据分析、买家采购分析等营销数据分析能力;展会、供应商和买家评估;二次营销的能力等。

3. 厘清各项关键任务之间的关系。以会展主办方建设、实施虚实融合会展项目为例,在展前、展中、展后会存在全然不同的运营方法和关键任务。

展前阶段,主办方运营的主要内容包括:顶层规划阶段,做好现状分析确定线上展会的目标,确定线上商业模式和指标,确定线上活动受众目标、展区和展品策划、展出形式、观展形式、交流洽谈形式,确定线上活动呈现方式和内容议程,招商计划、权益和定价策略,专业观众招募渠道和营销计划,确定线上项目预算和收支指标;平台实施阶段,融合技术平台需求分析和架构设计,融合技术平台选型和供应商选择,融合技术平台部署、测试和交付,融合技术平台运营人员培训;展前筹备阶段,活动筹备,嘉宾邀请,展商招募、日常销售运维、电子展位管理,展商手册、观众注册,观展、洽谈手册管理,参会活动指南,展商技术培训和虚拟运营培训,线上客服与答疑,线上技术服务商管理,买家计划和商务配对管理,媒体计划、扩邀计划,主持人、演讲人培训排练等。

展中阶段,主办方运营的主要内容包括:专业观众服务与管理,做好观众组织、消息通知,线上行为数据监测,服务与洽谈管理;展商服务与管理,做好消息通知,配对和洽谈监测管理,展商线上答疑与行为监测;活动管理,做好日程管理,主持人和演讲人联络管理,商务洽谈管理;技术运营和客服管理,做好日常运营和技术保障。

展后阶段,主办方运营的主要内容包括:涉及展商、观展和商务洽谈的展会报告;营销数据分析,利用活动数据分析做好二次营销;再营销,为下一次线上活动启动新的营销计划。

第七步:组织能力支撑。组织能力包括正式组织、人才、企业氛围和文化等能力。

首先,正式组织是执行的保障,在开展新业务的时候,一定要确立组织结构、管理制度、管理系统以及考核的标准。会展企业数字化转型涉及的是：

1. 建立有效匹配数字化转型战略的组织结构。具体而言，传统的市场部、销售部、项目运营部、数字中心为主的组织结构是否能匹配数字化转型战略？很显然是难以满足的，数字化需要全新的技能和能力，物理时代的一次性的生产和消费方式让位于以虚拟、共享、分享为主的产品和服务，这对于组织管理理念也需要相应的转变，自上而下的指令让位于协同。

2. 建立支持数字化转型战略的管理制度。数字化时代，谷歌在2015年提出了"微时刻"（Micro-Moments），又称"关键决策点"的概念，客户变得越来越缺乏耐心越来越焦虑，需求也是在不断变化，这就强调要以用户的兴趣、关注的点做考察，清楚、简洁地传递产品消息和服务价值，而且都要控制在几秒钟的时间内传达，不然客户就会失去注意力。传统依靠严格的指令和规范的行为模式，需要让位于创造性地解决客户问题，信息共享和授权文化成为一种价值观。

3. 建立更有效地加强彼此沟通的在线协同平台。数字化时代，老人做新事，新人做老事是常态，也是交替进行的，因此内部信息共享和协同不仅是会展企业内部知识传递的重要措施，也是关系到人才梯队发展和可持续的根本。

4. 建立支持数字化转型战略的HR体系。数字经济时代下，人力资源管理领域发生了深刻的变化。其中很关键的一点是对员工的要求从胜任力向创造力转变。一方面，技术及人工智能、自动化程序等逐渐开始替代烦琐的程序性工作，人才有更多时间和精力参与高创造性的工作，人力资源管理的重要工作是激发个体的创造力与团队协同力。另一方面，工作节奏的提升和工作时间的增加使得人的工作压力与疲惫感剧增，个体工作的价值感与激活度不够，这严重影响了员工的创造力，这种要求与变化对人力资源管理的多元赋能提出了很高的要求。

其次是人才，战略的执行需要人有相应的技能，因此这个环节涉及人才的招聘、培养、激励和保留等。会展企业数字化转型涉及的是：

1. 与战略需求匹配的人才数量和质量。PCMA、MPI、VEI等国际会展行业的专业组织也意识到数字化需要新的能力建设。在最近几年纷纷开设了有关数字活动相关的技能和能力培训和认证项目，以PCMA的DES（数字会展专家）认证为例，有六个模块的知识：产业概览与活动分类、计划与商业化、内容与观众、技术与执行、营销与社交媒体、ROI的评估。

2. 数字化人才培养。企业内部培养是最快、成本也最低的一种方式，因为人才熟悉企业环境和人脉关系，交流和沟通成本也低。在工位设计上，也要把协同密度和程度最高的团队和员工之间安排在一起，茶水间的相互的交流也是激发创新的重要源泉。

3. 有效促进数字化转型战略实施的激励措施。鉴于HR多数缺乏数字化业务背景，在数字化瞬息万变的时代，往往制定的政策很容易过时，考核也缺乏数据支撑，也缺乏时效性。2014年7月，管理大师拉姆·查兰（Ram Charan）在刊登于《哈佛商业评论》的文章中指出，人力资源部门效率低下，应该被拆分，他强调应撤销的不是人力资源部门执行的任务，而是整个人力资源部门本身。人力资源应该分拆为行政人力资源（HR-A，主管薪酬和福利，直接向CFO汇报）和领导力与组织人力资源（HR-LO，关注员工的业务能力，直接向CEO汇报）。这给人力资源从业者带来了极大的焦虑感与生存挑战。

还有企业氛围与文化，数字化时代的企业也都具备相应的氛围和文化，比如创新、开放、授权、共享等。会展企业数字化转型涉及的是：

1. 能支撑数字化转型战略的文化和氛围。战略只是企业基于阶段性目标构想的一连串技术动作的组合，如果缺乏使命愿景的引领和价值观的约束，这种目标及其方向的设定就有可能随风而动、偏离主航道。彼得·德鲁克曾说:"对文化而言,战略是早餐,技术是午餐,产品是晚餐。文化会把后面这些都吃掉。"因此,避免文化把战略当作早餐吃掉是管理界很知名的一个警示。数字化时代,战略转型文化先行。

2. 从控制向赋能转变的管理方式。大多数的会展主办企业把数据当作"命根子",但是保护过度,采用的CRM系统还是单机版本的桌面端,不具备移动端和远程访问的能力。这种管理理念和技术手段在数字化时代会被移动化、共享化、协同化的SCRM(SCRM是Social Customer Relationship Management,社交化客户关系管理的缩写,借由社交化工具,实现对用户的个性化沟通)所取代,这对管理者本身也是一种理念的范式转移。从指令到授权、从控制到赋能、从单兵到协同、从赢单到共赢的转变。

上海会展企业完成以上七个环节,就能对会展企业数字化转型战略有一个系统的了解。对于后面绘制出企业数字会展的产品、服务、营销、渠道、组织、人才、运营和管理等各个环节的模式和转型路线地图提供了清晰的思路。

数字化转型的核心是会展企业数字化能力的建设。物联网、大数据、云计算、人工智能、移动互联网、区块链等技术已经开始全面应用到各个行业,正在重塑各行各业。会展数字化转型的过程,就是新一代互联网技术对产业、对会展企业进行数字化赋能的过程,是客户的数字化体验与产品服务的数字化价值接触融合的过程。赋能与融合需要创新的实践框架、建设方法。数字化转型行动方案,总结起来,单点实验、小步快跑、迅速迭代、以点带面,成为会展业破局数字化转型的重要路径和方法论。

(二)上海展会数字化转型的形式

展览会是会展产品的表现形式,会展产品数字化转型就表现为展会数字化的三种方式,如表5-1所示:

表 5-1 会展数字化转型的形式比较

概念	形式	数字化功能	时效性	体验感	服务专业性
数字化赋能	线下展会＋数字技术	营销 现场管理	短	强	弱
数字化替代	线上展会	网络展会	长	弱	强
数字化融合	线下展会＋线上展会	双线会展	长	强	强

一是传统展会转数字营销线下展会（也称为"数字化赋能型"），数字化作为营销手段，增加受众面和获客机会，线下展具有很好的体验感，但是有地域性限制（展会开始即定位，影响不够宽广）、时效性短暂（展会结束即消失，场景不能重现）、没有留存性（展会结束即失效，营销不能持久）等缺点。

二是传统展会转线上展会（也称为"数字化替代型"），具有成本低、高效率、无地域限制、观众面广泛、展出时间 365 天×24 小时在线、主办方可以建立属于主办方、参展商、观众的私域流量池持久营销。但是缺少线下体验感。

线上展会是在参展商和观众无须现场接触的前提下，以互联网技术实现产品、技术、服务的展示、获取、洽谈和信息交流等传统展会主要目标的活动。主办单位及相关组织方应制定完整的展会策划方案及保障有效运营；提供展前、展中、展后全流程服务；拥有具备数字化能力的线上运营团队；综合使用多种营销手段，促进有效对接、洽谈和交易；综合考虑技术实现方式、服务器部署、信息安全等因素，提供线上展会技术支持。

线上展会就是一个数字展览信息平台，会展企业一方面将进一步提升展览业智能化数字化水平，推动数字展览新基建，不断迭代和改进技术平台，加强数字展览网络安全，探索建设跨国（地区）展览网络公共平台。另一方面,将充分利用大数据挖掘、室内定位、机器仿生学习、人工智能等科技,驱动开发现代展览产业新体系,用好这些大平台和云技术,结合自身的业务特点搭建展览活动项目的小平台,更好地服务于产业和企业,搭建数字化展览信息平台。

三是传统展会转双线会展(也称为"数字化融合型"),具有展出空间大,线下线上的所有优点,双驱动给观众及展商多了一种选择和服务,效果叠加,能进一步强化会展本身的品牌和服务等。双线会展是线下展览与线上展览的一体化,将企业、客户、线上、线下四点联动,打通关系流与信息流,发挥线上线下各自的优势,互补线上线下各自的瓶颈,双线驱动效果叠加。通过展览"云"实现,线上线下"共振",把线下展览用数字化方式投射到网络上。从云参展到云洽谈再到云签约,打通线上展览全流程,提高展览业数字化水平。

数字会展与实体会展融合带来很多变革,从实践角度看,数字技术对会展企业创新的影响,以下几方面值得重点关注。

第一,用户深度参与。95后、00后新消费人群出现,这部分群体拥有新的认知方式,其决策逻辑也在发生变化。数字技术使消费者拥有更大表达权、参与权、话语权,消费更加个性化、实时化、场景化、内容化、互动化。如何响应这种变化,让消费者参与创新,对供给端提出新要求。

第二,零成本试错。数字孪生技术正在为创新构建一个通向零成本试错之路的新模式。先在数字会展进行模拟,再在实体会展快速响应,对各项参数进行分析和优化,提供了有利于精准研发和提升产品创新速度的新业务方法论。应用数字孪生,产品研发生产效率大大提高。

第三,高频迭代。数字技术给创新带来了一场新的革命,创新频率、迭代速度变得越来越快,品牌及分销、运营分析周期、新产品上市周期等创新闭环周期大幅压缩。企业竞争是各环节都在提速的高频竞争,各环节提速是企业竞争的法宝,也是应对不确定性的关键。

第四,数据驱动。高效率的资源配置越来越依靠数据流动。无论是创新、生产还是决策,都呈现出数据驱动特征。科学、精准的资源配置就是要把正确的数据以正确方式在正确时间传递给正确的人和机器。

数字融合在重构企业创新模式的同时,自身也呈现出一些新趋势。数字化与低碳化开始孪生发展。平台企业,提供了丰富便捷的数字化工具,让各行各业数字化的门槛不再高不可攀,越来越多的中小微企业加速了数字化进程。

总之,数字技术带来多重影响,其中对会展企业创新模式的改变是一个重要方面。基于数字技术平台,通过对全球创新资源的广泛连接、高效匹配和动态优化,进而形成新技术、新产品、新业态快速孵化、规模扩散、持续迭代的新型创新体系,这或许是未来上海数字会展经济竞争的制胜点。大量的数字会展企业诞生是上海会展业数字化转型成功的标志,数字营销、数字管理、数字盈利得以广泛体现。

(三)上海会展主办企业数字化转型

为最终实现企业自身的数字化转型目标,从服务对象与战略范围两个维度建立数字化发展路径。在制定战略目标时,数字化转型应坚持从内生到外延的发展思路,以会展企业的内部运营管理和现有客户为转型基础,提升现有业务的服务质量,优化对行业客户的定制化方案服务能力;逐渐迭代成为以强大的数字化业务服务能力,向产业链上下游延伸,为会展行业参与者提供各环节的交互平台与价值赋能。

数字会展策划服务包括:调研,梳理现有数据,挖掘参展商和专业观众的需求。运用现代信息技术,剖析同类展会(含线下展会和线上展会)的运营状况。综合运用沟通交流、运营服务、数据驱动等手段,提供与客户匹配的多种线上展会模块。调研用户习惯,并整合线上展会模块。根据整合后的线上模块,结合客户内部运营情况,组织线上线下操作培训。

数字会展展陈服务,就是搭建数字展示平台,提供数字化展示服务,支持表格、文字、图片、视频等内容的上传,结合虚拟现实、增强现实等高科技手段,满足参展商全方位展现其展品和观众全面了解展品的需求。

数字会展营销服务包括:媒体营销,利用报刊、广播等传统媒体营销方式,定期向社会公众发布信息;利用社交媒体平台、自建自营营销平台、流媒体等新媒体营销方式,进行多种渠道的营销。大数据营销,利用搜索引擎的优化等进行大数据营销。数据库营销,利用电话外呼、短信营销、电子邮件营销等进行数据库营销。当然还有邀请等其他营销方式。

数字会展邀约服务,对于专业观众邀约,一是进行专业观众数据库准备,通过分析展会举办地、产品、行业的目标客群、配套资源等,匹配得出相关数据库资料。二是专业观众邀约预算设定,根据参展商收费标准设定一定比例的邀约预算。三是专业观众邀约路径设定,通过媒体营销、数据库营销等方式对展会进行宣传及专业观众邀约;分批次、时间对专业观众定向邀约。四是专业观众注册登记程序设定,指导专业观众进入展会官网或直接访问链接,协助其按照提示完成注册流程。

对于参展商邀约,一是参展商数据库准备,应根据展会要求,提前准备匹配的参展商数据库资料。二是参展商收费标准设定,参展商收费标准应考虑线上展实际成本、企业可承受范围等因素。三是参展商邀约路径设定,通过媒体营销、数据库营销等方式对展会进行宣传及参展商邀约;分批次、时间对参展商定向邀约。四是参展商注册登记程序设定,指导参展商进入展会官网或直接访问链接,协助其按照提示完成注册流程。

数字会展在线撮合服务,一是线索推送服务,利用大数据手段为参展商与观众提供相应匹配的信息。二是报价清单推送服务,核实观众主动留下或主办单位及相关组织方协助收集的采购需求清单后,协助参展商与观众双方进行报价。三是 B2B 直播服务，包括参展商的资料收集，如企业文化、产品内涵、展品信息等资料；直播流程建立；把控整体直播节奏；按照 T/CCPITCSC 060—2020 的要求，为参展商提供直播培训；提供实时翻译等服务。

数字会展在线商洽服务，一是社交媒体服务，应提供真实有效的社交媒体信息，包括但不限于邮箱、电话，协助参展商与观众建立社交媒体沟通渠道。二是视频会议服务，应协助参展商与观众进行视频商洽，把控会议节奏，必要时提供翻译服务。

（四）上海会展场馆数字化转型

随着技术的发展，传统会展场馆已经无法完全满足展览需求，为跟上时代发展，展览需要以科技创新为突破点，打造智慧场馆。场馆智能化主要体现在运营智能化、管理智能化、服务智能化、基础设施智能化，通过加持通信技术、新兴互联网云技术、大数据与物联网技术、地理信息、数据计算和存储能力、5G、移动应用技术等，开发数字展览应用场景。

从市场需求看，传统展览运营模式越来越多地受到不断创新的商业模式的挑战，展览老三件套：场馆-组展组会-参展邀观，每一件都存在基于新技术的某些替代，网上展览、视频会议就是典型代表，可以预期随着技术进步和运营模式不断完善，其替代传统展览的冲动与能力只会日益强化。会展场馆必须顺势而为。

上海要积极应用数字孪生技术和思维推进智能场馆建设。"数字孪生"指的是，通过大数据、人工智能、云计算、物联网等科技将物理空间反映在数字空间和虚拟空间上，将虚拟空间和物理空间的物体及行为联系在一起的数据和信息，虚拟与现实的高度融合是"数字孪生"的核心概念。而会展场馆是举办会展活动的场地空间，是会展数字化转型的核心场景。

1. 展馆建设和改造中要进行智能规划与科学评估，缩短建设周期，降低建设成本。每一台设备及部件的安装都可以预先通过数字化虚拟规划进行科学评估,避免在不切实际的规划设计上浪费时间,防止在验证阶段重新进行设计,以更少的成本和更快的速度推动创新技术支撑的智慧展馆顶层设计落地。

2. 展馆的数字化运维,提升硬件运维工作效率和节能效果。当前大多会展场馆运行方式仍以传统的人力结合部分楼宇智能化子系统进行,这种运维方式对建筑设备的故障处理相对及时,但对建筑设备故障预警分析的能力尚有欠缺。展馆运维服务应是"预防为主、检修为辅","数字孪生"技术通过良好的全面分析和预测能力将为展馆实现更好的运维。

3. 展馆的服务体系。会展主办、参展企业、参观观众是智慧展馆服务的核心对象,也是数字化转型考虑的关键因素。"数字孪生"展馆将以"人"作为核心主线,对参观轨迹、行业属性、地域属性、喜好展品等动态监测、纳入模型、协同计算。同时,通过在数字虚拟空间上预测人员数量和参观轨迹、推演商机、评估项目效果等,以智能人机交互、网络主页提醒、智能服务推送等形式,实现服务的快速响应、个性化服务,形成具有巨大影响力的"数字孪生"服务体系。

4. 展馆会展项目的协同管控场景。对于大型会展举办期间的人流管理、交通调度、安防管理、应急指挥等重点场景均可通过基于"数字孪生"系统的大数据模型仿真,精细化数据挖掘和科学决策,出台指挥调度指令及决策监测,全面实现动态、科学、高效、安全的会展项目管理。任何活动事件、人员车辆、基础设施的运行将在数字孪生系统实时、多维度呈现。对于重大安全事件,依托"数字孪生"系统,以秒级时间完成问题发现和指挥决策下达,实现"一点触发、多方联动、有序调度、合理分工、闭环反馈"。

5. 会展的数字化培训体系。当会展业构建了"数字孪生"体,结合 AR/VR 技术可以实现虚拟的教学,未来会展项目将会应用到大量的临时人员,而提前的会展培训没有办法使其感受到真实的会展场景,而虚拟培训的受训者可以是远程的,可以模拟到它的各种反馈,更为生动直观。对于未来的数字时代的教育与培训而言,"数字孪生"是再好不过的选择,既可以可视化教学又可以远程操作,既有乐趣又切合实际。

然而,仅利用数字技术是不够的,还要提升管理团队的认知,结合数字化转型重构业务流程和管理体系,将线上线下有机融合在一起,才能够真正达到智能展馆高品质管理的最佳状态。

会展企业提升用户价值,关键在于实现企业数字化的升级,主要包括战略的升级、业务的创新、深化的用户洞察、高效的用户运营、技术的支撑五个方面,增长战略,自上而下形成营销战略思维的数字化转型;创新业务,布局更多创新业务形式推动用户经营能力;洞察预测,更加重视用户洞察和预测在企业营销中的价值;高效运营,更加高效、敏捷、灵活地展开企业用户运营工作;卓越技术,结合外部内部力量不断夯实数字化技术基础设施建设。这也是会展企业在数字化升级过程中需要重点关注、探索和建设的能力和方向。

二、上海会展行业数字化转型路径

数字化转型将是未来企业、产业和经济转型升级的重要动力。会展企业也是上海吸纳就业、提高生产力的重要源泉。因此上海要高度重视会展企业数字化转型,将其作为数字化转型与推动增长的重要方向。

(一)数字化转型作为会展业应对疫情的重要手段

强化上海会展行业数字化转型的顶层设计,将会展企业的数字化转型作为应对新冠疫情危机的重要手段。

一是重视通过数字化转型支持会展企业复苏。疫情给会展企业带来不利影响,数字化为会展企业摆脱这种影响提供了良好工具。数字化对于会展企业复苏和创造就业至关重要。二是重视发挥直接资金支持政策和提升能力政策作用。资金支持是推动会展企业数字化转型的一个重要政策手段,很多国家资金支持政策的特点是专款专用。另一些政策则要重视会展企业的数字能力提升。三是建立跨部门协调机制。政府跨部门协调非常重要。四是通过公私合作提高会展企业数字化转型效能。会展企业数字化转型涉及数据共享、供应链协同等方面,因此,协会、联盟和大企业等机构与政府的深度合作,将有利于快速推动会展企业数字化转型。五是高度重视平台作用。会展企业数字化转型涉及诸多技术、经济、政策等方面事项,需要通过平台集成各类资源,从而推动数字化转型。政府建立了公共服务平台,为会展企业数字化转型提供更为全面的公共服务。六是积极推动培训,提升会展企业对数字化转型的认知。数字化转型能否成功,很大程度上取决于员工的认知和技能。提升认知、提高技能是会展企业数字化转型的第一步。很多国家在创新培训机制方面进行了有益探索,例如,将企业培训费用作为税收抵扣项目,以税收优惠激励企业参加数字化培训;重视利用企业网络和协会来推动知识共享,促进数字化技能提升等。

(二)厘清上海会展业数字化所处阶段

关于企业的数字化转型,Centric Digital 在《商业新模式:企业数字化转型之路》一书中按照转型价值把数字化转型分为五个阶段分别是:朦胧期、反应期、进展期、沉浸期、成熟期。[①]

朦胧期阶段:内部几乎没有信息化软件,外部也查询不到企业营销信息。反应期阶段:企业开始使用数字化系统,并拥有面向消费者的多媒体渠道。进展期阶段:云计算普及,移动化、数字化特点开始呈现。企业可充分

---

① 贾森·艾博年,布莱恩·曼宁.商业新模式:企业数字化转型之路[M].邵真,译.北京:中国人民大学出版社,2017.

利用数据做决策并有专门的数字化人才推动数字化进程。沉浸期阶段:线上线下全渠道数字化,能够为客户提供个性化体验,公司形成全新的组织架构。成熟期阶段:取得显著效率提升,内部形成数据驱动文化。

显然,上海会展企业各个具体企业所处的阶段有较大差异。甚至不排除还有处在朦胧期的企业,对于这样的判断其价值在于认清现实。

(三)完善上海数字会展营商环境

上海数字会展营商环境就是数字化环境营造过程,其实数字化也是一步步抽象,把真实世界的东西,一点点变成数据、信息、知识和智慧的过程。而越往上,就越难,也越有价值。这就是数字化。怎样才能逐渐实现从真实世界到数据、信息、知识、智慧这四个层次呢?

第一步,开采数据。要把真实世界的数据,感知出来,收集起来,开采出来。也就是说,从哪里,通过什么样的方式,去取得数据?比如道路的摄像头,比如智能手机上的传感器,所有这些都是为了获得数据。这些数据,可以是文字,可以是图像,可以是声音,可以是视频。现在,因为开采能力的进步,因为工具的发达,获得数据的门槛大大降低。相反,由于处于数据爆炸的阶段,如何对数据做分辨,做筛选,就显得更加重要。

第二步,粗炼信息。数据包括有用的数据,即信息,也包括无用的数据,即噪声,当把数据降噪之后,就会粗炼得到一些有价值的信息。这个降噪粗炼的过程有很多,比如分类,比如结构化,等等。举个例子,在公司的门口,为了安全,装了几个摄像头。那么第二天早上到公司,需要看所有24小时的监控视频吗?显然这是不可能的,也是没必要的。那怎么办?这个视频应该可以自动识别。要找到某人经过门口的信息,只要拖到某一个时间点看就可以了。这个过程,其实就是把数据变成了信息,降低了噪声。这种数字化就提高了工作和生活的效率。

第三步,精炼知识。只有精炼信息,才能产生知识。精炼就是把各种各样的信息,通过不同的方式连接组合在一起,创新和知识也就产生了。知识是信息及其了解到的本质,当了解事物的本质,就可以在变化的信息中,探索真正的知识。举个例子,还记得以前去逛商场时,一楼,一般都卖化妆品、首饰、手表。因为过去的经验告诉我们,这些都是冲动消费,必须放在一楼。冲动过去了,可能就不买了。二楼,一般卖的是女装。女同学们爱逛,一定要让她们多逛逛。三楼,一般卖的是男装。男同学们买东西目的性很强,买完直接就走,楼层高一点就高一点,没关系。四楼,一般卖的是体育用品、儿童用品。五楼,一般就是电影院,是餐厅。进了商场,到了一楼之后,不能直接上到二楼,一定会让顾客绕半圈。所有的设计,都是为了让顾客能多逛一点。

但是,一旦环境变了,这些方法可能就不适用了。现在去逛商场,基本每一层都有餐厅了。为什么呢?因为电商的进步,现在很多人都在线上买东西,线下的购物效率下降了,怎么办?怎样吸引用户?只有在每一层都放一些吃的。吃一顿饭,就顺便把这层商场都逛了,否则,很有可能顾客根本不进商场。因此,什么是本质呢?本质不是说商场里的楼层布局应该怎么摆,而是对顾客消费习惯的洞察。所以,只有洞察到本质,把信息精炼了,重新连接起来后,才有可能获得最恰当的知识。

第四步,聚合智慧。这需要有分析和聚合的能力。这就是常说的数字挖掘,深度学习。比如说人工智能。当很多银行还在雇用大量员工,疲于奔命地接听客户电话时,有些先行者,已经开始提供人工智能客服,大幅度降低成本。这些应用,都是人工智能在深度学习之后,才会拥有的机器智慧。炙手可热的ChatGPT是人工智能技术驱动的自然语言处理工具,它能够通过理解和学习人类的语言来进行对话,还能根据聊天的上下文进行互动,真正像人类一样来聊天交流,甚至能完成撰写邮件、视频脚本、文案、代码、论文、翻译等任务。所以,什么是智慧?智慧,其实就是某种决策路径。因为有智慧,所以我们能做出更好的决策。在物理世界,是人的智慧。而在数字世界,就是机器智慧。

而要做到数字化,其实就是开采(数据)、粗炼(信息)、精炼(知识)、聚合(智慧)这4件事情,最近有2件事有了巨大的进展,一个是开采,一个是聚合。开采,随着万物互联的出现,数据量开始爆炸式地增长,所以数字化的转型迎来机会。而随着人工智能的发展,分析聚合的能力也越来越强,算法的优化,也让数字化转型有了更好的契机。先收集数据,然后分析数据。以数据为基础,帮助做决策,降低成本,提高效率。具备了数字化能力之后,就能更好地重新影响真实世界。

上海会展行业数字化发展路径本质上是从行业传统业务向数字化新业务模式的迭代。第一增长曲线中,数字化建设以传统现有业务为主,通过巩固核心竞争力,提高企业自身的品牌竞争力;会展企业应该在现有业务饱和之前,主动探索并找到实现企业业务和价值二次腾飞的第二增长曲线,提前进行资源投入和战略布局,通过拓展前沿的数字化业务,实现企业的可持续增长。

上海会展业执行数字化转型战略的关键在于围绕行业发展趋势和项目执行进行数字化能力建设,通过构建数字化转型蓝图、数字化能力建设、流程机制重塑、数据治理以及系统平台建设等模块,打造企业自身数字生态。

1. 构建基于业务场景的数字化转型蓝图

根据企业数字化转型战略,上海会展企业应从建设自身的数字化转型蓝图开始。数字化蓝图从会展管理的业务场景出发,梳理全流程的数字化转型解决方案,构建可纵向延展的数字化垂直生态系统,助力企业实现业务变革和营收增长。

2. 建设基于会展管理的三大数字化能力

在行业数字化发展趋势的背景下,结合展前、展中、展后不同环节中的业务需求,上海会展企业建设数字化能力应以项目执行为落脚点,围绕数据分析、数据反馈和产业链赋能三大数字化能力展开。

数据分析能力主要聚焦在展前的筛选阶段与展中阶段。通过对展览热度、展区人流量、活动体验、新客转化率、品牌形象植入程度等数据收集、分析和实时可视化呈现,更好地评估活动参与度和参展体验;通过数据监测,协助参展企业精准筛选和匹配供应商、实现参展观众的定向邀请,提高活动内容的主题价值和引流能力。

数据反馈能力主要聚焦在展后阶段,通过数据评估活动效果。办展企业在每一次展览后通过过程数据的搜集,分析并反馈出活动效果,从而更好进行客户引流,拓宽获客渠道,扩大展览触达范围,提升影响力。

产业链赋能能力分为标准化和定制化模块的赋能。标准化模块赋能是指办展企业通过实践形成的标准化模块为举办频率高且流程固定的标准化周期展会提供模板。而定制化模块赋能则能根据办展企业自身个性化需求提供定制化服务,提高模块功能的契合度。

3. 重塑流程机制,实现流程数字化

通过会展企业内部访谈及业务流程梳理,把握企业内部业务运营的流程机制及突出痛点,适当运用数字化手段进行业务的支持和提升,全面提高工作流程效率。目前上海会展企业普遍存在数据手动录入、分散及整合能力不足、缺少数据自动处理等问题。通过数字化技术支持和流程优化后,设置数据自动处理动作,建立共享数据库,进行信息的分类整合与沉淀,提高信息交互和对业务工作的信息支持,实现数据的全流程贯通。

4. 实现企业数据标准化和数据资产沉淀的数据治理

目前,上海会展行业数据治理的主要问题体现在数据管理意识不足、业务信息化覆盖不足以及系统间存在数据壁垒三个方面。基于此,数据治理机制要基于上海会展企业现有的沉淀数据,制定和推动企业实行一个数据

管理办法、一套数据管理机制,形成数据管理范式并沉淀形成一份数据资产。

数据资产首先从数据管理的关键要素入手,制定主数据、数据标准、数据质量、数据治理等标准,构建全体系的数据能力管理蓝图;其次立足数据现状和业务需要,用可验证的、体系化的数据管理标准构建数据管理仓库和数据模型,进而可持续地满足数据应用的诉求。

数据管理办法是通过对数据资产梳理与认责、对制度规范职责细化、制度传达执行以及岗位权限、输出口径标准化等手段,固化形成一套数据管理办法。数据管理办法对数据资产的全流程规范,以及相应责任的明确和支持,确保数据管理全过程的任务明确、责任到人、标准统一。

数据管理机制是从数据填报机制与数据考核机制双方面建立形成公司级数据管理机制体系。通过标准约束,整合内外部数据的入口,通过统一的归集和指标口径,形成数据输出的唯一出口。同时,基于制度规范要求不定期抽查项目的业务系统录入情况、各类数据采集的录入情况,形成数据制度考核结果,并将考核纳入个人绩效考核指标,为数据治理的落实提供保障。

5. 建设打破数据孤岛的系统平台,实现业务价值赋能

系统平台可以解决会展业务上的三方面难题,即"业务能力成长难、数据价值发挥难和业务管理难"。因此,在系统平台建设上,要为不同的业务场景建设核心功能模块,基于企业核心业务诉求实现对企业数据管理,提升业务发展水平。首先,通过系统平台实现企业数据贯通,把企业中的商机线索、人力资源、项目管理、资金等要素信息在系统中进行连通,以数据可视化的方式支持管理层的商业决策和资源调配安排。其次,通过系统平台打破"数据孤岛"现象,实现业务线上化和自动化,以数据为干,业务为枝,逐步构建企业数据的生态树,实现数据的资产化。

第三节 ‖ 上海会展业数字化转型步骤

会展业数字化转型的目标有了,路径清晰了,还需要一步一步推进,实际操作环节还是会有很多问题的,这里面我们分别从企业和行业两个层面再探讨一个步骤问题。

一、上海会展企业数字化转型步骤

对于上海会展企业来说,要制定数字化转型路线图的第一步就是要能够对企业自身的数字化和组织能力现状进行评估,以此来制定数字化愿景和数据战略。大多数会展企业已经开始利用数字技术创新运营和服务场景并取得了初步的成效,但离数字化在企业内的体系化落地尚有距离。上海的会展企业在推进数字化转型的过程中,有四个步骤非常关键:

(一)重构用户体验

随着互联网和移动互联网的发展,特别是智能手机的普及,如今出现了以微信、钉钉、Slack为代表的以人为中心的社交化的应用系统。未来的应用是以业务对象为中心+人员社交化协同,即面向对象的精益协同。其实就是将制造业中"精益(JIT)"的概念引入到了数字化,实现以人为中心,通过对一个企业业务对象的数字化、业务活动的数字化和业务规则的数字化,打破过去烟囱式孤立的应用系统,形成由应用找人,而不是人找应用,然后让所有的业务活动能够更好更高效地在一个场景上形成机制。所以一个企业在做数字化转型时,第一个核心要素就是要重构用户体验,把过去面向功能的IT系统,换成以人为中心为用户服务的IT系统,实现面向对象的精益协同。

宜借助平台、技术、运营等手段,从快速有效获取信息、多维真实展示产品、快捷方便沟通等多维度,创建良好体验,建立参展商和观众的密切联系,满足参展商的参展体验和观众的观展体验。

（二）重构业务作业模式

重构业务的作业模式,其实就是要实现全业务的数字化仿真,在数字化转型的过程中,离不开一个词,那就是"数字孪生"。数字孪生就是重新定义产品或者业务活动的全生命周期。真正构建的数字孪生是覆盖全业务链条的数字时代的新IT,充分利用了数字世界重复成本、规模成本和时间成本趋于零的特征,这样可以极大地提高企业业务的运行效率,提高创新的速度。

数字会展服务流程包括展前、展中和展后工作,展前工作应包括:搭建完整技术平台;在进行数据分析的基础上,完成策划、招展、招商、审核工作;为参展商、观众等相关人员提供有关平台操作和运行的培训;协助完成在线预约;提供常见问题指导。展会期间的工作包括以下内容:观众引流;参展商服务和管理;专业观众服务和管理;活动执行与管理;撮合商洽管理。展后工作包括:征集参展商评价,完成参展效果评估;提供展后报告;进行亮点宣传回顾;组织展后活动,协助商贸持续对接等。

（三）重构运营模式

重构运营模式,实现数据驱动的智能决策,可以用两个简单的词汇来概括:一个是"用数",一个是"赋智"。

用数就是要用好数字技术和利用好企业的数据。数据在过去的信息系统里被分割,被作为私产,这样的保护对企业是不利的。数字化转型的过程就首先要打通整个公司的数据,让数据作为公司的数据资产被有效统一地管理,同时数据管理又不是把它封起来,而要在一定的规则下有效地促进共享,才能发挥数据最大价值。

会展大数据采集和存储,采集的基本信息包括参展商的资质、业务领域、联系方式、参展需求、历史参展信息;展品的具体名称、用户范围、性能指标、功能效果、发展历程信息;观众和专业观众的身份信息、从属行业、观展需求、历史观展信息。采集的行为信息包括参展商与主办方的洽谈过程信息,参展商对布展、宣传及推广的需求信息;观众对参展商、展品的浏览和发布评价与需求的信息;参展商与观众和专业观众之间的贸易、询盘等交互信息。大数据存储满足线上展会海量、异构、快速变化的结构化和非结构化的基本信息、行为信息及相关统计信息数据的持续增长及分类分级存储的需求。

会展大数据应用,首先是大数据统计,收集参展商、观众和专业观众的基本信息、行为信息及数量,统计展品数量、参展商和展品点击量、展台浏览时长、发布评论数量等信息,对其进行可视化处理,提供可视化展示。其次是大数据分析,基于数据集合,依据不同维度、属性、指标等进行数据挖掘,向参展商、观众提供展品发展态势和展品比较、评价结果等信息。然后是大数据搜索,基于线上展会的基本信息、行为信息及相关统计信息,向参展商、观众提供搜索服务。最后是大数据匹配,基于参展商、展品和观众的基本信息、行为信息及相关统计信息,实现信息资源的对接,向参展商和观众精准推送所需的资源。

赋智就是要用智能化的手段,结合业务的场景,加上算法、算力和数据,形成人工智能的拉瓦尔喷管。在很多海量重复高频的业务场景上,推动人工智能来实现决策、分析和行动的高效。在重构运营模式里一个核心关键就是从事后系统、报告系统走向一个真正的全实时反馈的运营系统。过去我们的业务运营过分关注在BI上,那未来真正的运营模式应该是一个全自动的,从感知、预测、分析、决策、行动到复盘,是一个完整的全业务的运营系统。

(四)塑造企业数字化操作系统

任何一个企业可能都包含研发、营销、服务、供采制、人力资源、财经、行政等多种业务,需要构筑企业统一的数字化的战斗力,就是要打造一个强有力的数字化的平台,基于这个数字化平台去支撑公司各个业务快速开发本业务领域的应用,它可以加速推进企业数字化水平。

会展平台应基于技术栈予以实现,同时避免使用有可能被技术控制方进行商业使用限制的技术。除法律或者政府法规有特殊要求的行业外,线上展会平台宜使用云服务器并进行部署,以获得灵活的业务支撑。通过数据加密、高密口令、安全日志记录、权限控制校验等方式保障信息安全,满足国家网络安全等级保护制度的要求。线上平台应满足高并发、高负载、高可用、易扩展的要求,能够支持瞬间高访问量(千次/秒),满足平均访问响应时间短、无故障时间长(以月级)、稳定性高、故障率低的要求,支持定时数据备份。要做好定期和预防性检查和维护,确保系统稳定流畅。

会展平台的线上展示包括:图、文、视频展示:搭建个性化线上展位,可编辑文字、上传图片视频,展示公司和产品;在线直播、回放展示:1.发起在线直播,面向观众进行展示和讲解,直播过程中,观众可向参展商提问;2.系统智能推荐匹配热门直播;3.支持查看回放;多语言展示;3D等展示:支持常用3D模型/虚拟现实/增强现实的网址链接上传,满足参展商通过高科技的视觉技术展示、强沉浸性和强交互性的线上展示服务,传递营销信息;多渠道展示:同一个后台多种展示渠道,支持电脑端和手机端多渠道进入,实现电脑端网页、手机端网页、小程序、应用程序等多界面展示。

会展平台的线上对接包括:智能算法推荐对接:系统根据供需标签自动匹配参展商、展品、观众;关键词搜索与筛选:通过关键词搜索参展商和观众,通过供应和需求的产品类型进行筛选,快速找到目标参展商、展品或者观众;预约撮合活动对接:主办单位及相关组织方应组织商贸对接会,提前进行匹配撮合,小范围举办精准的在线配对活动;对接日程管理:参展商和观众双方管理自己的预约及活动日程,可生成时间表。

会展平台的线上洽谈包括:即时通信洽谈,观众可随时随地在线询盘;参展商可安排业务员在线回复,发送文字图片、发起即时通信,提升线上展会平台用户黏性与活跃度;在线视频通话洽谈。参展商和观众可在线预约和管理视频会议,通过在线会议实现视频洽谈,"一对一"和"一对多"地"面对面"沟通,支持电脑、手机多种终端设备;点赞/收藏/留言等功能。参展商和观众之间可以互相点赞、收藏和留言等。

二、上海会展行业数字化转型步骤

实施数字化转型要"从小处着手",不要在一开始就期待实现颠覆式创新。依据中关村信息技术和实体经济融合发展联盟、中国企业联合会在2021年底发布的《2021国有企业数字化转型发展指数与方法路径白皮书》,将企业的数字化转型划分为了规范应用、场景打造、领域拓展、平台壮大和体系完善五个阶段,其实,这五个阶段也是上海会展行业数字化转型的五个步骤:

(一)鼓励规范应用

会展企业运行以职能驱动型为主,规范开展数字技术应用,提升企业主营业务范围内的关键业务活动运行规范性和效率。行业定期开展技术应用和推广活动,甚至鼓励各类技术免费提供给企业。

(二)推动场景打造

会展企业运行以技术驱动型为主,实现主营业务范围内关键业务活动数字化、场景化和柔性化运行,打造形成关键业务数字场景。行业组织各类评比或者大赛让更多的参与者熟悉这些场景。

(三) 助力领域拓展

会展企业运行以知识驱动型为主,实现主营业务领域关键业务集成融合、动态协同和一体化运行,打造形成数字企业。行业有越来越多的数字会展企业诞生成长壮大,横向纵向拓展顺利。

(四) 服务平台壮大

会展企业运行以数据驱动型为主,开展跨企业网络化协同和社会化协作,实现以数据为驱动的业务模式创新,打造形成平台企业。会展行业的数字化平台企业提供更多的专业服务,提升行业影响力。

(五) 完善生态体系

会展企业运行以智能驱动型为主,推动与会展生态合作伙伴间资源、业务、能力等要素的开放共享,共同培育数字新业务,打造类型众多、上下游互补、链接高效的会展行业生态体系。

希望行业合作伙伴能够在行业这一层沉淀行业数据模型、行业应用的预制模板,以及行业标准流程,形成一些行业的通用能力。

独行快、众行远,一个行业的数字化转型需要合作伙伴和生态的大力支持。一个人可以走得很快,但是数字化转型需要有供给侧提供技术,又要有行业侧沉淀能力共同的努力,才能跨越行业和技术之间的裂谷。希望面向企业打造这样一个开放的平台,拥有技术的公司,可以致力于在通用的底座上能够以乐高积木的方式形成通用技术,可以像海拉细胞快速在众多企业中得到复制。

第六章　上海会展业数字化转型的策略

第一节 ‖ 政府主导策略

如果说,已经明晰上海会展业转型的现实基础、发展目标和实施路径的话,接下来就是具体推进,当前急需针对上海会展数字化转型中的行业共性问题、实践发展需要,推出有力有效、实战管用的工作举措。上海会展业数字化转型是一个全社会的系统工程,是在城市全面推进数字化转型过程中才有可能实现的,需要政府、行业、企业和公众等层面通力合作的结果。

在成熟的市场环境下,政府应该起引导作用,但是会展行业数字化转型还处于起步阶段,政府主导作用应该得以体现,特别是针对现状分析中述及的产业基础发生变化、文件精神难以落地、数字化转型速度在加快但在会展行业的广度和深度还不够等客观问题,建议上海的政府及相关部门从加强会展数字基础设施建设与数据开放流通、加强会展业数字化的顶层设计、加大数字会展发展政策扶持力度、加快培养培训会展数字化技能人才、探索构建社会化协同推进机制和治理模式等方面促进上海会展产业迎接数字时代,激活数据要素潜能,以数字化转型整体驱动会展业的生产、传播、管理、服务方式的变革。

一、加强上海会展数字基础设施建设与数据开放流通

发挥政府指导作用,鼓励上海会展企业升级硬件设施,支持采购和使用数字化经营管理设备和软件。鼓励上海高科技企业研发支撑数字化转型的

新设备、新技术并向会展企业推广应用,鼓励上海会展平台企业等探索互利共赢模式。

积极嵌入新基建建设布局,进一步加强上海会展数字基础设施建设,增强上海会展数字基础设施服务能力。加快推进数字产业化,加快数字技术在会展领域的应用落地,大力开拓、创建数字技术在会展行业的各类应用场景,面向会展全产业链和企业生态圈,加大上海会展行业数据开放流通力度与范围,提高会展数据流通的效率与效益,培育出更多更好的会展新产品、新业态、新模式。

公共设施建设,加大基础设施投入,把带宽网速作为上海的公共产品来提供,例如推行5G信号重点区域全覆盖,核心区域连续覆盖。公共安全监测,围绕人员流动密集、物流集中的会展活动加强管理,如通过在场馆周边安装大量的摄像头,用以疏解交通、缓解拥堵,以及应对大客流可能带来的安全隐患。公共政策制定,大数据能为会展行业的政策制定、商业运营、市场推广、公关营销、设计搭建、项目管理等提供决策依据、数据支持。为做好展会的市场营销,主办商收集了大量观众数据,对于这些数据,要遵守世界各国相关的法律规定,其专业市场营销人员,必须正确地使用这些数据,明确合法与非法的界限。

二、加强上海会展业数字化的顶层设计

会展行业数字化有利于促进贸易、拉动经济和提升行业效率,政府针对会展业所遇到的发展问题与瓶颈,出台推动上海会展业数字化转型的指导意见和政策措施。要客观探讨和定位上海会展业数字化转型在推动会展业高质量发展中的重要意义,明确会展业数字化转型的方向、重点和路径,解决好会展行业企业"不想转""不敢转""不会转"的发展难题。比如会展数据

生产标准、会展数据资产评估与确权、会展数据要素交易规则、会展数字硬件生产标准及软件系统兼容协议、数字会展市场监管协同、网络安全责任等,都需要在国家建设数字中国、各地推进数字化转型过程中及早加强研究和储备,为上海会展数字化转型深化推进提供有力的法规、制度、标准保障。

尽快研究推出上海会展数字化转型指南或导则,现在业界急需的是体现政策导向、具备专业水准、具有指导作用、针对不同场景的会展数字化转型指南或导则。政府职能部门、会展业促进中心、行业公共机构应积极指导、联合优秀专业机构,并发挥头部企业引领作用,还可通过方案征集、案例招标等方式,探索编制并向行业公开发布上海会展数字化转型技术、制度上的指南、导则或相关方案,减少企业各自自发探索实践中出现的方向偏差和资源浪费。当前上海率先运用数字孪生思维建立《上海双线会展发展指南》就是当务之急,积极推进示范企业和产业示范园区建设。

三、加大上海数字会展发展政策扶持力度

要切实完善上海会展业数字化转型的政策支持体系,各部门政策举措形成联动和共振效应,统筹推进上海会展业数字化转型,制定触达性强、优惠力度高、有效便捷的纾困帮扶方案。充分利用平台数据和宣传功能来提高政策的精准性和实施效率,帮助更多中小微企业深入了解帮扶政策的细节,推广简化政策优惠的线上申报程序,设立数字化申诉救济渠道,保证纾困帮扶政策快速、高效、精准落地。在进一步完善制定、设立和实施上海会展产业政策和专项资金(部分区县有)的使用时,增加有关促进数字会展的政策支持内容和资金补贴力度,鼓励数字会展的使用方大胆使用数字会展技术,加快数字化转型的步伐,开启新的增长方式的转变和新旧动能的转换。

推行会展消费券,提高消费券线上使用效果,助推上海会展企业数字化转型。为促进以数字会展技术、数字会展服务、数字会展生态和数字会展商业模式的行业应用、普及,促进上海会展企业数字化转型,促进行业新旧动能转换,建议在现有产业政策和专项资金的使用中增设或加大数字会展产业发展的支持力度和资金倾斜力度,并向上海会展业法人实体开放,如表6-1所示。

(一)各类会展活动的主办方:包括主办各类会议、展览、赛事、节庆等活动的企业、政府机构、会展集团、事业单位、协会社团/商协会、商业会展公司、媒体等,鼓励这些机构积极拥抱数字化,利用专项资金降低其使用、租用数字会展软件平台的成本,鼓励利用数字技术创造新的服务模式和商业模式。

(二)会展活动的展商企业:鼓励展商使用数字技术,购买数字化会展服务,利用专项资金补贴其数字化参展、参会的成本。

通过加强以上工作,推动上海会展数字化转型健康快速发展,真正发挥好数字化转型有效促进上海会展企业和会展产业高质量发展的效能和效益。

四、加快培养培训上海会展数字化技能人才

数字化专业技术技能人才是上海会展企业数字化能力建设的核心,是提升整个行业数字基础设施利用效率和数字化转型能力的关键,也是目前最普遍缺乏的资源。行业头部及标杆企业、行业组织应积极参与高等院校、职业院校及技工学校的产教融合工作,把行业资源、企业资源导入教学培养机构,探索合作建立上海会展数字化产业人才学院,以新机制加快培养培训行业急需的操作能力强、上手速度快、可塑造性高的技术技能人才。

表 6-1 数字会展产业发展扶持资金的建议标准

扶持项目	扶持对象	扶持/补贴内容	入围申报标准/补贴条件	补贴额度
数字会展项目	会展活动的主办方	数字化展会项目（线上会展、融合会展）	● 线上参展商数量≥50家 ● 线上观众访问量≥500个 ● 采用了会展技术创新与应用（不少于2个）：展商和观众移动端、在线洽谈、电子名片、在线询盘、供采对接、预约洽谈、智能匹配、VR/AR、直播、虚拟云会场、虚拟主持人、智能客服等 ● 线上展期间官网和移动端的流量、点击量累计超过5万 （以上数据需提供第三方测评报告，或提供运营数据证明材料供验收评审）	每个数字会展项目按照平台建设、软件租用成本的30%进行补贴，连续补贴3年（提供合同和发票/未能提供合同和发票的，按照10万元封顶/年
		365数字商贸平台项目（数字化常年展）	● 构建7×24×365模式的线上商贸平台 ● 入驻展商≥100家 ● 入驻观众≥1000个 ● 活跃观众数量≥20% ● 包括数字化创新应用不少于2项（同上） ● 浏览量全年累计超过10万 （以上数据需提供第三方测评报告，或提供运营数据证明材料供验收评审）	自主研发/未能提供合同和发票的，按照10万元封顶/年
		数字会展管理平台	● 具备全年多场会议、展览活动统计报告自动化能力 ● 具备全年多场会展数据观众数据库的标签化管理 ● 支持全年多场会展活动图文材料和会展广告的预订能力 （提供视频或图文材料和发票）	支持精准营销推广
数字会展参展	会展活动的参展企业	购买线上参展权益包	采购数字参展权益包，如：展商直播、商贸匹配、VR/AR展示、社交媒体活动扩邀、线上展的展商/赞助商/广告商权益等创新服务（提供合同和发票）主办方的预订方的预订合同和发票）	补贴企业参会展数字化支出的30%，同一个会展最多补贴3年

支持高校和培训机构加强物流、金融、数据、运营等面向上海会展数字化转型的细分化人才培养,加强政企、校企间合作,建立"政府—企业—院校"人才联合培育机制。

及时总结上海会展数字化转型推进中的典型经验做法,推广新模式、新技术、新产品、新服务。发挥优秀服务商的引领带动作用和转型先进的典型示范作用,组织线上线下活动,交流经验,共享资源,全面推进上海会展数字化转型。

五、探索构建社会化协同推进机制和治理模式

发挥上海会展平台企业数字化建设优势,为会展企业提供数据分析、广告营销、移动支付等数字化服务。鼓励品牌供应商通过数字化渠道开展推广营销。建立上海会展服务供应商联合体,密切各类会展主体的联系,建立高效畅通的沟通渠道,提高协同能力,为上海会展企业经营提供完善的服务。

现阶段需要以生态化思维,发挥政府、企业、行业组织、院校等各类相关机构的力量,构建促进上海会展数字化转型的社会化协同推进机制和治理模式,形成不同类型的信息互通、经验分享、协商协作的行业合作网络和社会化平台,激发行业整体力量,这是培育上海会展数字化生态并保障其稳定运行的基础。

提升运营管理能力,组织开展业务技能培训,鼓励上海会展从业人员学习和运用大数据、人工智能等技术手段,实现营销的多渠道融合,提升营利能力和服务水平。指导上海会展企业利用数字化手段优化展品结构,根据消费需求和特点,优化展品陈列,增加营业额,提高竞争力。支持上海会展平台企业扩容数字化商业生态圈,聚合会展企业,推进线上线下渠道互补融合。

第二节 ‖ 企业自主策略

企业是市场的主体,自主经营自负盈亏是企业自主性的首要特征,数字会展并非遥不可及,也非高不可攀。数字会展是发展目标,会展数字化转型是技术进步过程。对此,上海会展企业须观大势、明路径、学经验、求实进,在进行系统分析的基础上,就上海会展企业数字化转型,从"快做眼前的、做好可见的、谋划未来的、保持专业的"四个方面提出以下对策建议。

一、集中四大场景寻求效益突破

会展企业面临生存和发展的任务,经济效益是首先要考虑的,投入产出中对于产出端非常关注,因此具体转型过程中特别关注盈利模式和效益。传统会展转型为数字会展集中于四大场景,快速进入,喝到市场"头口水"。

(一)线上营销,以自媒体为主要载体,以内容生产为驱动,以信息经常触达受众为诉求,旨在扩展私域流量,从而不断增强会展的影响力。

线上营销建立在自身的数字化平台固然最好,但是寻求合适的合作平台也是可以迅速开展工作的,那么其使用步骤大致如下:

首先,找到合适的数据平台。不同的数据平台采集数据的方式不同,采集的内容就会有差异。比如,百度是中国最大的搜索引擎,因而掌握了中国最多的与消费者行为特点相关的数据资料;携程是中国最大的旅游互联网平台,游客的酒店预订、机票购买等数据十分丰富;中国移动、中国联通掌握着中国手机用户的消费行为数据等。当然,如果自己企业的网站足够强大,也可以设立自己的数据收集"装置",如果是一家会议展览场馆、会议展览公司,可以通过向参会者提供互联网服务的方式采集数据资料。需要说明的是,任何数据的获得与使用,都需建立在合法的基础之上。那么,百度的数据资料虽然最为庞大,但能够反映消费者购买力水平的数据倒不一定很多,旅游平台、移动平台的数据可能帮助更大些。没有哪个平台是绝对完美的,比如说,可通过移动平台获得准确的用户消费金额、移动消费区域等信息,但后期精准营销的渠道就可能成问题。

其次,提出数据要求,然后购买数据,或者委托平台公司,出具数据报告。数据产品与大众产品最大的不同是,它具有很强的定制性,所以平台公司网上挂出的产品,通常只是样品,可直接使用的很少。这就需要用户根据自己的需要,向平台公司提出数据购买要求,然后再对获取的数据进行分析。当然,也可以直接与平台公司签订合作协议,由他们完成所有的工作,不过这种方式的费用会更高些。

第三,做数据购买与分析,这是一项精细、复杂而且耗时的工作,无论采取哪种方式,用哪家平台的数据,都要做好认真分析。需要注意的是,数据采集指标选取的合理性与全面性,会直接影响到分析结果的决策参考价值。

(二)线上服务,主要应用于社群服务和现场服务两方面,前者通过线上社群为客户提供信息服务,后者通过网络技术在会展现场为客户提供参展、参观的系列服务。

线上营销与线上服务乃上海会展企业的当务之急,应结合自身实际投入资源、培训人才,积极实施。

(三)线上展览与会议,目前看,线上会议的应用效果好于展览,而线上会展的作用有限(特别是无对应的线下会展时)。线上展览与会议,目前技术上已较成熟,问题是如何形成商业模式。现在更多的是"只赚吆喝不挣钱",这说明客户没有体验到其价值,肯定不能持续。这是要解决的核心问题,其实数字会展可以增加营业收入,有跨国公司将此定为电子销售,列入考核目标。扩大电子销售,也是抓手之一。

(四)线上管理,核心是建设数据中台,并发挥其组织改造、业务赋能的重要作用。中台建设较为复杂,而且投入大,无论是自建还是外包都要认真对待。对于大型会展企业而言,中台必须建设。要以聚焦行业需求,立足技术创新为原则,将持续加强上海会展智能平台建设,加速提升会展智能平台产品功能与核心竞争力。加强"智慧展馆"建设,创造上海场馆数字化运营新模式。

二、提供专业服务以重塑价值链

无论传统会展还是数字会展,说到底都是"服务",会展数字化转型不仅是线下展会转型线上展会的"形式"转型,更是服务方式、价值理念的"内容"转型和"变革"转型。传统实体展会提供的是一个形式上的撮合平台,而数字展会更强调数字内容为买卖双方带来的"实质性"新价值。大型会展企业更愿意投入大数据研究,有更多资源投入人力和技术上,依赖于理解用户的网络行为,对此进行分析以推动更好的在线体验,最终推动销售。而中小型会展企业更应关注如何更好地利用现有的数据库,发挥其更大的价值。就更为专业的服务而言,上海会展企业需要:

(一)精心谋划。基于上海会展企业价值视角精心谋划数据的收集和分析,会展数据驱动就是依赖于优秀的数据分析,分析的前提当然是要重视数据采集,目前比较成熟的数据源主要包括社交数据(如社交网站、论坛等来源)、搜索数据和位置数据。

1. 社交数据:关注分析,分析用户在发布会展相关的内容的时候,其他关联词汇的热度。例如伴随"水果+会展"出现频率最高的是"农药""安全"

一类的词汇,那可能会帮助水果展销会的展台和服务设置,例如增加绿色水果展位,或者采摘服务展位。用户态度分析,社交网站如果能开放用户的详细信息的话,也可以分析哪些人对哪类会展持正面态度,哪些人持负面态度。

2. 搜索数据:跟社交数据类似,分析关联搜索热词,判断用户关注什么和态度。

3. 位置数据:分析参加展会(非受邀的)的人来自何处、去向哪里,以便下一次展会重点在哪里投放广告和推广。

(二)精益管理。以商务匹配为例,对接供需双方的需求是展会最为重要的基本功能,将参展商、专业买家的基本资料整理成册,人工配对推动信息的展会服务方式虽然也颇有效果,但存在成本高、信息利用率低以及匹配误差较大等问题。一旦将大数据、云计算、移动互联网技术引入其中,许多过去的难题便能迎刃而解。展会主办方只需要用适当的渠道,将参展商、买家的信息精准录入系统,甚至仅仅需要引导人们主动提交个人公司、和产品信息到系统之中,随后的供需对接匹配、信息分发等展会服务工作都可以自动完成。

(三)精准营销。精准营销理论对会展企业最有价值的是如何使用私域流量,进行商机信息的精准传播和撮合,并为展商和观众提供个性化的服务。在线上不但可以与商家对接,也可以直接向普通消费者销售产品。甚至可以通过大数据实现精准客户管理,通过与海外零售商合作实现本土化售后服务。

私域流量是指品牌或个人自主拥有的、无须付费的、可反复利用的、能随时触达用户的流量。会展企业最有价值的私域流量是展会现场到访观众数据,如观众到访次数、现场行为轨迹、单展位停留时间、观展后的满意度回馈、对平台内容和供应商的持续关注、沟通和交易达成等展后信息。这部分信息就如同买家在电商网站留下的浏览和交易信息,经标签化处理后,对客户画像从而制定精准营销策略非常有价值。会展公司应当建立统一的DMP系统,应打通线上展、官网和自媒体平台上的客户数据,全天候数据跟踪收集,扩大私域流量规模。通过对数据进行处理和分析,实现分析结果的可视化,服务于营销决策,构建基于营销策略的会员制个性化服务。

数字化注重的是发挥企业体系化平台能力。举一个例子:疫情加快推进会展活动实现了实名注册,使参展、参会人员的信息更加准确。但是这些参展、参会者的数据要实现实时的数字化连接。2022年3月初,在深圳举办的全食展("全球高端食品展览会"的简称),其组织方在参展、参会者数字化管理上进行了升级,每一位参展、参会者,从前期是通过哪一个展商、哪一个业务人员的邀约参观,到现场的领证及人脸识别,再到进场签到,都实时反映到移动端会展数字化管理系统上。与此同时,组织方还通过在线数据分析,对展会现场黄牛票、虚假注册的票证进行阻止,并及时予以作废。更重要的是,接下来,组织方可以根据观众的参观需求以及数据画像,精准地为参展企业进行线下观众引流。升级后的全食展现场观众人流爆棚,参展企业的满意程度大幅提升。上海企业完全有这样的体系化平台能力做好这样的专业服务。

三、制订企业数字化发展战略

会展行业数字化不是一时之需,而是要从战略上进行长期谋划。自2020年新冠疫情以来,上海还是有一些会展企业的数字化转型取得了较好的效果,只不过这些会展企业还处在"边尝试、边改进"的进程中。会展企业数字化转型需要在企业内部循序渐进地推进,起初效果也许并不明显,但需要一个持续的升级迭代的过程,换句话说,会展数字化转型本身应被当作长期发展战略。

数字技术在电商、物流、广告等领域应用发展很快,取得了较大成效,现在在会展业中发展比较滞后。这当中存在很多具体问题,一方面,数字化转型需要硬件支撑,基础设施建设需要成本投入,而这种投入往往不是一次性的,且收益具有不确定性。另一方面,数字化改造在一定意义上是以数字化和精细化管理为方向,是整个企业构架、组织形式的再造,这种转型显然也需要成本。

不同的会展企业、不同的会展项目应采取不同的数字化转型模式,转型模式可以跨界借鉴新零售、酒店、旅游等行业的数字化转型的成功案例;也可以聘请专家顾问团队,这样不仅节约时间成本,同时也少走弯路。

四、建设企业的数字化团队

专业的服务需要专业的团队来提供,目前上海会展业数字化人才和团队严重短缺,解决的渠道一方面是通过会展企业建立数字化会展学习型组织的内生通道,加强学习,进一步提升对数字化的认知和知识技能要求。另一条渠道就是通过引进数字化人才、建立数字化执行团队,提升企业的数字化业务能力。

当然,还要通过建立数字化系统与激励机制相结合,加强团队的协同能力。应该说,现阶段,多数上海会展企业的员工已经具备较强的执行力,但是按照数字化系统要求的团队能力较弱,例如产生内容的营销能力,上海会展企业必须注重数字化内容营销能力的提升,特别是重视视频内容的生产,因为进入5G时代,视频内容的增长速度将大大高于图文内容,并产生可观的流量。这方面必须有人、有团队、有激励机制。

会展数字化升级不是最终目的,上海会展数字化转型的成功与否,不在于企业数字化的程度,而在于数字化升级能否为企业带来生产效率、市场竞争力、生存能力、协同能力的提升。

第三节 ‖ 行业自律策略

行业是企业的集合,上海会展业数字化转型不是一家两家企业数字化转型的事情,是全行业的事情,行业自律就是为了规范行业行为,协调同行利益关系,维护行业间的公平竞争和正当利益,促进行业发展。只有全行业形成转型共识并积极推动,才会形成数字化转型浪潮的巨大势能,如何促进上海会展行业更多元地吸纳数字化的巨大势能,是推动后疫情时代上海会展行业预期转好、有序转型的关键。

一、积极宣传上海会展业数字化的作用和成果

促进上海会展业数字化平台的作用,可以从以下四个方面着手:一是完善上海"互联网+"会展业营销生态体系,形成会展业线上线下融合互动、双向繁荣的发展局面,进一步提高会展企业经营能力和营业收入。二是通过互联网等数字化平台,鼓励上海会展企业发展预约制、无接触服务等服务,提高行业的科技化与智能化水平。三是利用数字化平台的数据挖掘分析等功能,引导上海会展行业分层分类发展,推动行业差异化竞争,降低会展企业过度同质化竞争导致的行业内耗。四是数字技术帮助上海会展企业将服务订单、服务流程、服务结果等实现可视化、自动化,有效缓解信息不对称性所造成的供需双方间的信任障碍,提升会展行业客户管理效率,提高消费者

对会展行业的信任度和满意度。

作用有了,还需要积极加以宣传,让更多的企业了解并参与进来,形成整个行业的数字化转型的合力,提高整个行业的数字化水准。

二、推进会展业上下游协同,提高上海会展企业渗透率

数字会展业涉及面广,直接连接着参展商、买家、供应商和消费者,缺一不可。为此,上海会展行业需要着力破解如下三个问题:一是重视传统会展业的数字化转型,助力会展细分业态的充分培育。二是进一步解决中小会展企业数字化鸿沟问题,为中小企业提供支持性的数字化产品和服务。开发更多适用于中小会展企业的平价数字化产品和服务,加速出台相应的法律法规及标准体系以鼓励会展企业善用私域流量、搭建数字化系统、提升"自我造血"能力,打破经营边界,实现数据价值化、数字产业化。三是加强会展业上游和下游数字化渗透,重视采购端和决策端的数字化建设,基于大数据分析预测变化。

只有上下游协同发展,才能形成供需平衡的局面,才能提高渗透率,才能最大限度地发挥数字化的作用。

三、鼓励上海会展科技企业的发展和普及程度

众所周知,"数字新基建"是上海会展业数字化的基础,能够开发数字化系统和平台的也多是大型科技企业和大型会展企业,而会展毕竟是中小型企业众多,没有能力直接从事开发,从公共基础设施和资源到自己可以使用的数字化平台有很长的路要走,这时候会展科技企业的作用不可小觑,这是提升行业数字化渗透程度的关键。可以从两个方面提高这种渗透率:

一是会展科技公司从研发端提高技术支撑保障,加强前瞻性基础研究和源头技术供给,大力支持5G、云计算、边缘计算、大数据、区块链、人工智能、SaaS软件服务平台等技术系统在会展行业落地应用,形成基于云的低成本数字化解决方案,有效缓解上海会展企业转型升级的壁垒。

二是通过团购手段来购买会展科技公司的服务,引导、支持平台企业提供针对性强、使用便捷、成本合理的会展业数字化基础设施,加大对上海会展行业企业"上云"的扶持。

四、积极发挥上海会展大企业作用

一般说来,大企业在创新投入和创新能力上更有优势,有利于开发新产品、新功能。就数字会展而言,有规模效益才能有竞争优势。此外,大企业更有能力进行综合性服务。鼓励平台企业进一步发展,有利于数字会展做大做强。当然,对大企业也要有各种监管措施,而且监管要对各类企业一视同仁,推动平台经济规范健康持续发展。数字技术一方面降低了市场交易成本,另一方面也降低了企业组织成本。未来企业的演化存在不确定性。上海数字会展需要专业,需要实现规模经济。

同时,多样性、小而美也是企业未来演变的趋势之一,上海数字会展发展既需要大企业的综合性解决方案,也需要一些小企业的专项和专业服务。数字会展新的形态以及它所提供的广阔市场空间,使各种企业在这个空间中都能获得较大发展。从经济政策角度讲,上海要鼓励大企业发展,要着眼于如何推动大小企业相得益彰,共同推动产业更好发展。比较理想的情况是大企业带动一大批中小企业、初创企业,共同形成产业链、创新链,以帮助上海会展行业整体实现数字化转型。

五、发挥上海会展行业中介组织作用

会展行业协会是最有代表性的中介组织,协会由会员单位组成,实行"入会自愿、退会自由"的原则,会员成分呈多元结构,基本涵盖了展览主办、展馆运营、展览设计、展览工程、展览媒体、展览广告、展览咨询、展览教育培训、会议组织、会展旅游、活动策划等整个产业链,具备了较强的代表性和广泛性。因此利用中介组织推进会展企业数字化转型更有示范性和说服力。当然政府和中介组织之间也需要保持很好的沟通。

第四节 ‖ 公众满意策略

上海会展业数字化转型还有一个社会大环境问题,上海本身有高素质的消费者(或者叫用户),上海会展也会吸引众多的高素质消费者,公众素质的提高对会展数字化转型也是至关重要的,公众满意也是会展业可持续发展的保证,当然这里面离不开合理的引导和参与机制。

一、会展用户数字化转型

会展用户可能是B端的企业、机构(相当于线下会展的专业观众),也可能是C端的消费者(相当于线下会展的普通观众),特别是中小型企业和终端消费者要有数字化消费习惯。应该说,用户端形成数字化消费习惯的步子不统一,上海会展业要走一条需求端、供给端和政策支持下的数字化转型之路,要注意会展用户消费的多样化、碎片化与统一化并存;要满足用户线上消费追求便利快捷的核心诉求;要凸显线上消费的社交性和情感性,同时更要注意线上消费方式养成引导,这也就是所谓的用户数字化转型。

会展平台具有的技术优势和供应链优势为转型提供机遇和可能,例如会展平台企业依托自身的大数据优势和算法能力,准确洞察消费者行为,帮助中小型企业提供精准的对接服务,全面提升其经济效益。

在后疫情时代,以阿里巴巴等大型互联网企业提供的技术力量为支撑,一个包含各类会展用户的、多方共赢的开放型会展生态体系初具雏形。上海会展企业全面数字化尚处于发展初期,但是在新技术、新模式驱动下,线下会展用户正逐渐融入数字化浪潮。特别是众多的中小型企业规模小、方式灵活,因而呈现出数量多、增长快、效率低、短板明显、转型意愿强烈的特点,相信能在和用户的互动交流中发挥出更大的作用。

二、增强会展用户的参与度和满意度

新技术的出现,注定将颠覆传统展会模式,通过移动设备参与到会展当中来,要让参与变成客户"自觉自愿"的行为,而不是"迫不得已"的行为,例如,对于参展商来说,利用智能手机扫描展品的二维码,将会得到一个以展品为主线的销售清单,卖家也将获得一个采购的对比清单,这样就比较愿意去扫那个二维码。另外大数据将让买卖双方的信息资讯可以进行匹配,更加促进商业洽谈,促进交易和实现展会目标。

随着展会的规模提升,空间变大,内容充实,参加展会越来越是一个"体力活",因此会展要利用大数据在舒适度上做文章,寻找会展利益相关者的"体验线",提高便捷程度。新技术可以丰富观众在展会现场的体验。通过移动应用程序能够让观众更好地浏览各种类型的专业展会,帮助他们安排会议计划,提前了解参展商的相关情况。

客户满意是会展活动的宗旨,技术层面设置"满意投票箱""吐槽站""满意度调查"等都可以充分发挥大数据的作用。赋予展会持久生命力的秘诀仍然是专注于客户,致力于在展会现场创造独特和宝贵的互动体验,为观众和参展商等利益相关方提供优质服务,帮助他们创造商业价值,实现长期发展,吸引其成为主办商的忠诚合作伙伴。

三、营造会展用户破解难题的环境

会展专业用户其实代表的是一个行业,例如机床展来参展的用户是机床行业的代表,长期以来其经营管理与提质升级过程中面临的诸多难题,通过展会的数字化,可以帮助用户通过对接大型互联网企业实现数字化技术的导入与应用,优化其业务流程、管理方式、渠道关系乃至运营模式。

随着信息技术的快速发展,会展用户全方位"触网"已成为必然的要求,但也面临资金、技术、人才等方面门槛,接入大型互联网企业的数字化服务体系,有助于帮助用户解决"触网难"的问题。特别是小型会展用户难以独自建立从数据积累、挖掘分析到辅助决策的一整套支持体系,利用会展平台企业所形成的多场景生态圈系统可以实现顾客属性、市场趋势、重大事件等信息的获取和综合运用,为其实现管理决策的数字化转型升级提供了有效路径。

通过发展会展用户"朋友圈"等横向联系形式提高组织化程度,提升经营水平,形成品牌效应,继而实现发展转型。会展平台企业为会展用户提供的经营平台接入模式及配套服务,使其在实现数字化的同时,以较低的投入成本达到形成规模化组织的效果,并保留较为灵活的经营管理模式。

总之,上海会展业数字化转型,甚至推进智慧会展符合会展业的发展趋势,也是会展市场的实际需求,大数据等新技术手段正在让会展智慧起来。为了迅速推进这一转型,政府、企业、行业、公众可以发挥各自的作用(如表6-2所示),开创一个上海会展业数字化转型的大好局面。

表6-2 上海会展业数字化转型主体特征及职能

转型主体	主体特征	主要职能
政府	权威性、服务性	营造营商环境、本行业的法律法规、数字化基础设施建设、政府资金使用、规划计划等
行业	民间性、代表性、服务性、非营利性	行规制定、协调管理、公共关系、基础数据提供、人才培训、资质评定等
企业	自主性、营利性、竞争性	创立数字会展品牌、专业化数字展会、高质量办数字展会、具有国际竞争力、国际化等
公众	自主性、导向性	用参与或不参与来表达喜好,通过展会提升自身数字化水平等

第七章 结论与展望

第一节 ‖ 研究结论

在国家"数字中国"和"双碳"目标的引领下,各级政府和会展主管部门均出台了一系列的政策和指导意见,促进会展业向着绿色化、数字化的方向稳步前进;从城市层面来看,上海市正在以数字化转型全面推进城市治理体系和治理能力现代化,打造具有世界影响力的国际数字之都。从行业层面来看,数字化转型已成为会展行业发展的战略选择。很多大型跨国会展集团已经早早开始数字化转型的部署,进行会展数字产品与服务的开发和运营。在第四次浪潮智能信息化趋势下,会展业开辟出了线上线下融合发展的新产业模式。上海市会展业数字化转型是上海城市全面数字化转型的题中应有之义;疫情的冲击加速了会展业数字化转型的进程,会展企业纷纷开始创新求变,大力拓展互联网思维,进行线上产品的开发和突破。疫后的会展业是植入了数字化基因的新生会展业,把数字会展作为一项战略措施来谋划,将使会展业在今后面对突发的"黑天鹅"事件时展现出更强的韧性和坚强的生命力。

本书研究对象是上海的会展业,主要是主承办企业及其举办的展会,针对这些企业在全面数字化背景下的思考、行动、效果,试图为上海会展业找到一个数字化背景下新的目标、路径和策略。本研究得出以下几方面的结论。

一、上海会展业数字化转型的现状

以上海市线上会展的发展现状作为切入点,通过对相关从业人员进行深度访谈来认识上海市会展业数字化转型过程中的主要问题。

近年来上海市会展业已经在不同领域开展了不同层次的数字技术应用,尤其在会展现场管理方面表现突出,并在会展精准营销领域初露头角。但是在会展行为预测方面,还没有真正发挥出大数据的作用。与此同时,数字化敏感度较高的会展企业率先开始了会展数字化的探索进程。观察上海市线上会展,发现其呈现出被接受度不断提高、效率逐渐优化、服务更加专业的特点。

本课题以会展主办方、政府协会、会展场馆、会展科技公司、会展培训机构和会展物流公司等上海会展业利益相关者为主体,进行了关于会展数字化七大范式的主要认知和态度的半结构型个人访谈,并运用扎根理论对访谈资料进行分析后,得到以下结论:①在基本认知方面,各主体均认可数字化是未来的发展方向、线上线下未来将互相补充。②在基本认知方面,各主体均认可数字化是未来的发展方向、线上线下未来将互相补充。③对于转型动力,各主体均认为存在疫情倒逼行业转型升级的原因,但内部的驱动因素同样不可忽视。④在发展历程方面,主办方、技术公司、政府协会中大部分均谈到在疫情前会展行业已经有过一定的数字化探索,疫情后数字化继续稳步发展。⑤在发展现状方面,各主体均已进行了数字化的初步探索,有部分数字化功能已经落地,服务、管理、营销是目前数字化功能的三个主要维度,但同时,数字化转型整体进度较慢,总体上存在盈利模式尚不明确、成功案例较为缺乏的问题。

分析结果显示,上海市会展业新形态展露蓬勃发展态势的同时,也面临着诸多困境。首先在主观方面,会展业自身数字化认知水平不高,在产业链不同环节和不同体量的会展主体转型动力强弱不一,会展服务商主体的数字化渗透水平较低。客观上,会展企业自身数字化人才储备不足,又与技术公司间行业壁垒高筑,互相缺乏了解和沟通,使其在转型过程中力不从心。

最后会展各主管部门频频施策而行业各项政策的有效覆盖面和便利化水平均有提升空间。旧矛盾叠加新困局，上海市会展业高质量发展受到严重制约。

二、上海会展业数字化转型的比较

他山之石可以攻玉，本书试图通过会展业和酒店业、旅游业、零售业进行比较，上海会展业和北京、深圳的会展业进行比较两条比较路径来借鉴数字化发展的相关经验。

在分析酒店业和旅游业的数字化转型现状基础上，运用 SWOT 分析法将会展业与酒店业、旅游业进行比较分析，发现：从优势方面来看，三个行业均已开始数字化转型并积累了一些典型案例以指导行业数字化发展；劣势方面，三个行业均面临着相关人才不足、组织结构比较传统等挑战，但由于会展业体量较小，其人才储备更加薄弱；机会方面，三个行业均在相关政策指导下显现出数字化发展的趋势，而会展业政策引领不够突出，数字化发展历程的起步也相对较晚，线上平台建设不完善；威胁层面上，三个行业均受到疫情冲击，损失严重。

电子商务兴起，零售行业通过线上转型完成了从传统零售时代到新零售时代的跨越。传统会展业正处于转型探索初期，面临着传统零售业转型时所面临的技术人才不足、商业模式不清晰、用户接受程度不高等问题，零售业的转型经验可以为会展业数字化转型提供指导。但由于电商平台的核心功能是完成交易而线上会展平台的核心功能是买卖精准匹配，因此线上会展可以借鉴电商"O2O"发展展览"O2O2O"模式。

北京、深圳与上海同为会展龙头城市，在会展数字化转型进程中各显神通。基于 PEST 视角对北京、深圳和上海进行比较发现：从政治环境来看，上海市在"十三五"期间发展优势突出而在"十四五"期间在政策制定和落实完善方面表现不足；从经济环境来看，上海市总体经济较强而数字经济的发展略微落后于其他两个城市；从社会环境来看，上海市友好的营商环境推动了上海知名会展企业的发展和知名会展项目的推进，形成了良好的会展生态环境，然而人口结构和产业结构的问题使得中小型会展发展短板明显；从科技环境看，上海市科技巨头企业较少，在新科技应用和场馆智能化方面相对落后。

通过两条路径的对比，我们可以对上海市会展业数字化转型的行业水平和城市水平有较为清晰的感知，并从中找到可借鉴之处。

三、上海会展业数字化转型的目标

上海市会展业数字化转型是一项高瞻远瞩的系统工程，需要明确的目标作为引领，目前该目标设定为：通过若干年的努力，上海会展业数字化水平稳居全国前列，数字会展产业显示度明显提高，高潜力数字会展企业加快成长，高水平数字会展消费能级不断跃升，数字会展生态体系初步形成，助力国际会展之都全面建成。上海市数字化生态体系将实现基础设施层→全域数据层→ToG 生态层→ToB 生态层→ToC 生态层的逐级连通，并实现多种应用场景的开发。这一转型目标的完成度可以通过会展业数字化水平、数字会展企业水平和数字展会水平三个指标来具体衡量。

上海市会展业数字化转型需要从宏观和微观两个角度来推进。微观层面上，上海市会展企业要以 BLM 为理论框架，分七个环节（进行差距分析、明确企业战略意图、进行市场洞察、进行创新聚焦、进行业务设计、安排战略部署及关键任务和组织能力支撑）建立会展企业数字化转型模型。在此模型指导下，会展产品创新发展出数字化赋能、数字化替代和数字化融合三种转型形式;主办企业的数字化发展路径从对象和战略范围两个维度建立;会展场馆企业向着场馆智能化的方向转型。宏观层面上,数字化转型保留了上海市会展行业的火种,这对于会展行业抵抗疫情危机和疫后复苏至关重要。在厘清行业内各成员所处的数字化转型阶段后,要大力完善上海市数字会展的营商环境,逐步实现从开采数据到粗炼信息到精炼知识再到聚合智慧的层次跨越。会展行业数字化转型路径的本质就是从传统业务向数字化新业务模式的迭代,实现这一迭代的关键在于围绕行业发展趋势和项目执行进行数字化能力建设,通过构建数字化转型蓝图、数字化能力建设、数据治理、流程机制重塑以及系统平台建设等模块,打造企业自身数字生态。

四、上海会展业数字化转型的路径

上海会展业数字化转型需要从微观和宏观两个角度来推进,微观是指企业层面,会展企业和企业的会展项目是数字化转型的核心;宏观是从行业层面,会展业数字化转型的营商环境建设。

上海会展企业数字化转型可以借鉴"业务领先模型",分步骤推进,就能为后面绘制出企业数字会展的产品、服务、营销、渠道、组织、人才、运营和管理等各个环节的模式和转型路线地图提供清晰的思路。上海会展业数字化转型分成"数字化赋能型""数字化替代型""数字化融合型"三种类型,可以在现阶段发挥各自优势,助力转型。上海会展主办企业数字化转型从服务对象与战略范围两个维度建立数字化发展路径。会展场馆是举办会展活动的场地空间,是会展数字化转型的核心场景。上海要积极应用数字孪生技术和思维推进智能场馆建设。

上海会展行业数字化发展路径本质上是从行业传统业务向数字化新业务模式的迭代。上海要高度重视会展企业数字化转型,将其作为数字化转型与推动增长的重要方向。不仅是应对疫情的重要手段,更要理清思路,积极布局,完善上海数字会展营商环境。

五、上海会展业数字化转型的策略

政府主导、企业自主、行业自律和公众满意是具体推进上海会展业数字化转型的保障,多措并举才能解决会展业转型实践发展之需。

政府层面,要发挥政府的指导作用,加强会展数字基础设施建设与数据的开放流通,保障数据层的硬性和软性需求;加强会展业数字化顶层设计,提供制度保障,尽快推出体现政策导向、具备专业水准、具有指导作用、针对不同场景的转型指南与导则;加大数字会展发展的政策支持力度,各部门联动共振建成完善的政策扶持体系;加快培养培训会展数字化技能人才,形成多元化的培养培训格局;凝聚会展业相关机构的力量,探索构建社会化协同推进机制和治理模式。

企业层面,传统的会展企业要在线上营销、线上服务、线上展览与会议和线上管理四大场景中寻求效益突破;会展企业要透过线上线下"形式"转型看到服务方式、价值理念的"内容"转型和"变革"转型,重塑产业价值链;会展企业应将会展数字化作为长期发展战略来执行,正确看待转型的短期成本投入与长期收益;最后企业要树立人才意识,建设数字化团队。

行业层面,要积极宣传会展数字化的作用与成果,促进会展业数字化平台发挥作用;推进会展业上下游协同发展,重视传统会展业数字化转型和中小型会展企业的数字化鸿沟问题,提高会展企业的数字化渗透率;促进会展科技企业的发展,缓解行业转型升级的壁垒;鼓励头部平台企业率先发展,带动中小型会展企业转型,共同形成产业链和创新链。

公众层面,会展用户要积极融入数字化浪潮、培养数字化消费习惯,形成多方共赢的开放型会展生态体系;贯彻让客户满意的会展活动宗旨,提高会展用户的参与度和满意度;最后营造良好的解困环境,帮助用户解决"触网门槛高""科学决策难""组织程度低"等转型难题。

第二节 ‖ 研究展望

本书的数字化转型研究也是基于当下会展业现状,特别是疫情影响下的"急就章",但是数字化转型的趋势已经非常明显,后续的研究还可能关注更高阶的数字化形态的会展和杜绝"逆数字化"思潮。

一、数智会展是否会替代传统会展?

我们在网络会展流行的时候,一直有个争论,即"网络会展是否会替代现实会展?"如果到了智慧会展阶段,这个争论还会继续上演吗?

（一）源起元宇宙

元宇宙在2021年开启,备受社会关注,这个平行于又相对独立于现实世界的虚拟世界,是映射现实世界的在线虚拟世界,是越来越真实的数字虚拟世界,已经离人们越来越近。

在会展元宇宙的虚拟世界里,数字孪生技术可以1∶1复刻线上展馆模型,语音交互技术可以满足与会者交流和互动的需求,通过外接端口还可以实现线下引流、交易等行为。相比于传统的线下会展,会展元宇宙可以突破时空的限制,不仅支持观众随时、随地、随心逛展,也可以帮助会展公司及展商进行展位的持续性运营。相比于web2.0的线上会展,会展元宇宙的3D

建模技术以及 XR 设备应用,可以最大限度地提升会展的沉浸感以及交互体验,同时有效提升会展的参与度以及成交。

相比于传统会展和以前的数字会展,会展元宇宙的优势主要有:

1. 时空拓展性。会展元宇宙可以突破时空的限制,打破了传统会展只能在线下展会参展的限制,无论是会展展商还是参展观众,无论身处何地都可以云端一键参展。同时,在会展元宇宙中虚拟人客服 7×24 小时值守展位,不仅可以增加客户的有效接待时长,在会展结束后展位仍旧可以长期保留并加以常态化运营,形成资源的长期累积。

2. 沉浸互动感。通过 VR、AR 和新一代交互技术,会展元宇宙的虚拟内容生成以及交互行为的临场感更强,虚拟人形象的自主设计更增添了个性化元素。会展元宇宙生态下的展台、洽谈室、签约仪式等环节设计,也为会展场景下的洽谈与合作创造了条件,通过范围语音、私聊等设置可以有效保障互动过程的私密性。

3. 高效低成本。相比于线下展位高昂的租赁费用,在会展元宇宙中的参展成本则显著降低,并且可以实现展位功能的扩展,提供集展台、会议室、发布会、签约仪式于一体的多功能元宇宙展厅。同时元宇宙会议室的数量也可以设置为多个,满足与客户的多线程同时沟通,在提高效率的同时有效降低成本。

(二) 数智会展替代的原因

元宇宙是后数字化时代的产物,是会展智能化,或者叫作"数智会展""智慧会展"。在这个会展阶段里,组展公司拥有展会大数据积累,对运用数据已轻车熟路,通过算法和模型建立自主学习,AI 智能将自主参与到各个环节的自动实施,组展机构将从组展过程解脱出来,从会展公司转型成数据服务公司。当然,双线会展越来越被更多的从业者所接受,但是我们还真的不能否定未来的"智慧会展成为替代者"。

数智会展因疫情而被大众所熟知，但会展行业对数智会展的探索并不是疫情逼迫下的被动选择，而是长久布局的主动转变。因此数智会展不仅不会因疫情的消散而退出会展行业，更有望在新一轮数字技术浪潮的推动下替代线下会展，原因有以下几个：

1. 线上会展复刻线下会展体验感

传统线下展会的最大优势就是真实的体验感，这种真实感一方面体现在参会人员可以触摸感知和近距离地观察问询相关展品，另一方面表现在采购商可以与参展商进行面对面的交流，通过对方的语言、肢体、神态等方面进行判断。面对面"沟通"可以利用口头语、肢体语言等多种方式把产品和服务阐述得更清楚、更明白而且可以得到更为及时准确的反馈，因此获得较高的现场效率。同时面对面沟通能产生更积极的激励作用和长久的影响力，有利于参展商和观众建立更加稳固的合作关系。

然而线下会展的这一大利器，因数字虚拟技术的发展而变得可复制。数智会展不仅能够1∶1还原实体展会，而且在展台搭建、展品布局、照明、色彩和相关信息展示上进行更加艺术化设计，达到实体展会无法实现的展示效果。加之"元宇宙"穿戴设备的开发，5G、人工智能、VR/AR/MR等新兴技术的飞速发展，让现实世界与虚拟世界之间的差异越来越小，使参展商和观众在虚拟会展空间中实现面对面的交流与互动，这种交流互动包括了语气、表情以及动作等非语言信息，无线贴近线下交流的场景和效果。

2. 诱人的低参展成本

线下会展中不同的角色承担着不同的高额参展成本，主办方需要支出招展团队、展馆租赁、公共设施、标展搭建、后勤服务等，参展商需要支出展位租赁、展台搭建、展品物流、物料制作、人工差旅等。线上会展在虚拟空间中搭建展示平台，不需要实体展位租赁、搭建，极大地降低了人力成本、运输成本和物料制作成本，这笔成本费用对参展商来说是参展的主要开支。

同时线上会展不需要参展商工作人员去到展会现场,一切手续和参展事宜均在网络上完成,极大地降低了参展商和观众的差旅成本,提高了参展效率。与线下会展相比,参展商和观众能够投入更小的成本获得更大的收益。

3. 数据信息 100% 留存

线下展会大致可以分为展前、展中、展后三个阶段,其中展后数据信息整理可谓是最具价值的一环。数字化的线下展会已经在登记注册、入馆安检、展位互动等环节融入了数字技术,高效记录储存观众的身份信息和互动信息,初步描绘用户画像。但数字技术并未深入到参展观众与参展商的询盘阶段中,详细的询盘信息主要还是依靠参展商事后通过人工的方式进行整理和深度分析。而线上会展或虚拟会展能够实现参展数据信息的 100% 留存与转化,在展中实时监测参展商与观众的一言一行并转化为数据信息进行储存记录,展后进行系统的数据分析,更为精确地描绘用户画像,实现供需精准对接。

4. 中小企业的参展"天堂"

线下展会较高的参展费用和有限的摊位数量常常被看作是参展门槛筛选机制,筛选了参展企业的实力、信誉、合作欲望和服务意愿,为观众提供了多重保障,但是这一筛选机制也把一些知名度低但参展欲望强的中小型、创新型企业拒之门外。线上展会没有摊位限制,参展成本低,为很多信誉良好、产品过关的中小型、创新型企业提供了展示产品和服务并与头部企业同台竞技的机会。

虽然数智会展的模式和技术尚未完全成熟,但从国家的数字化战略层面和全球经济化发展的趋势来看,大力推动数智会展的发展是毋庸置疑的。疫情加速了会展业进入数智会展蓝海的进程,随着经验的累积和技术的成熟,数字会展替代线下会展或在不远的将来成为现实。

（三）数智会展替代的几种猜想

数智会展将有可能颠覆我们对传统会展形式、内容和体验的认知,但是表达的效果又会出奇有效。

1. 从传播到传感

由于元宇宙技术,会展可以从传递流量到传达情感,如 AR、全息投影、裸眼 3D、VR 眼镜、仿真会议等更大程度上加强了情感表达。

2. 从粉丝到体验

无论是私域流量还是公域流量,都是为了吸引粉丝,从数量的增长到质量的提升、效益的提升,需要增加体验感和互动感,因此游戏、数字藏品等新形式可以在这方面发挥优势。

3. 从模拟到超越

以前的网络会展更多的是模拟现实展会,元宇宙展会则会体现超越现实展会的功能,会展元宇宙为会展参与方带来新的机遇,在满足参展商降本增效需求的同时,也可以帮助传统会展公司实现数字化转型,同时催生出一系列基于会展元宇宙的产业链中上游的技术供应商。元宇宙营销就是首先获得超越的领域:

会展元宇宙的营销模式主要有:(1)会展供应商方面,通过会展元宇宙场馆的搭建及运用,为参展公司提供元宇宙展位及相关营销服务。针对不同行业形成会展元宇宙中的产业聚合,并基于产业的集群效应取得品牌连锁效应,出售会展中心位、入口处、墙壁等高人流量场所的广告资源位,在帮助展商获客的同时收取营销费用。(2)会展参展商方面,通过租用元宇宙展位,以及运用会展元宇宙的营销与运营,在提升品牌知名度的同时,也能够有效降低参加展会的成本。积极参与会展元宇宙中的行业峰会,拓展产业上中下游合作方并实现资源的整合与变现,在营收方面也可以选择与会展供应商以分润的方式开展合作,以进一步减少前期投入规避风险。(3)会展技术商方面,通过为会展元宇宙提供底层技术支持以及技术解决方案,取得技术服务费用。会展元宇宙技术服务包括数字场景开发、互动通信支持、数字资产制作等,既可以以独立技术服务商的方式为会展参展商提供技术开发服务,也可以自主搭建会展元宇宙空间,并以部分或打包租赁的方式承包给传统会展供应商。

未来会展元宇宙将朝着现实与虚拟相互融合的方向发展,由线下真实会展空间与元宇宙虚拟会展空间联动,共同完成会展活动。其中真实会展空间将作为如开幕式、闭幕式等特定场景的主要应用场地,虚拟会展空间则将进行同步实时转播;虚拟会展空间将更多承担客户拓展功能,以及线下会展结束后虚拟展位的常态化运营,真实会展空间则用于意向客户的线下考察与接待。同时,由于会展元宇宙空间抵抗疫情等不确定性风险的能力较强,可以较为稳定地开展周期性会展活动,随着技术的不断进步与迭代,未来的应用场景将更趋于多元化。

会展元宇宙的典型应用场景包括产品发布会、行业峰会等,也可拓展至文化展览、拍卖会、企业年会等,未来的功能也将从现有的数字孪生以及交互等,逐渐衍生适配于不同行业的技术功能点,如拍卖会的出价功能、企业年会的抽奖功能等,也将产生新的商业机遇与创新要素。

二、会展业会"逆数字化"吗?

(一)会展业逆数字化含义

事实上,现在每个人都成为了名副其实的"数字囚徒",每一个人都被无数的密码所包围,实际上也根本不可能记住所有的密码。每一个人在数字面前都是"透明人"。在互联网的数字世界,生活在一种玻璃天花板之下,能感受到重重压力,但却深感无能为力。这就是数字化浪潮带给我们的困境,一种"数字囚徒"的困境。在这样的数字化浪潮面前,产业界做出了本能的反应,大部分人选择顺应,但也有人投身于未来的"逆数字化浪潮",希望挣脱"数字囚徒"的困境。

逆数字化浪潮的出现,现在仅仅是一些难以察觉的信号。欧洲对于互联网巨头以垄断之名不断施以巨额罚款,全球央行对于比特币采取了冷淡的态度,美国政府采取了法律行动,建立了网络中立法……不过,这一切还仅仅是一个开始,今后还会陆续有后来者,数字囚徒的困境将会推动人们做出激烈的反应,最终使之发展成为一种新的世界秩序的浪潮——逆数字化浪潮。

会展业有这样的困境,也会有逆数字化的思潮。会展业逆数字化就是会展人面对汹涌澎湃的巨大数字化浪潮,用法律等各种传统的手段建立无形隔离墙,才能使传统会展得到一定程度的保护,让人们从"数字囚徒"的困境中解脱并自信地从业。

(二)会展业逆数字化的原因

1. 元宇宙进一步扩大会展业的数字鸿沟

数字化会展的出现在会展行业形成了"数字鸿沟",许多企业还停留在传统的线下办展模式,有的企业已经开始探索云展的创新之路,传统的线下展会向数字化转型难度较大,再加上企业数字化发展水平不均衡,先进数字技术加持的云上会展与参差不齐的企业数字化能力之间存在巨大的数字鸿沟。

在数字会展尚未覆盖整个会展业,传统会展企业没有找到合适的数字化转型道路的阶段,引入开发和运营成本更高的元宇宙会展可能会加大会展业的数字鸿沟,使更多中小型会展企业打退堂鼓。

2. 元宇宙能否促进"脱虚向实"仍有待考证

虚拟"元宇宙"平台的底层技术和核心技术还得在5—10年的时间里才

能形成。也就是说世界虚拟"元宇宙"开启的时间表是在5年之后。现在连虚拟"元宇宙"基本的底层逻辑都不具备的情况下,就用虚拟元宇宙几百项技术的其中几项子技术就搞起了虚拟元宇宙,本身就是一件荒唐事,更不要说进一步讨论元宇宙会展能否替代实体会展的问题了。

　　似乎目前还不能有个结论,元宇宙会展是否会替代传统会展?逆数字化是否会成为一个会展业的趋势?但是现阶段会展数字化实实在在推进了会展业的发展,特别是双线数字驱动的会展模式似乎成了当下最优选择。传统活动会展加上数字化的双线会展,将数字化技术与线下活动会展紧密结合,会展无纸化、一体化、智能化,线下线上互通融合,将企业、客户、线上、线下四点联动,打通关系流与信息流,发挥线上线下各自的优势,互补线上线下各自的瓶颈,双线驱动效果叠加永不落幕。双线会展作为一种展会的举办模式和盈利模式,强化展商对展会品牌的忠诚度,增强了自身展会的品牌竞争和发展优势。争论的问题就留作未来的研究展望吧!

附录

《全面数字化背景下的上海会展业转型研究》访谈记录

上海公布《关于全面推进上海城市数字化转型的意见》,涉及三大领域,其中经济领域涉及各行各业,也包括会展业。上海"十四五"规划中也提到要全面建成会展之都,而全面建成会展之都也就涉及网络和数字化的问题。网上会展、双线会展很可能是以后会展走向国际、上海建成国际会展之都的重要抓手之一,会展企业需要转型以渡过难关。

2021年9月至2022年3月间,围绕"会展业数字化现状、问题与对策"的主题,采用半结构型访谈形式,对会展行业的专家、企业家和政府协会等20位从业人员进行了访谈,访谈具体围绕(不限于)以下问题进行:①会展数字化的发展过程是怎样的?②会展数字化的现状如何?③会展数字化的未来趋势是什么?线上展会和线下展会是怎样的关系?④会展企业如何看待政府补贴会展数字化的发展?通过访谈形成了一些初步认识。

访谈对象 1:汉诺威米兰展览会(中国)有限公司董事总经理　刘国良
访谈时间:2021年11月8日　访谈地点:上海市浦东新区银霄路393号
访谈记录:

一、会展数字化的发展过程和现状

1. 会展数字化的发展过程:疫情前有过数字化尝试,总体上推进较难,

疫情影响后数字化会展的优势更为凸显

疫情前会展行业已经做过数字化尝试。2012年左右励展就做过相关活动,成立专门的数字化指导小组来推进展览产品数字化,包括网站、App、线上产品等,当时的目标是数字化带来的收入占总收入的5%,增加电子化、数字化的收入。

但是当时展会数字化推进起来较难,且推进难度与展会的行业有关,中国的企业、行业对数字化的接受度不高,一些展商习惯传统的思维方式,与电子行业相关度较高的展会可能接受度更高一些。比如包装类展会,相对而言,礼品展等以中小企业为主的展会则接受度不高,企业员工数量不多,而且很多企业的生产和销售是一体的,没有特别清晰的划分,当时他们大多认为没有必要使用数字化手段。

当时展会数字化推进了几年,有些项目能达到数字化收入占比百分之五,但有些项目还是达不到,这跟行业紧密相关。

后来经历了疫情,大家面对面接触受到了限制,电子和数字化方面的推广成为了展览必不可少的部分。在疫情影响之下,线上展的优势——传播范围更广泛和深入、费用更低等被更好地展现出来,但现在看来我们觉得线上展可能还很难完全取代线下展会。

2. 会展数字化的现状:目前缺少成熟的盈利模式和特别成功的案例

国内线上展或者数字化展规模最大、影响最大的应该是广交会。但是广交会无论从成交量还是现场氛围或是效果、质量来说,实际上都是差强人意,没有达到大家所希望的效果。因此,尽管国家发布了很多倡导线上展会和非接触展会的政府文件,但是展会数字化贯彻起来并不是很理想。

3. 汉诺威展会中数字化较成功的展会:汉诺威工博会

汉诺威工博会是一个较好的雏形,有着不错的线上研讨会、展示、交流、配对等功能。因为德国在创新方面非常强,工业4.0是他们提出来的,他们做得很好,比如线上的研讨会、展示和线上的交流、配对。

二、会展数字化的未来

1. 线上展会无法替代线下展会:线上展会相比线下缺少多对多交流的功能,无法提供触觉、嗅觉等体验。

展览是一个交流平台,在线上展览中,一对一、一对多、多对一的交流都是可以实现的,但是多对多的交流是线下展会专属的功能,线上难以很好地实现。线上展览能够实现听觉、视觉等体验,但是目前同样无法实现线下展览专属的触觉、嗅觉等体验。

2. 数字化是一个需要跟随的趋势:未来需要发展混合会展,线上线下相结合是一个趋势,展览公司与互联网公司需要合作互利。

展览公司的许多资源在线下,数据中心、数字资源、线上影响力无法与阿里、腾讯等相比,但阿里、腾讯也尝试过办线下展会,其线下展会做得不如专业展览公司,虽然他们可以选择发展起来与专业展览公司竞争,但这样的代价比较高,不值得。现在大家逐渐认识到,你有你的资源,我有我的长处,我没办法取代你,你也没办法取代我。所以,合作是比互相取代更好的选择。基于这种想法,阿里和上海贸促成立了一个云上会展公司。所以我觉得会展的数字化或数字化会展是一个趋势,不可阻挡,所有的会展必须要跟随这种趋势。

三、对政府扶持的看法:政府要辅助中小型会展公司进行数字化,如给予补贴并做好细致可行的补贴方案;有了政府补贴,企业自行设计平台会更高效

会展业中小企业面临生存问题。如果人才流失、失业率升高,对社会稳定也有一定影响。因此,政府补贴中小企业是有必要的。

政府补贴、降低成本是扶持和引导中小企业加入数字化潮流的有效手段,就像补贴企业出展一样,中小企业可以申请政府补贴来做线上平台,这样可以有效降低中小企业会展数字化的成本。

企业自行设计平台,政府来提供补贴,这样会更加高效。因此,政府需要有更细致的补贴方案,企业满足什么条件可以获得补贴,需要做好方案。

访谈对象2:汉诺威米兰展览会(中国)有限公司项目总监　孔令国

访谈时间:2021年11月8日　访谈地点:上海市浦东新区银霄路393号

访谈记录:

一、会展数字化的发展历程和现状

1. 线上和线下只是形式不同,实际上展商重视的是获客和成本。疫情带来线下展会获客成本的上升,这是传统会展做出调整、发展线上的一个契机。不论线上还是线下,给客户带来的价值和成本的差值是最重要的。

展会是一个将企业的价值进行定位并且传播的工具。在过去的十几年里,展会在营销的投入比重极高,并逐渐走低。一方面是因为现在传播渠道较多,但是从企业本身经济的角度来讲,我认为是价值和成本之间的关系,目前受疫情影响,许多境外优质的展商、展品及采购商进不来,参加展会获得的价值相较以往是降低的。在原来没有网络传播途径的时候,展会渠道对于客户、展商而言,最重要的评估参数就是获得新客户所需要的成本,包括人员开支、时间、各项经费等。

早期的时候,展会的获客成本相对较低,互联网普及之后,成本逐渐走高。这个问题就引申到线上和线下展会的区别,我认为两者只是表现形式上的不同,在本质上还是一个收益及成本权衡的问题。在疫情的大背景下,线下展会的获客成本越来越高。在线下展会获客成本居高不下的前提下,一些原先比较小型的展会因其提供的价值没有那么高,在成本升高之后价值与成本之间的差值可能是负数,因此很多客商会取消这类展会。而大型展会会有一些余量,但也只能说是尚有余量。一旦它接近或者突破阈值,就是线下展会需要做出相应调整的一个契机了。

目前来看,因为一些体现形式、展商参与程度等问题,线上展会获得的价值没有那么高,但是对于客商而言,线上展会的优势是它的成本很低。

很多企业对于线上和线下的差异没有非常正确的感知,这两种形式仅仅是形式不同而已,不是一个模式会取代另一个模式。因为客户重视的是获客和成本,线上和线下只是一种手段,两者不是竞争对手,最终能够给客户带来怎样的收益才是最重要的。

2. 目前国内缺乏数字化较为成功的会展企业,一些企业有数字化发展的计划,但进度较慢。

目前中国暂时缺乏这类企业。这跟每个公司着眼的视角有关,公司是有长远的计划的,但是由于种种原因不得不更多先去关注于眼前的事情,长远战略的步伐才会走得更稳健,厚积薄发会有更大的迈进。

二、会展数字化的未来

1. 线上展会是数据采集及分析的渠道,用来提供用户画像,从而让线下研发更符合市场需求的产品,线上服务于线下、需求端导向供应端,最大化发挥双边价值。线上展会目前已经做到了数据采集,数据分析则需要未来会展业吸收更多跨学科的人才去实现。

线下会不会被线上所取代,像淘宝店取代线下店那样?线下店当时会被淘宝击垮有着多方面原因,比如房价上涨、铺面成本上升等,不能单单归因于淘宝的诞生。线下店有着体验优势,线下会展也是一样,因此线下展会不会被线上所取代。

我也不认为线上会展是数字化的最终呈现方式,因为从展览会的架构来讲,原先的展会架构是基于产品去找人,而互联网的模式是反过来的,是基于人的需求去找产品。展览的转型方向是借助线上的渠道和线下的工具。原来是展商带新产品来展会,看看是否适合市场、能否成为爆品,现在我们可以通过线上平台,以非常低的成本去采集用户画像,将用户喜好告知研发部门,在下一次展会的时候推出符合用户画像的产品,这样才能起到展会的价值。

所以,我对线上展会的理解是,它是一个数据采集及分析的渠道。当然很多公司可能已经做到了第一步数据采集,但是后面的建模和分析却做不下去。因为它需要跨部门、跨学科的人才,如学统计学、计算机语言以及能够将业务语言翻译成统计学语言的人。未来需要更多学科相融,能够将线上采集到的数据进行量化分析的人才是会展业未来所需要的。

线上数据收集和分析的最终目的是服务于线下展会,做出一个由需求端导向供应端的展会。这样的展会能将双边的价值最大化发挥。展商可以根据客户实行不同的定价策略,可以把消费者价值剩余做到最大,故而展览公司也能产生最大的利润。线上展会要创造的价值在于此,而不在于取代线下展会。

数据要经过分析才能具有预测性。未来会展公司需要一大批IT人才来做分析和预测,制定最符合客户需要的产品,来获得更多利润。要做到比你的客户更懂你的客户,现在我们依赖经验,未来会更依赖统计分析。

2. 传统会展企业与互联网企业的关系:互联网企业有平台,传统会展企业有客户资源,目前传统会展企业存在对数据认知的误区,未来合作发展才是方向。二者的模式融合会成为未来中国会展走向国际化的核心。

对于云上会展,阿里巴巴目前的问题是已经有了平台,但需要有客商才能邀请足够多的买方,所以需要与传统会展公司合作。传统会展公司对这种模式不了解,觉得好像数据共享之后自己就没有优势了,但这正是目前很多会展公司的误区。数据要具有预测性,需要在模型框架下才能发挥价值,否则仅仅是联系方式等,会变得越来越没有价值。在数据分析上,中国有前景、有优势,因为我们有大量的人才红利。

其实传统的展览公司也不是不能做线上展会,这是一个自营和外包的关系,涉及成本。让专业的人才去做,比较难、成本比较高,让云上会展这类公司去做会更好。反过来,这类公司的数据分析建模完成之后,也需要一支团队去变现。他们需要找一支更加熟悉这个行业、更加擅长与这批客户沟通的队伍。因此,未来传统会展企业和互联网公司之间会有模式融合,而且这种模式融合恰恰是中国会展行业的核心竞争力优势,是其他国际展会公司不具备的,也是未来中国公司能够走向国际化的核心所在。

三、政府如何助力会展数字化

除了补贴、扶持,政府还需要理解未来的产业模式,引领产业结构的转型。政府可以做两件事情,一个是正向管制、一个是逆向管制。首先可以制定一些税收减免政策来降低我们进入这个行业的门槛,其次就是要避免一些垄断企业发生垄断行为。做到这两点,就可以让我们的市场几乎接近一个自由进出的市场,在未来会更有活力。

会展行业中有很多中小型企业。大公司可能和技术类公司谈判,既有财务优势又有话语权,容易推进事情,而中小型企业在推进的时候是比较困难的。首先中小型企业对疫情的判断就不那么乐观,因为他们的财务状况可能不能够支撑他们度过疫情这几年,同时一个新技术、新产品又需要投入,成本增加了,产品本身优势又难以为继,所以可能对他们来说在这样一个循环之下生存和维系已经很成问题。中小型企业无法避免原有业务、人员流失,疫情对各行各业都有影响。

但是从人才储备来说,会展行业在未来疫情恢复之后需要的人才结构是否还与现在一致?未来会需要更多的技术性人才,业务性人才也不仅是对接客户,更需要将业务语言转换成统计语言,与技术人才沟通,因此未来对人才的要求也是不一样的。所以,是否要留住目前的人才,还得看政府未来想主导的方向是怎样的,是保持现状,还是有更多的想法,觉得不破不立?这还是需要看政府对未来会展产业模式如何理解。

中国政府会想好托底的政策,面对一些短期的问题,也会为企业创造更好的环境。政府可以有一些补贴、政策性的扶持,或者组织培训。这涉及的不是简单的托底,不只是失业保险、税收减免,需要重新梳理,未来要如何适应新的格局,政府要引领产业结构的转型。

访谈对象 3:英富曼会展集团项目总监　袁亦婷
访谈时间:2021 年 12 月 2 日　访谈地点:上海市南京西路 388 号
访谈记录:

一、会展数字化转型过程中企业面临的难题

1. 人力问题。我们在线上发展方面缺人才。原来会展行业是一个很传统的行业,在过去可能整个数字化部分没有设置过专业人才,并且线上行业从收入来说,包括 KPI、产出,与我们的量化维度是不太一样的。所以在这个过程中,找人是比较艰难的。

2. 与大厂合作预期难以匹配。比如我们去找一些对数字化产品比较

感兴趣的大厂,他们对传统展会所设计出来的数字化产品是否能够达到他们预期的结识客户这一目的会有所顾虑,且在实践中,真的有客户购买产品后发现他们的获客预期和实际展会公司给予的价值不匹配。他们会觉得这种传统行业和他的预期不对拍,所以比较难匹配。

3. 在企业整体进行数字化转型的过程中,试错成本较高。公司动员员工去成长、学习,想通过这种方式看看能不能有所提升,但是在过程中确实走了很多弯路,在尝试过比较多的方式后,会展公司逐渐从宣传项的发展方向转型成更深入行业发展的咨询项维度。整个集团公司的试错成本就特别高。

那么数字化会展的盈利模式到底在哪里?

二、现阶段企业数字化进程的现状

1. 产品经理承担KPI

以婴童和授权项目为例,第一个阶段是疫情刚刚暴发的时候,集团直接发文表达了对集团项目数字化转向发展的战略和目标的号召。当时展会延期了,项目组和运营层全都在想到底怎么样去做数字化产品,每一个项目组都背着一定的KPI去做数字化转型,要达到变现这个结果。集团也鼓励项目组试错,把比较好的案例在整个大集团里做分享,促进大家对线上产品的交流学习和产品开发的发展。

2. 分阶段数字化转型

在展会延期期间,集团不接受展位退款,那么这笔收入会面临一个问题,到底是做展位、赞助还是数字化?我们的第一步是把原来的展位挪到了数字化模式去做,所以当年第一笔数字化的KPI是这么去做的。一方面作为项目组需要去消化这一笔收入,第一年的KPI没有一个非常明确的规则,但到了第二年,我们每个项目组对数字化产品的KPI就有明确规划,并根据项目组实际情况制定了项目 KPI 和个人 KPI。

3. 不断学习数字化转型

集团一方面不惜成本地去开发，另一方面也不停地让大家内部分享成功或失败的案例，包括海外市场和国内市场。

4. 分维度数字化转型

以前从媒体角度来说，我们是完全不会投线上数字媒体的，但现在也会有一笔预算是专门投放到抖音市场，这种转型会逐渐地把每一块实现数字化。那么每个项目目的是不一样的，比如婴童展，它倾向于找更多的经销商，然后落点到四五线城市，越往下沉越好。那么对于我们来说，就是要找更多的品牌方，而美妆行业其实也是经销品牌，不同维度都要做，我们在这个阶段就是要找到精准的展会模式。我们在线上提供商贸匹配的概念，让商贸匹配产生价值，然后去做售卖的行为。这一条路线可能是我们觉得最有可能产生价值的，但是售卖包括客户愿意买单的行为价格，其实是远远低于我们预期的。

去年我们也看到市场上直播特别好，我们也做了很多直播。对于市场来说，我们是无形资产，所以当时我们觉得挺难的。然后我们就做线上推介会，把以前线下做的会议性内容录屏，邀请品牌方看，但转化率比较低，很难真正触达概念。

三、数字化进程中面临的难点和挑战

1. 难点：从宣传维度到咨询以及匹配维度的跨越

我们当时做授权项目时就发现，如果是以前线下展会的话，一场论坛可能就是一个小时到一个半小时，因为场地等环境因素限制，人是不会离场的。但是如果我们放到了线上，即使是专业观众，最高集中度大概在 15 分钟。我们要考虑流量，大部分人习惯了 C 端的流量，对于 B 端是不愿意买单的,并且希望追踪到这些流量到底是谁?这样的话展会公司就面临着一个很大的转型,就是我们现在遇到一个很大障碍:过去十年我们所做的展会都偏向宣传体系的角度,到了今天,我们一旦全都放到线上,就变成了一个匹配维度,从原来的宣传视角变成了咨询公司。所以特别是对于大型外企来说,它很难转型,因为不能够深入行业去做匹配,然后我们最终还是要返回营收,落点在宣传和展位。

2. 挑战:①客户黏性不够;②数据库活不起来

我们比较在乎的是客户是否参展?市场部可以掌握一部分大买家,然后通过市场化的渠道去抓取客户资源,但是这些买家的黏性是比较弱的。

我们最大的障碍是数据库活不起来,如果数据库一旦活起来,用户的黏性又足够高,肯定是可以成功的。展会一旦搬到线上,要保证有足够的数据基数,并且整个数据库全部活起来,客户为市场买单才会产生市场的匹配。但是在实际的操作中,市场部人力转化率跟不上,要维护足够多的数据并且让整个数据库活起来是很难的,除了专业的医学会议(服务于人的会议市场)可能达到,大部分展会公司做不到。外包是可行的,但是外包很难达到客户黏性。

那么在这个阶段,如果一定要做数字化,最大的挑战在于市场的黏性能否增加,如果黏性增加,反向客户是愿意买单的。要解决黏性问题,不是靠以前的打电话就能解决,而是要了解实体行业。一旦黏性增加,整个质量就会提升,也会反哺到线下展会,但是单凭一端是做不了的。

四、数字化转型的初步成果

团队在做不同的直播项目,尝试不同的时间点进行直播,会发现不同渠道吸引人的转化率是不一样的。当直播的内容过多时,干货质量就会下降,很多人就不愿意再听直播。经历了一段困惑时间,后来我们把所有关于直播的产品全部删减,开始做更系统化的内容:①成立项目组,招募 KOL;②孵化对接平台(直播、询盘功能)。

我们不断尝试线上化数字产品,每个项目保持比较高强度的指标,除了指标规划之外,每个项目都在垂类地打造小程序。但是这对于我们这个行业有一个很大的问题,我们是一个全球化的展会,小程序在海外是没有办法打通的,小程序的设计主要是在国内,语言也是以中文为主的。

五、在实际展会过程中,考核 KPI 涉及的指标

一般是展位和赞助这两方面。两年前,我们就开始加大整个数字化的规划,当时增加了一些产品:商贸配对、直播、线下快闪店。但是在跟公司接洽的过程中,考虑到我们作为一个展会公司不可能又做咨询又做搭建等,这与我们集团本身的主营业务是矛盾的,所以当时在这个维度上我们没有去做特别多的工作。在第二年,我们逐渐退出直播领域,把重心偏向了商贸配对市场,此外我们也做了一些跟其他展会的跨界合作,比如云采宝。线上项目的 KPI 大概占展位收入的四分之一,但是集团仍然是有信心的。

六、企业认为数字化会展会成为未来的发展潜力

数字化是我们整个集团体系下的命脉。因为集团本身在全球数字化发展上有数据研究分析等优势,对于数据管理各方面都有自己的一套体系,所以对于数字化比较敏感。通过数字化展会的质量会提升很多。在过去,客户执意选择线下场景是因为打通了垂直壁垒,这个是其他无法做到的。任何一家公司在某个领域的展会发展到一定规模以后,如果在某个区域形成壁垒的话,那么它以后的存活方式就比较简单,在这个维度下,项目组在数据和客源层面的管理越来越精准,会更加偏向媒体维度、专向咨询维度。经过时间的积累,展会的规模逐渐扩大,做到一定规模后

就难以被超越。对从业人员的要求也会更加专业化,需要了解行业的深度,比如现在招聘展会(IP授权展)的销售要非常了解文化,只有对这个行业非常熟悉和足够专业,客户才会为此买单。

访谈对象 4:法兰克福展览(上海)有限公司总经理　赵慰平

访谈时间:2022 年 1 月 10 日　**访谈地点:**腾讯会议(线上)

访谈记录:

一、对会展数字化的认知:线上、线下各有优势和不足,应该是相互补充的

线上和线下各有利弊。像广交会是一个典型的出口订单类型的展览会,需要面对面看货成交,所以广交会虽然在前三届举办过线上展会,但是从报表看都是很谨慎的,单纯的线上不能代替线下,因为大家对出口订单的需求是很强烈的。

二、对参展商调查得出结论:大部分参展企业认为线下实体展会不可取代

我们德国公司总部在去年 10 月也做了一次对于参展商的调查,得出了几个结论:第一个就是大部分以前的参展企业都认为线下实体展览会不可取代。第二个就是现在恢复举办实体展览会的条件已经成熟了,当然这之后欧洲疫情又开始反弹,年初的一些展览会也都陆续取消了,什么时候恢复还不得而知。所以我觉得线上和线下并不矛盾,应当是互相补充的。

三、会展数字化技术对展会工作的具体改进

1. 促进招展,节约成本,基本可以做到无纸化办公

我们可以通过线上进行招展,可以节省周转的成本,并且基本上做到无纸化办公。因为以前传统的招展要寄发大量的书面材料,现在基本可以通过线上寄发材料,并且能得到及时的反应。

2. 线上居家办公逐渐成熟,但是会导致员工缺乏团队理念

疫情已经延续了两年,从总部开始基本上都提倡远程居家办公的理念,这也是欧洲的一种趋势,可以节约成本。所以我们很熟练地进行远程办公。远程办公也没耽误事情,该做的工作也都做了。但是也出现一些问题,就是大家有一种孤独感,或者说是没有团队的理念。

3. 促进招商和招展工作运行,预登记等模式被观众逐渐接受,参展信息更加真实

线上技术大大促进了现场和招商工作的进度。以前参加展览会的观众或者买家要事先在网上预登记,然后再进入会场。观众都不愿意把自己的信息提前进行预登记,因此预登记的数量不是很理想。现在大家都理解疫情下必须预登记,而且预登记可能会成为今后进入展馆的唯一方式。这样不仅大大增加了预登记的数量,而且所有信息一定是真实的,所以线上技术大大促进了现场招商工作的力度。

4. 提升现场工作质量,运用无接触服务、机器人咨询等

现场工作的防疫要求非常严密,基本上是一种无接触服务,尽量不和参展商面对面接触。我们大量利用了一些线上的技术,比如刷码、胸卡。一些咨询性的服务通过机器人或者隔离的咨询来进行。

四、外资企业数字化运行过程中面临的主要障碍

1. 资金方面问题

资金可能会是一个问题,但是对于德国公司并不是太严重。因为我们主要办的是消费品展览会,所以特别重视公司的现金流。当然现在经历疫情两年多了,也有一些很大的困难。

2. 技术方面问题

我们在全世界大概有将近200个代理都是由总部来控制领导的,包括线上活动也是统一的。不管使用什么软件,都是总部来选择预定。这样就使全世界所有的子公司或者是代理使用同样的软件分享信息,这一点是其他战略公司难以具备的,我们的网络可以扩展到世界上几乎每一个角落。目前的线上技术还是无法取代实体的操作,因为展览会是人面对面去招展的工作。如果完全都是冷冰冰的线上接触,会产生一些问题。面对面和客户有一种亲密的交流能产生黏性。

3. 线上效果问题

线上工作看起来很美,但实际效果却比较模糊。线上招展、线上招商带来的变化和效果并不是特别明显,而且以后线上活动招商引流的资金投入会越来越大。国内的线上活动比较先进,应该说是超越德国的。但是现在也没看到哪个线上展览会完全取代了实体展览会,或者是线上哪一家公司收入大涨。当然好的个例也是有的,比如上海的米奥兰特、博华,他们的线上活动做得也是比较好的。但是这种线上效果的普惠性好像还是比较少。

五、企业面临更大的挑战

1. 疫情改变受众消费习惯,企业需要适应

线上现在做得如火如荼,特别是今后我们的受众是80后、90后甚至是00后,他们中间的许多人已经成为所谓的"商二代"了。老一辈的企业家基

本上都退休了,新一代的80后、90后来承担工作。他们是靠手机生存的,通过手指在屏幕上点击几下就可以组成一种买卖,这是他们的特点。今后实体展览会还会继续运行,但是由于新生代的介入,可能会改变。但是人和人的面对面交流还是不可或缺的,实体还是不可取代的。同时,80后、90后比较注重体验型经济,他们好奇心强,容易接受新事物。除了虚拟的线上,我想他们对于线下还是会重视的,这是受众的一个最大的变化。

2. 线上技术迭代较快,企业需要不断更新和投资

线上技术发展非常快,就像现在所谓元宇宙概念的提出,中国的一些大企业,比如腾讯、抖音都要进入元宇宙,如果元宇宙概念的展览会开始实行,那么现在所有的线上、线下展览会恐怕都要被淘汰了。因为世界需要不断升级,大家都希望有一种立体、直观的元宇宙虚拟世界,谁也不愿意再去干巴巴地在电脑屏幕前看所谓的线上展览会了。所以线上技术也是在不断更新换代的,有时候我们刚刚掌握线上技术,马上又有新的东西出来,需要重新进行投资,所以这对于广大的受众、参展商或观众都是一个挑战,因为需要不断进行更新和投资。

六、线上展会不理想的原因:进入国内线上展会比较困难,存在进入过程繁琐、用户担心隐私泄露等问题

线上技术特别是中国的线上技术进入性比较困难,进入线上展览会非常麻烦,需要提供姓名、身份证号码、手机等许多个人资料,最后还要有验证码,稍有错误就要从头再来。

德国总部提倡一种所谓的"即插即用",像插头一样插进去以后马上就可以进入。它的进入性非常亲民、便捷,能吸引更多的受众。

在中国因为安全保护的问题,需要登记大量的个人资料才能进入,甚至有可能还进不去,进入以后效果也不是那么理想,大家兴趣索然,有时候就

放弃了。这可能是线上展会不尽理想的一个原因。

访谈对象 5：东浩兰生(集团)工业商务展览公司副总经理　姚春瑜
访谈时间：2021 年 12 月 20 日　**访谈地点**：上海市同普路 138 号
访谈记录：

一、数字化会展的两个维度：1.纯线上的产品，追求线上产品的效率接近线下生产的效率；2.双线展会，线上赋能线下，提高线下展会效率，这是短期内的方向

双线会展就是线上赋能线下，怎么通过数字化进一步提升线下产品的效果？这是值得我们去研究的。实际上这是两个维度：一个是纯线上的产品，最终追求线上产品的效率接近线下生产的效率。另一个就是线下展会参展，通过线上赋能线下，让线下展会的效率更高。通过数字化的手段让参观观众更精准、更快速地了解想要看的产品。特别是像我们这种大展会，参展代表组团进来，效率比较高，如果他们进展馆后有 App 或者小程序或者短信告诉他比较关心的人在哪里、现在在做什么、今天有什么活动、到了谁来接待等信息，效率会更高。这就是线上赋能线下，用数字化手段让战略效果更好。这是短期方向，叫双线会展。

类似于逛淘宝，当你进入这个网站的时候，实际上淘宝是知道你的喜好的。这就给我们数字化一定空间，在他入场的时候通过数字化的手段就了解他的需求，然后帮助他实现、满足他的需求——这是双线会展的内容。

二、如何理解纯线上的会展：网上会展纯粹是提高参展的效果或者是接近线下参展的效果，未来B2C展览会可能会更适合这种转型

一般的ToC展览会可以走这条路线。第一是基于目前的参观习惯已经开始改变了，越来越多的年轻人不愿意面对面交流，更愿意线上交流。第二是因为疫情对旅行限制，无法参加距离很远的活动。这也会填补经济贸易类的线下展会无法达到的目的。将来发展到全息技术，体验会更好，机器放到家里，甚至以后展台都是空的，全部通过全息投影，能够身临其境体验产品，这些都是网上会展要考虑的。

三、对于会展企业数字化的障碍：1.传统企业转型难在如何去认识这个行业；2.人才成本较高

1. 展览行业很传统，转型的障碍在于怎么去认识这个行业。这个是很重要的，行业的价值是提升效率，沟通效率。障碍是我们对数字化的认识还不清楚，只是认为技术能够让展会规模更大、企业更多、观众更好，如果还是局限于此的话，企业就走不出来了。所以我们要通过资本手段去投资一些公司进行转型，而障碍主要就是企业对行业的认识。企业家的观点是转型最大的障碍。

2. 会展公司要转型成为数字化公司是很难的，信息化的公司从成立开始就有80%的员工就都是研发人员，销售人员很少。会展公司要变成数字化公司，就要把人员结构全部进行调整，成本太高。对于数字化，如果只是一个没有数字基因和科技基因的公司，就只是表面上所说的数字化。

四、推动会展行业数字化的方式之一：资本战略投资倒逼会展企业数字化转型

目前数字化的风险这么大，看不到盈利模式。中国企业变得更加谨慎，

不会轻易投资。那么只有引进战略投资,引进新的、更具眼光的战略投资者,逼着国内企业投资,突破战略。原来像我们这种传统行业,资本是不青睐的。有眼光的投资人或资金方关注到这个行业,逼着我们去转型。国内会展行业相对于其他行业发展得比较慢,而英国或者美国企业的数字化转型很快。

五、衡量数字化的效果:能否达到线下展会相近的效率,能否获得资本方的青睐

1. 展览会最终存在的意义是展会的参展效率,参展公司到现场做推广比在工厂的推动效率要高,这是我们存在的本质。我们做展览展会,展商要花钱搭建,把机器运过来调试好,与竞争对手同台。他为什么愿意参展?是因为参展对销售的效率最高,能短时间聚集大量的人气,获取客户的信息并进行面对面的交流。线下参展效率比其他形式高。

2. 资本方的青睐也是一种效果。但实际上线上产品很难有数字化收入,没有办法突破数字广告。所以要转型成互联网公司,不能轻易靠卖数字化产品。

六、东浩兰生的数字化:已经做出一些尝试,但目前效果尚未达到预期

对国有企业来说,数字化转型是必须要做的,我们今年提出要有一些落地的应用,去年我们在人工智能大会的项目上做了一些数字化尝试,今年我们会有更多落地的数字化会展项目应用,从去年开始我们做了一些尝试,但是效果还没有达到理想的预期。

七、政府扶持企业进行数字化转型,应该涉及:1.有展馆的企业;2.有数字化转型意识的企业

从展览展示的角度看,博物馆、艺术馆是可以做的,因为它不是临展,有价值。如果有专项基金,可以补贴现场、场馆,让展馆的工作更有价值。补贴谁?第一是涉及展馆的企业;第二是有数字化意识的企业,数字化会展是一个趋势,新型人类消费方式,甚至是元宇宙这种理念,可能是新型会展模式革命性的变化。如果我们把这些都定义为以后的会展,上海现在还要打造国际会展之都,这类企业都应该成为受扶持的企业。

八、加速会展企业数字化转型:1.资金倒逼企业做项目;2.技术能够得到真正的发展,线下展已经不能达到预期的参展效果,环境变化需要转型来适应

会展行业数字化比较慢。资金会倒逼着我们去做项目。第二就是技术发展,外延的技术倒逼着展商认为线下展没有更好的效果。环境要转变,企业要转型。

访谈对象 6:中国机电产品进出口商会市场总监　赛彤
访谈时间:2022 年 2 月 15 日　访谈地点:腾讯会议(线上)
访谈记录:

一、线上展的效果、与线下展的关系

参展商和采购商对线上展会的效果存疑,我觉得线上展会是有必要存在的,能够提高展前的黏性和互动,但是没有办法替代线下的互动,目前还没有看到一些好的线上盈利模式。一开始有政府补贴,但是现在很少,参展商不愿意支付比较高的成本。目前线上展览还是作为一个补充的方式,无法替代线下展览。现在主要还是依靠主办方进行投入。

其实我们做线上系统的时候,在高中低档十几家服务商中做了比较,为什么这么谨慎?主要是线上展已经持续了一段时间,线上展会的参展商和采购商都对线上展会的效果持有异议。线上展会的效果只能作为线下展会的补充,是有必要存在,能提高参展商和采购商在展前的黏性和互动,但是无法替代面对面交流。所以短时间内没有看到特别好的商业模式。

二、数字化的障碍:ToB 展会洽谈需要较长周期,难以线上在短时间内建立信任关系;线上展会水平参差不齐,参展商对线上展效果普遍存疑

从我们目前接触的客户来看,我们行业涉及的产品是工业类产品(主要是大型的机械设备产品),所以本身谈判的周期比较长。另外,它也很难通过线上短时间的交流建立信任。所以线上展会像工业产品也就是 ToB 类不像 ToC 类这么容易产生效果,这是第一个原因。

第二个原因是参展商选择的渠道比较多,线上展会质量参差不齐,效果一般,时间久了之后对线上展会的认可度降低。

三、预估数字化展会达到盈利还需要三到五年时间

UFI 发布了很多展会数字化方面的调研和数据统计。目前很少有企业的线上展会能达到线下展会的盈利水平。像科隆展、励展的数字化产品收费,可能效果也不佳,购买人很少。所以,我估计达到盈利还需要三五年。一方面取决于技术的成熟程度,另外一方面是线上和线下展会结合,因为纯线上展或者是代参展买单率不高。

四、政府政策方面:鼓励企业参加境外展会,提高外贸数据;工业互联网、工厂智能化改造;不局限于补贴

首先是参鼓励企业参加境外展会,直接关系到企业外贸进出口数据。

企业数字化还有工业互联网、工厂智能化改造的需求。商务部发布的《"十四五"商务发展规划》等,关注数字经济,包括鼓励外贸新业态,如跨境电商、海外仓等,相关政策不仅仅局限在补贴线上展会,这部分的力度和额度都不多,占比不高。

五、选择线上系统主要考察的维度:前台、中台、后台是否能结合在一起

我们寻找的是一个能将前台、中台、后台结合在一起的线上系统。目前市场上一些大的企业像阿里、腾讯、百度,我们都有接触。中型企业主要服务会展企业的主流品牌,像苦瓜、31会议,我们也都了解。还有一些新出的线上系统公司,通过朋友推荐、介绍,也都有所了解。我们考察的维度是展前的营销工具,展中与参展商和采购商登录、对接、洽谈,展会现场的直播是否包括展后数据分析和展会现场的关注注册等功能,这些需求能否在一个系统上实现,目前我们找不到一个适合会展企业全流程数字化的系统。

从业务实现的角度,包括 CRM 管理、异地的办公室数据流转,我们有一个数据系统,线上展会主要是参展商和采购商在使用这个线上系统。另外我们还有一个观众注册的系统,这两个系统还要再做一个接口连接。我们也没有找到一个最优的线上展会解决方案,只能三个系统同时运营,根据工作需要去转接。

六、线上系统的预算:根据需求差异,成本从几万元到上百万元不等

成本取决于想要多少功能,比如是本地化部署还是布置在云端,是一次性买断还是按年付服务费,开设哪些模块,每个模块个性化定制的需求程度等。成本从几万元到上百万元不等,我们也了解了市场上其他企业采购的需求和习惯,政府展会的系统上百万元,商业化展会一般是几万元到十几万元的预算范围。

访谈对象 7：上海万耀企龙展览有限公司高级经理　李怡霖

访谈时间：2021 年 12 月 29 日　访谈地点：上海市南京西路 1333 号

访谈记录：

一、数字化会展概念：线上会展、双线会展是平台，是数字化的一部分；平台作为载体，并不是数字化的主要难点所在

线上会展、双线会展作为一个平台被包含在数字化概念里。对于主办方来说，数字化包含线上会展、双线会展，可以作为一个平台。

我们的数字化产品体系中有一个营销圈，分为 DFC 和 GFC，前者是面向国内的平台，比如小程序，后者是面向国际的平台。但是这两个平台在整个数字化体系里只是起到了一个载体的作用。坦白说，做小程序或者是海外的平台太简单了，只需要找供应商做就可以了，难点不在这个。

二、会展数字化的发展：早期已有团队负责做转型探索，但推进较为困难；疫情加快了数字化进程

从数字化营销来说，2016、2017 年我们已经有专门的团队做数字化了，带领我们从传统市场去转型，那时候很前沿。但是在转型的过程中，传统和线上碰撞很痛苦。2018 年，我们的数字化营销也仅限于内部使用，提高到场率等，使用数字化只是为了展会本身。2020 年，因为疫情产生了很大的改变，尤其是国际性展会受到很大冲击，因为我们的展会优势在于吸引国际观众，参展商也是为了这个目的来参展，我们的定位非常明确，但疫情让我们必须推进数字化的改变。疫情后，我们 40％ 的数字化产品和工具需要做

核心价值的升级。什么是核心价值的升级？原来的核心价值是把展位租给展商，把买家带来展会。现在展商会发现，疫情之后无法参展，订单还是一样多，因为老客户基本不会变，所以展会的核心价值发生很大的改变。另外，展商不能见面，所以在开拓新客户方面变得很保守，通过老客户介绍新客户，当然这样效率也比较低。在这个时候，展商已经出现了两派，一派是产能已经超负荷，也不想去改变，能撑一年是一年；还有一种是内贸方面已经很强，有些专门做内贸的企业尝试做外贸。我们40%精力做品牌，用产品来做品牌提升，展示我们的核心价值，给老客户一个重新认识我们的机会，还有40%就是增加收入，剩下30%才是做VP的招募。

三、会展数字化的难点：相比平台本身，主办方的认知和长远战略计划更重要；数字化的发展重点是底层逻辑，产品包装等是否符合长远规划

如果只有国际国内这两个平台，是缺少长远策略或者战略上的改变的。我觉得现在数字化的主要难点在于产品的逻辑以及战略规划。数字化营销和未来的产品结构是更重要的。所以我们每年1月都会做三年战略计划，数字化的计划也是一样，我们考虑应该怎么一步步做。

四、数字化帮助展会升级核心价值

1. 通过数字化产品满足不同展商的不同需求

疫情前是对内使用、不对外使用，现在是包装好对外使用，因为企业发现拿订单不像以前必须要参加展会，现在有别的渠道。疫情期间不参展，成本节省下来了，订单多但是利润率也下降了，等于是比以前忙，但是赚的钱比以前少了，所以企业更加谨慎看待大成本投入展位，不确定的因素很多。像外贸企业很少转内贸，外贸好赚钱，转内贸的话，它的生产线、销售体系、经销体系出现内卷。所以还是要区分不同的受众，不同的展商需求不同，我

们对应不同的数字化产品去做。

2. 提高非展期黏度、追求买家质量、拓新板块

疫情加速了转型,怎么用数字化的产品去切入？第一是怎么建立与展商在非展期的黏度；第二是怎么维护关键买家,提高关键买家的黏度,追求买家质量；第三点是用数字化拓新板块。企业都是要发展的,比如建装一体化,原来是做地板行业的,那么现在建筑系有八大展,有门窗等的展,怎么去融合资源,看起来只是把资源拿过来,很简单,其实当然不是。

3. 通过数字化技术加上自身专业优势,产品差异化

我们已经有了一套营销圈的体系,像德尔这种大的地板公司有创新营销团队,可以自己做数字化营销,招商、增加经销代理、卖货、toC 端。有两种方式,一是直接找平台本身,比如字节跳动、腾讯、百度,二是委托第三方代理公司。我们的竞争对手就是第三方代理,我们打包了这些服务,因为第三方广告代理公司不可能比我们更专业、更了解地板,也不可能有我们的地板专业数据,不可能有我们更了解预期。所以这三点是我们的优势所在,可以尝试进行对比。当你看到成效以后,会想要更多更好玩的创新营销。

所以数字化只是平台而已。对于展商来说,看到的只是上传的产品和资料。除了营销引流以外,我们通过很多方法把线上线下的活动结合起来,把优质的买家筛选出来。之后进行买家跟进,再匹配到相应的供应商、展商。很多主办方做配对收不到钱,但我们的数字化产品是有收益的。

目前我们提供很多服务,云代理、云配对是已经产生收益的,除此之外还有云探厂、云峰会、云买手、云逛展等一系列服务。一些技术是外包的,找专业的技术团队来做。我们现在就是在卖内容核心价值和创新的营销。

4. 线上夯实、线下配对,通过线上平台的高效性、准确性提高买家黏度

不可能让展商所有的产品都上传平台,可能每个展商就 3—5 款产品,很重要的一点是引流,数字化引流回到平台,我们看到的是留下的印迹,表

单会显示对产品的兴趣,那么我们接下来就需要去跟进不同渠道的买家。他们都是有经验的老买家,自己询价也可以,为什么要通过我们平台呢?我们需要给他们快、准、靠谱的资讯,了解他们对展商和产品的期待。做得越精细,买家的黏度就越高。

五、会展数字化的意义:挖掘和提升展会核心价值,帮助展会主办方转变为具有整合营销能力的服务商

我们做数字化的目的,不是为了有数字化或者因为国家提倡有数字化,是要把展会的核心价值升级,然后做转型,主办要从单一的展览主办方变成能够为地产或建材行业提供整合营销能力的服务商。比如通过数字化营销找到设计类的服务商,打点设计师、甲方,这样材料商才有可能进入体系,不然永远都在体系外绕圈。我们做一个提供整合营销能力的服务商,不能让展商觉得除了每年一次开展的时间之外都不需要你,这样展商的黏度就降低了,尤其是大展商,但如果我们有新的东西比如数字化营销,我们拓展新板块的时候数字化产品也有一定作用。

访谈对象 8:上海博华国际展览有限公司总经理　王明亮
访谈时间:2022 年 2 月 23 日　访谈地点:上海市虹桥路 355 号
访谈记录:

一、会展行业数字化现状:整体来说比较落后,纯线上展会存在较大难度;展览公司还未做好数字化转型的准备

特别在疫情期间,会展行业的数字化程度整体比较落后,会展行业相对

比较传统。数字化赋能会展行业体现在一些技术应用上,从而形成新的、电子数字化平台。数字化平台对展览会来说是一个现象,疫情期间很多展会搬到线上,其实是无法完全实现的,因为没有强大的产业和有经验的数字化经营管理人才,还有大数据和线下的结合问题。事实上,纯线上展会是不可能的。

对于展览公司怎么进行数字化转型,其实大部分企业是没有做好准备的。因为数字化转型不是用 3—5 年就可以实现的,即使进行大量的投资也不一定能做好。

二、博华数字化发展的契机:早在 2005 年举办计算机展,有互联网基因,加上领导者战略思维支持和大量的投入(产品、资金、人才、技术等)

我们比较幸运,因为上海最好、最早的计算机展是我们做的,所以互联网在公司的企业文化里有一定的基因。我们进行数字化投入的时间比较早,2005 年就着手于数字化的准备了,当时第一个产品是家具在线。我们的领导者也有较大的决心,从域名开始转变,刚开始是 www.furnitureinchina.com,改域名为 www.jjgle.om。jj 代表家具,gle 代表搜索。我们的受众绝大部分都是国内的企业,国外的企业占 10%—20%,所以从域名开始进展。2021 年我们的流量达到 2 亿,2020 年是 1.1 亿,2019 年是 8000 万,这种爆发式的增长得益于前期做了很多铺垫(产品、资金、人才、技术设备等投入),我们早期的每一个展览项目组都要配互联网运营经理,我们是线上和线下的结合,互联网人才的能力就很扎实了。

三、博华数字化发展的三个阶段:早期卖摊位,中期依靠观众质量,后期进行数字化和新媒体驱动;今年把数字化转型提到战略高度考虑

发展阶段早期是以卖摊位为主,中期依靠观众质量,后期进行数字化和新

媒体驱动。今年我们才开始数字化,把数字化转型放到战略高度来考虑。一方面是因为疫情逼迫大家发展线上,最主要的原因是市场和业态的变化。淘宝、天猫、京东都是线上采购加移动端(90%的订单都发生在移动端),电子商务市场把C端、P端(Professional)往数字化引流。我们正处在潮流推动的时代,我们的产业相对来说比较传统,制造业的参展商也比较传统,但销售渠道近十年有了很大变化,比如家具行业,之前在大卖场做得很好,现在仅仅靠大卖场是不行的,所以现在制造业展商也在做数字化转型。

四、线上展会收入现状:线下展会捆绑线上展会获得收入来源;目前没有真正意义上的线上展

目前线上的收入来源之一是参加线下展会的展商必须要参加互联网展会(线上展会)。2019年我们有3 000万元的收入,2020年4 000万元,2021年5 000万元,2022年预计7 000万元。大家会觉得已经达到几千万元的收入好像是挣钱的,但是在互联网上的投入、人工的成本是很高的。收入是非常可观的,但是前15年的投入也是非常大的,基本是没有回报的。

我们也有纯线上的展会,如DTS(digital trade show)。家具展商有2 000多家,在线展览会只有五六百家做出口的。DTS是英文版,我们这部分是免费做宣传推广,去年是第一年,当然我们也在做改版升级。这种商业展是有时间段的,三个月的时间分为展前、展中、展后。其实每年要进行改版,要拿出新产品才能吸引海外的买家,这是一个螺旋式上升的过程。到现在为止没有一个真正意义上的线上展。

五、对线上线下关系的看法:线下展会搬到线上不是方向,线上展会应该是不同组合形式的全年展

现在普遍存在一个误区,很多人认为云展就是把图片等放到网上做推广。其实不是这样的。怎么把平台做好？单纯依靠PC端已经不行了，去年我们2.2亿流量中60%是手机端（移动端），剩下40%中又有20%是国外的，所以国内手机端流量已经占70%—80%。

线下搬到线上不是方向，但是线上展会是不同形式、不同时间段、不同模式的，是一种组合形式的全年展。线上部分包括线上活动、配对、视频会议等，线上是要有互动的，如DTS每个月有不同内容。线上展会是搜索、宣传、展示的功能。在线展览是全年不断更新的平台。所以我们要做双轮驱动，是指线下展览会作为平台，一年一次。线上平台要进行改造，以国际市场为主的要做英文版，以国内市场为主的要做手机端，技术的应用是最重要的。

六、数字化建设的重点：数字化应用和平台的建设；关注私域流量的获取、说服展商共同搭建线上平台、线上平台的内容、流量的转化率

做好数字化，这两点很重要：应用和平台。平台包括PC、手机端、各种新媒体平台，还有采购通、小程序。我们使用社群模式吸收客户，这样可以获得比较高质量的私域流量。现在打造的平台与之前的互联网平台相比较是不同的。现在的平台要有高质量的图片，产品需要多维度：图片、尺寸、材料、价格，难度很大，需要长时间投入。投人不难、投钱也不难，最难的是要说服展商拿出图片共同搭建平台。这需要展商对时间和金钱的投资（拍摄图片、小视频等）。

最重要的是应用，如何做好流量？内容为王，过去是文字，现在是场景、路径等各方面。有了流量之后，还需要有流量的转化率，这是非常关键的。还有获客能力，就是流量转化后要收到钱，否则就是无用功。复购率也是一个很重要的指标，参加线上和线下的活动是一个整体。技术要应用到平台和获取流量上，获取流量要获客，做好这些要投资、投人，还要有内容和产品，这是一个体系的建设。

七、企业未来发展提出口号:数链百业,云展万家;赋能供应链(大潮流),创新生态圈(数字化平台的主要工作内容)

我们的架构由互联网的运营团队做流量、内容、技术、改版等。公司员工规模大概有500人,100—200人是销售,做市场和互联网的员工有100—200人,做市场的分为线上和线下两部分。展览公司治理的结构已经不一样了,加强了市场(互联网)的部分,重视私域流量和人才培养。

八、对政府的期许:相比于补贴特定企业,政府更应当支持数字化的基本建设,比如设立一定的标准以支持场馆配套基础设施的建设

政府不应该资助个别企业转型,而应该做基本建设。所谓基本建设,比如场馆的配套基础设施(网络),这个是非常重要的。有些场馆不愿意投入太多的资金进行技术改装,但是政府要支持场馆进行基础设施建设,可以设立一定的标准进行资金支持,基础设施建设是最重要的。比如我们现在想建立数据中台,把用户在场馆内的活动路线、关注的内容等都准确地把握和整合起来,这肯定是机器自动生成的,就需要场馆的数字化基础设施支持。

访谈对象9:浙江米奥兰特商务会展股份有限公司董事长　潘建军

访谈时间:2022年1月20日　访谈地点:上海市恒通路357号

访谈记录:

一、会展数字化有前期准备和投入,现在处于艰难时期,但有盈利模式

米奥兰特会展数字化在2015年已经有所考虑,当时叫O2O。疫情期间,米奥兰特的数字会展为了首先稳住公司下滑的态势,因为疫情使米奥兰特受到全线冲击,另外米奥兰特作为上市公司,股票被ST(一般公司亏损且营业收入达不到1亿元就要被ST),所以数字化发展也是为了ST摘帽,因此米奥兰特开展了数字化会展的逆势发展,2020年2月7日春节后上班第一天,信息部就开始加班研发自己的数字会展平台,推出全球首发的纯在线数字展览平台——网展贸MAX。2020年上半年营收600万元,全年营收9400万元,2021年预计收入1.5—2亿元。一年来员工数量从440多人增加到600多人,增加的近200多名员工主要在运营层面,以外贸秘书投入到数字会展介入式服务中。

米奥兰特数字化发展得益于上市公司,有资金优势,当时有近5亿元的现金流量,所以经历两年一亿多元的亏损,争取在2021年ST摘帽,2022年实现当年盈利,利用数字展览修复企业盈利能力并在以后保持企业的持续盈利是没有问题的。

二、评价数字展览的核心能解决什么问题

数字展览不是数字展示,要解决真正的核心是什么?我认为数字展览要解决三方面问题:

一是展示,展品展示问题。用文字、图片、短视频等数字技术来展示,这些互联网技术都是开源的,可以选用基础的云平台开发自己的运营平台。关键是数字平台展品丰富,信息完整。网上浏览是很高效的,实体展览2000个展位可能要看一天,而现在可能10分钟就看完了,因为客户一般会选用关键词或者图片搜索,集中程度很高。所以如果展示没有质量,很难吸引客户在网络上长时间停留。

二是撮合,商家撮合(匹配)问题。撮合机制是数字展览是否有效的一个重要推手,如现在流行的直播,直接照搬就不适合,不能用ToC的直播机

制,靠价格吸引产生冲动消费,而是用适合 ToB 的直播,要展示企业的综合实力。

三是商洽,买卖双方的洽谈问题。这是双向参与生成的过程,也是数字展览真正的价值实现形式,一个数字展览有没有效果和价值就看生成多少场有效商洽。

三、已经形成自己的数字会展服务模式,疫情期间也是数字展览发展的重要机遇期

外贸秘书的介入式服务模式是数字会展运营服务的一大特色,目的就是提高撮合,确保洽谈生成,解决数字会展的"最后一公里"。2021 年服务了 6 000 多家数字参展企业,由买家发起了 50 000 多场商洽邀约,促成 30 000 多场成功商洽,其中 10 000 多场商洽后建立社群交流,2 000 多家企业成功获单签约,数字展览的参展获单率突破 30% 的服务效率。

国内展览于 2020 年下半年进入恢复期,国际展览于 2021 年 9—10 月进入全球恢复期,当然也有反复,米奥兰特 12 月在国外就办了三个展,国内出不去就是线上展,线下展台有具体的工作人员在现场,实际上也实现了线上线下展。

但是国际国内展览业全面恢复可能需要 2—3 年时间,至少 2022 年无法全面恢复的,因为国家有个逐渐开放的过程,也有航空运力恢复等因素。

2022 年是国内会展行业比较艰难的一年,国内展览窗口期短(冬奥会、亚运会等因素),主办方收款困难(因为举办的不确定性,参展商提前付款期限缩短),米奥兰特也在加紧布局数字会展、双线会展,包括成立"会展并购基金",加紧并购,提前布局谋划。

四、会展主办方为基础的数字会展有自身优势,并不担心互联网公司跨界发展,会展场馆应加强智慧场馆建设

展览公司的许多资源在于线下积累,数据中心、数字资源、线上影响力无法与阿里、腾讯等相比,但专业展览公司有自己的优势,例如对客户核心需求的把握和维护开发,多年来深耕行业的积累,不是随着技术的接入就会一下子被取代的,所以合作是比互相取代更好的选择。

行业中不同主体做好自己的数字化建设,例如场馆能够增加带宽等数字化基础建设,推进智慧场馆建设。

米奥兰特是市场化的公司,依靠自身实力推进公司数字化发展。先后参与起草了浙江《线上数字展览(会)服务规范》和中国贸促会《线上展会服务规范》两项团体标准。

访谈对象 10:远大国际展览有限公司副总经理　　张雅竹
访谈时间:2022 年 1 月 27 日　　访谈地点:腾讯会议(线上)
访谈记录:

一、主要业务:挖掘"一带一路"新兴市场,组织企业参加海外展览;运输搭建;与万耀企龙合资办农业展

海外展如果想要取得优势地位,那么在大展公司(汉诺威等)下做代理,优势没有那么充足,所以我们就挖掘"一带一路"新兴市场这种大展拓展不到的地方。习近平主席 2013 年提出"一带一路"倡议,我们实际上是 2011 年就开始专注挖掘"一带一路"新兴市场,包括伊朗、泰国、巴基斯坦、韩国、尼日利亚、秘鲁等十多个国家的汽配展代理,跟当地做接洽。

远大国际展览公司主要涉及三大业务,第一块是远大展览,就是我所在的国际展览公司,我们组织企业参加海外展览;第二块是远大工程,在美国、德国进行工程搭建;第三块是与万耀企龙合资在青岛办的农业展。

二、数字化探索现状:开发 1.0 线上展简约版、2.0 线上展精品版;2021 年开始组织代参展

远大国际之前没有做过数字化储备,做线上活动需要投入大量的资金。我们采取了一个简单的方法,当时主要是向国内同行了解了数字化,基本是在两方面做数字展:1.0 线上展的简约版是用 zoom,像我们这种一百个端口的一年的价格才两千多元。凭借海外资源的优势,一方面与国内主办合作,一方面与海外机构合作,举办一些线上展。2020 年 6 月与陕西贸促会合作做了首场线上展,后来就一发不可收拾做了很多线上展;而 2.0 精品版线上展是和宜选科技合作打造线上展会。双方进行了数字展的合作,我们利用外贸优势,他们用数字化的平台,就是强强联合做专业数字展。宜选科技的网站做数字化已经有 13 年经验了,既有客户储备又有数字展的实践经验,我们合作的效果非常好。

国内线上展有两方面问题,第一,平台容易,展示也容易,但是平台在国外推广、买家浏览量上不够充分;第二,很多国外用户原本不是做汽配行业的,有些是临时找的机构,给客户的体验不是特别好。

2021 年我们开始做代参展的业务,也是国内第一批组织代参展项目的企业,组织了 27 家企业通过代参展的方式参加 2020 年伊朗汽配展,效果也不错。

我们在疫情前有"一带一路"新兴市场展会的优势,另外凭借 zoom 积累探索数字化的经验,一路走来得到了大家的认可。

三、政府支持的现状：主要是从促进外贸角度鼓励数字化，对于展览公司本身不太关注

这两年在关注各地的政策，国家及各地政府主要还是从促进外贸企业出口、帮助外贸企业获得订单这个角度鼓励数字化。

从国家经济层面来说，展览行业在中国经济或者外贸促进的体量太小了。跨境电商领域的从业人员已经达到7 700万人，展览行业一是从业人员少，二是从统计经济的角度来讲也比较小，是一个很小的细分市场，所以国家并没有那么重视。

但是我们展览人自己定位还是很高的，绝不能把自己定义为一个卖展位、订酒店、送盒饭的行业，这种是最容易被取代和淘汰的。如果技能很单一，在这个变化的时代确实很难生存。

四、对政府支持的看法：帮助企业拿到订单，把服务的价值体现出来

展览人要思考自己的价值在哪儿。能帮助外贸企业找到订单，我们只要围绕着这个方向去做，那么一定会有出路，也一定会符合国家发展的大趋势。我们应该聚焦在从哪个方面突破来帮助企业拿到订单，把服务的价值体现出来。我们应该与时俱进，共同成长。

五、会展数字化的未来：线上、线下多种形式的会展都会继续存在，以满足不同客户、不同阶段的需求

线下展会是不可能被超越的。我们找合作伙伴做生意，一是理性，看条件，二是感性，比如见面聊天。线下的情感交流是非常重要的，非理性的因素存在。疫情前我是十几个国家的总代理，一方面是因为我英语好、有经验，能把两边的需求沟通清楚，线下的交流是不可取代的。

但是线上展会也是会延续的，因为线上太方便、太节省成本了。有人说

这两年没有展览,外贸也在增长,最近外贸持续增长有两方面原因,一方面是因为疫情控制得好,别的国家不生产我们还在生产;另一方面,2019年我们在展览上获得的订单多,所以可以维持一段时间。但是我们的客户已经有所下滑,如果无法获得新订单也要亏损。推荐展商参加线上展,一年几十场买家对接,总能有几个订单。而且线上展的买家是非常精准的,能够帮助企业。所以我们也相信,数字展也会长久生存。

还有代参展模式,2020年我们第一次举办伊朗的代参展,包括2021年我们都没让客户运展品,尤其是海运(当时比较困难)。疫情前我们帮助客户展览运输还能有一些小收入,现在就是代参展模式,通过展品出海的形式,人在国内与买家交流,这些方式能帮助客户拿到一些订单。

但是我认为线上展、线上线下融合和线下展这三种模式在疫情之后会长久存在下去,因为可以满足不同客户在不同阶段的需求。

六、线上展会产品的功能和定位

1.0版本是一对一对接或者多对多对接,2.0版本就是服务时间更长,增加了线上展示,时间线就拉长了。比如给秘鲁汽配展的主办方资金,他给我找买家,在规定时间内与国内供应商进行对接,服务一结束,那么这个展会就基本结束了。2.0版本是不定期的视频对接,时间和国家都是不限的,比如今天的买家询盘里有阿联酋,那么就与阿联酋的买家进行对接。

在宣传方面,1.0版本是与国外合作伙伴配合主办在一定的时间举办一场活动,一般是形式+内容,因为主办除了让客户满意还要进行宣传;2.0版本是纯企业之间的买家对接,不存在宣传的需要。

从定位上来说,1.0版本一直是补充,我们做1.0数字活动是帮助企业拓展海外市场的一种方式,是赋能线下展,线下展会是主要力量;2.0版本可能不同的企业有不同的主攻方向。这些都是满足不同企业不同需求的方式。我认为二者会长期并存下去,因为一旦企业(数字展)尝到甜头之后会长期发展。线下展可能有情感因素(非理性因素),线上展是纯理性因素。

七、人才缺乏问题:明确目标之后,一切都是形式,人才不是问题

我们是组展公司,定位是贸易推广,目的是给企业带来订单、服务、价值。围绕这个目的或者说是初心,我们采取无论线上还是线下,代参展还是广告,都是形式(形式就是有什么资源就用什么服务)。我们只需要看到手头有什么资源,可以怎么用,而不是看到问题就退缩了。

访谈对象 11:上海华墨展览服务有限公司创始人　王国平

访谈时间:2022 年 3 月 1 日　访谈地点:上海市漕河泾现代服务园区 2 期 C 幢

访谈记录:

一、数字化的三个维度:管理、营销、产品

我觉得数字化是基础、标配,有几个维度,第一是管理,即管理过程中的信息化;第二是营销;第三是产品。这些维度本身也可以提升效率,让我们有更优的决策流程,这是企业做大的基础。数字化的这几个维度都是必要的,每一条线都要跟上。

二、数字化的现状:会展行业规模不大,一些小公司没有数字化转型的条件;使用数字化也是有一定门槛的,需要能够负担起成本

比如在上海,大家都已经开始做数字化,但其实一些企业没有这个意

识。就会展规模来说,它体量比较小。需要人才,因为我们是小众的行业,大规模化可以讲技术,可以采购,可以接触,但是小行业不一定会有这样努力的条件,还是有一定的门槛。如果基础盈利不足以平摊成本,就很难发展数字化。

三、对政府促进数字化发展的看法:比起补贴,政府更应提供好的营商环境

商业的核心要围绕用户的效率和价值来建设。我们有云直播之类的创新,核心还是为了效率。在上海,好的营商环境更为重要。

四、数字化的障碍:企业对于数字化的自我认知、自我意识比较困难,外部技术等已经比较成熟

我觉得企业的自我认知有困难,有的理念没有想明白,主要是内部的问题,其实外部的技术已经比较成熟。

五、主办方与互联网公司在会展数字化上的关系:主办方深耕行业市场、多年积累,在互联网公司的竞争之下仍然有自己的竞争力,但可以合作

对于线上会展,互联网公司不一定有特别大的优势,除非得到集团高层认可,否则一般员工都是围绕KPI来做的,而不是围绕市场。而我们是根据自己的业态情况来做的,更从市场需求角度出发。虽然双方在一些模块上也是有合作的,比如市场上比较成熟的模块,我们会以现成的模块为基础,但总体还是由我们主导。

我们的核心是服务产业,因为服务会展其实就是SaaS,要服务产业产品。比如你是服务工业食品、游戏的,就在这个产业里做应用,根据展会所

属的行业做定制化。

六、数字化收入来源现状：已经有创收，线上收取入场费或者客户服务费，但线上收入依托于线下的基础

我们有线上云展，有创收、有利润，但都是因为有线下的积累。线上也收取入场费，或者客户服务费。2020、2021 年有增量，但是比较少。

访谈对象 12：上海市浦东新区会展业促进中心主任　姜刚昇
访谈时间：2022 年 1 月 7 日　访谈地点：上海市浦东新区东方路 135 号
访谈记录：

一、会展数字化的发展历程：很早之前就提出过概念，但是具体实施方向不明确；疫情倒逼企业发展数字化，但数字化效果难以达到预期

其实我们一直在关注数字化，很早之前就提出概念。每家公司都在努力，这是将来的方向，但具体怎么做怎么走，整体计划都非常不明确。现在因为疫情原因，也倒逼企业不得不做。

我们了解下来效果其实不好。比如广交会，由商会组团。最直接的是企业参展商的反应，说没有非常好。一些比较成熟的展会效果也是不太理想。大公司投入的目的不是为了共度，更多的是希望探索模式。

二、企业开展数字化的原因：1.疫情倒逼进行数字化；2.为企业长远发展做打算，探索新模式；3.提升企业士气

以前做投入和产出不一定成正比，但毕竟有一点小成绩，经过这段时间,在疫情后会再完成、再发展。如果法兰克福不去做数字化,到了后期,大家都在做。所以他也在谋划数字化。

现在更重要的是提升士气,必须要为后面的发展做打算,至少将来是有用的,而且数字化是一个方向。他们也在考虑怎么做,和总部沟通投入多少。

三、目前技术公司在会展数字化中扮演的角色:仍服务于主办方,尚未真正跨入会展行业中

数字化是一个可以发展的模式,但是不管是做内做外,都是在为疫情后的发展奠定基础。云上会展今年做了 5 000 万元营业额,但是它的模式实际上是服务于主办方,类似于卖软件、卖产品的概念,还没有到参展商这个概念。所以我觉得这些技术公司的模式还没有真正跨入展览行业,我们只是使用他们的软件。

四、主办方对发展数字化存在的疑虑:会展数字化缺乏成熟的盈利模式,且对传统展会的概念有冲击

从目前来看,我觉得没有找到一个很好的盈利模式,数字化大多作为增值服务。从主办方的信用角度来说,对数字化还是有抵触,因为它的传统营业模式是贩卖摊位,事实上不知道数字化展会对现场的冲击如何,而又没有好的模式,他们就不愿意投入。

访谈对象 13：上海市会展业促进中心副主任　朱奇

访谈时间：2022 年 1 月 12 日　　访谈地点：上海市鲁班路 909 号

访谈记录：

一、上海会展业各主体对会展数字化的看法观点不一致，总体应该兼听；但又因为会展产业链的核心是主办方，更需要尊重主办方的意见

我觉得数字化对会展业是有好处的，利大于弊。如何运用，包括是线上和线下结合还是纯线上，这是大家讨论问题的焦点。

从数字化企业的角度来说，大家都认同这种模式，包括我们现在有很多会议，以前传统的叫电视电话会议，和现在的数字网络会议概念是一样的。但是这个会怎么开？是纯论坛的形式还是有需求的论坛？线下会议目前来说还是有自身的需求，现在赋予了一些数字化的手段。

从展览角度来说，从 2010 年世博会开始，当时的概念叫信息化。当时世博园区是搭建了一个线上平台叫掌上世博。线上＋线下，在十几年前就已经有了，只不过当时在讨论阶段。线上和线下是相辅相成的，并不是完全割裂开的。

从政府角度来说，并不太愿意没有线下展。因为会展业在各地推动，其中一个原因就是拉动当地经济（GDP），这是很有现实意义的。纯线上的话，短期内是看不到太大效果的，后续很难再往下延展，展会的作用被局限。所以我还是支持有线下展的。

从展馆角度来说，上海现在有全世界金融体量最大的展馆资源，世博展馆就是一个典型案例。这些展馆投资都比较大，后续应用是作为展览馆，如果没有线下展，对这些资源也是另一种浪费。我觉得要用好现有的线下展览的资源，这是一般城市没有的，外地的展览馆很多还属于亏损状态，要靠

政府补贴。

从服务商(搭建、物流)角度来说,除了纯线上以外,肯定希望有线下展。因为他们原来的传统模式,包括载体都是靠线下展会,数字化可以应用在每一个环节。我觉得不能排斥数字化的概念,就简单从物流、搭建、服务商角度,数字化帮他们提升了很多,他们想以线下为主,因为他们接触的是实体展览。

大部分人的观点不一致,按照行业类别或公司特点,各类主体分歧明显。应该兼听,更应该尊重主办方的意见。因为在整个会展的产业链里,核心是主办方,主办方串起了这条线,把展览或服务都串了起来,所以主办方的意见更重要。

二、上海发展数字化展会的过程:早期探索过双线模式,并已有双线是发展趋势的认知,现在技术发展越来越成熟,效果也越来越好

线上展会是被接受的,但线下展会仍然有需求。现在技术手段发展了,如云上会展做的婚纱展等效果已经比预想的好很多。而且现在的技术人员对展会的了解也更多了。

会展拉动经济,现在不是纯办会,还会影响旅游业,涉及面太广,而且人员流动性非常大,上海作为全世界关注的城市,会更谨慎些,要站在更高的角度去考虑问题。

三、数字化转型的主体:大型主办方影响力大、资源充足,应率先转型;中小型主办方的转型路径仍有待探索

线上展(数字化)应该由大展开始做,并不是由中小型企业去做。中小型主办方的展会规模比较小,参展商数量少,在行业内影响力也不大。会展行业是资源集聚的行业,短时间内集聚在一起,才能产生最大的效率。我觉

得应该先从大企业入手,大企业的资源更丰富,资本能力更强,行业影响力包括会展影响力才能更大,效应会更显现出来。

访谈对象 14:上海优品计算机科技有限公司创始人　周时江

访谈时间:2021 年 9 月 16 日　访谈地点:上海市同普路 138 号

访谈记录:

一、会展数字化的现状

1. 线上展会发展缓慢,停留在舒适区。我国会展发展仍然停留在舒适区,线上发展较少,可能是水准较低的一个行业。线上产品的发展更多停留在视觉层面。疫情来时大多是仓促应战。线上会展目前还有组织者在做,但几乎没变化,还是比较传统。

2. 整体评价不高,与投入不成正比,无法满足期待,没有达到很多目标。线上展会整体的评价不高,和期待值不成正比。几乎没有效果,在技术方面企业也只是配合主办方而已,实际没有效果。在主办方看来就是聊胜于无,是安慰剂。

3. 主办方、参展商、观众对线上展会的认知程度都有待提升。主办方现在更看重线下会展,疫情过去重新再回到线下。主办方、参展商和观众三者都需要教育。用户重视程度不高,甚至期望也不大。现在网上展会不受欢迎的原因是大家好像没有感觉到痛,好处不多,没有共同利益。业界主办方不感兴趣,观众和参展商也不感兴趣,可能就是看看热闹。

4. 整体上线上线下存在分离的情况,有待融合。如果不在线下实际召开,可能没有太多价值(目前线上产品本身价值不高)。两者应该是互补融合的。

二、会展数字化的问题和障碍

1. 所有利益相关者:大多没有感受到迫切性,没有发现共同利益,因此没有发展的动力。这是没有驱动力的一个重要原因。

2. 供给方面限制:主办方、技术提供方

(1) 许多技术供给方能力有限,而主办方对供给方能力的认知也有限,在线上展会的运营方面有欠缺。

人在描述自己需求的时候,可能很难描述清楚。目前国内大部分供应商提供产品,只能相对比较精确地检索,达不到精确搜索。我与参展商、观众、搭建商交流过,大多反馈他们基本上都不用在线的部分,参展商没有意愿在现场使用展会的线上平台,用一个很单薄的二维界面呈现产品是很难的。目前使用体验不佳,供给能力有限。

从政府角度来看,组织者(主办方)其实是最大的障碍。以后利益要重新分配的话,很可能对他来说是生死存亡的事情,如果完全变成线上,线下也做不起来。在线展会应该走出一条全新的路。大厂提供的是基础建设,但是实质的运营等都是缺乏的。但是今天的展会远远没有能力做到如淘宝、京东的层面。大厂是基建,小厂需要关注多方利益,完善服务体系。作为组织者,如果要长期运营,就要把这三者的利益关系处理好。小厂在这个基础之上建公司,把服务体系导入进去更重要。

(2) 国内许多展会本身质量不高,发展线上就更为乏力了,导致线上展会层次较低,并且也不清楚为何要发展线上展会,多有跟风的意味;另一些发展较好的展会难以平衡好线上线下,做不到相辅相成,难以把控数字化的应用程度,也不愿意将力量投入线上展会的发展。

会展公司、主办方购买数字化技术的逻辑并未理清楚,属于跟风行为。

其实国内很多展会都是一拍脑袋,然后自己做展会,没有精细化管理,会展产业一直以野蛮生长、试错的模式探索发展道路。他也不知道自己该怎么成长,看到别人怎么成长,我也照搬。

展会犹如一个迷你城市,用凯文林奇《城市意象》的说法,一个城市可以意象,一个展会无论线下还是线上,也应该像城市一样意象,对展会的访客友好,更有助于商业转化。一个城市的标志性建筑,如果设计得好,它应该是可意象的。针对这些,主办方要考虑两个层面,第一先考虑主办方的产品,就是他做的展会,接下来才到公司的数字化问题,目前还没到这一步。

数字化对做惯了线下展会的人来说,第一是一点好处没有,第二是没法抓,因为把线下展会做好就很不容易了。博华线下发力得好,线上肯定不愿意发力。主办方要把它平衡好,要相辅相成是很难的。数字会展要利用到什么程度,这个度很关键。

(3)对技术过度追求,忽略了对线上的设计,开发出来而非设计出来的线上平台让使用者感到有距离。

开发和设计是有区别的,开发以事为中心,设计以人为中心;开发常常容易过度强调技术价值,而忽略人的价值,但目前大部分的线上展会都只是在开发。

大家按照自己的理解开发一些功能,但会发现本质上跟以前的阿里巴巴所做的没有差异。

开发不是以人为本的,总想把传统的展会复刻下来,不会考虑到人的认知过程。如果只是开发,在做整个路径,就是人参与进来的路径,就不会按照人的认知模式或者行为去设计整个过程。

开发者离市场比较远,功能性没问题,但是他的可达性和可亲近程度会特别差。一个完整的人在各方面都是有需求的,但在线就完全没有办法做到这一点。实际上技术还是为人服务的,需要对这个行业有深度思考的人用心做设计。

（4）主办方希望能够通过线上展会引流、带来增量，并且获得流量后仍需要专业团队运营，目前的线上展会难以做到。

组织者更喜欢采购大公司（阿里、腾讯）的服务产品，大厂能够带流量和采购人认可的最大价值。而一般的线上展会没有大厂的流量优势，只能在存量的流量中拿一部分出来，因为没有办法从外界再导流进来，这是在线展会非常致命的缺点。

主办方可能更关注流量。但线上引流的成本不比线下，而且流量来了之后又有一个问题，后期的价值怎么持续提供？要去运营，需要一个在线的运营团队引流，告诉他们怎么做生意。

（5）组织者（主办方）对参展商使用线上工具缺乏指导。

整个过程没人指导，理论上来说组织者是有义务去辅导客商的，如何更好地把线上工具和线下工具用好，但实际上没有辅导，目前只是侧重技术简单的使用操作培训，缺乏商业运营方面的专业辅导。要教会他怎么用，比如善于用二维码进行传播营销。

3. 需求方面限制：参展商、观众

（1）实际效果与参展商、观众期待值不符，参展商感受到回报与投入不成正比、效果不佳。

每个展会都给参展商一个店面，每个店都有人看着，人力成本很高，这也是一个问题，太分散，不像淘宝店专业化运营。

看起来是在做好事，给展会提供很多后期延续的价值，但实际上参展商可能根本不在乎，因为增加成本。

（2）国内参展商和观众对回报、效果不特别追究，或者对效果不满意也无处反馈，导致组织者没有生存的危机感和提升会展质量的迫切性，对会展转型升级没有积极性。

国内参展商对参展的投资回报也不够关注。中国会展要做好,参展商才是整个产业的基础。如果机制不好,参展商不理性,对整个会展市场不提要求,组织者就无法提升。会展组织者到今天为止是没有要提升自己产品和能力的需要的。在系统设计里要有回路,对参展商、观众的使用情况要有反馈回路。

用户对线上的重视程度也不够,甚至期望也不大。参展商就应该在商言商的,如果展会做得不好,就要索赔,和消费者消费一般商品是一样的,商品没有达到目标就要拒绝购买,迫使主办方去提升、改变。

三、会展数字化的未来发展

1. 总体形势:(1)我国会展业转型是必然的,是走向国际化的方式之一。也许以后就是重新洗牌的国际会展制度,而不是基于现在的会展去修改。它应该是革命。(2)未来双线展会将会成为一种常态、一种默认的展会形态;不要把线上线下贴标签,要去标签化。

2. 发展方向

(1)线上展会做好筛选(搜索)和推荐功能,贴近实际需求,引进专业的设计人才,将线上展会包装成更好的产品。开发者离市场比较远,功能性没问题,但是可达性和亲近度特别差。通过设计师介入,把它变成好的商品。

(2)展会的线上线下需要更好地融合、互补,实现"线上+线下=新场景"。线下展会就属于现场展会,观众或者采购商参加线下展会时主要通过五感完成整个体验,但是线上会展弱化了这种感官体验,可能只存在视听体验,这是大部分企业和技术开发者在做线上展会时普遍存在的问题。

(3)主办方之间在发展线上展会时应该有正向的博弈。产品就是谁先启动线上这一块,应该相互激励,是正向的博弈。

(4)发展线上展会仍需要注意展会特有的存在感、仪式感。应该有个平常的营业方式,到展会期间就有特定的营业方式,要有这种存在感、仪式感。

（5）需要关注多方利益、完善服务体系。大厂是基建,小厂需要关注多方利益,完善服务体系。作为组织者,如果要长期发展,就要把这三者利益关系处理好。小厂做的就是在基础之上建公司,把服务体系导入进去更重要。

（6）技术公司与一些有潜力的主办方合作,为其谋求生存、创造增量,谋求共同利益;政府也需要对这种合作给予政策鼓励。

找一些种子企业尝试,原来的存量都不动,只做增量,分享增量。相对而言,技术企业边际成本比较低,提供技术入股,又是一个新的话题,可以续存量,也可以发展增量部分。

关键还是找种子企业,因为他手上有内容,就是看他是否愿意分享增量,共享成果。

（7）需要试验区,或者市场不断反馈来完善线上展会。做一个类似于世博会期间的最佳实践区,像一个实验室,不断去探索,能得到反馈,这就需要一些超级用户不断完善产品。这是市场反馈的力量,这个方案大家是一起做的,用户也是这个产品的智慧贡献者。服务设计中很重要的一点是参与度,把这个通道对所有人开放,增加了一个反馈。

（8）政府应该引导和支持会展产业的转型升级,对发展线上效果好的会展企业给予一定补贴鼓励,因此也需要一个相对应的衡量标准;同时政府也需要适当保护发展不佳的会展企业,避免专业人才流失,保护会展行业。

目前的技术公司大部分是没有政府支持的。市场没有那么多力量来集中解决这个问题,主办方使用的效果和频度取决于主办方的水平,但是这个时候让主办方在没钱的状态下再去投钱,是有问题的,所以政府投入的方式也可以转变一下。

3. 评价指标

未来会展数字化的衡量指标维度——技术层面、服务层面、经济层面、参与者质量感知、反馈渠道，需要基于利益相关方（主办方、参展商、观众），也可以参考传统展会的评价体系。

产品数字化领域的指标维度，一个是基础设施维度，一个是服务维度，考虑到几方关系。当然还有经济维度，就是利益。还有是参与者的质量感知，反馈的回路，不能光自己闭门造车，反馈的渠道不建好，对系统优化是不利的，系统优化要靠不断维护。

所以，在既有的体系上不大好评价，可以参考传统展会的评价体系。设置评价体系可以从三大受众的角度，主办方、参展商、观众。数字化会展转型方面如何协调好主办方、参展商和观众三者之间的关系？可以从这几个维度入手：技术层面（技术公司解决数字化会展的技术瓶颈，主要是基础设施部分）、服务层面、经济层面（利益相关者投资回报率）、参与者质量感知层面（参与者对数字化展会的评价等）、反馈渠道（接收反馈不断优化系统和服务等）。

访谈对象 15：31 会议研究院执行院长　杨正

访谈时间：2021 年 10 月 20 日　**访谈地点**：上海市浦东新区向城路 58 号

访谈记录：

一、线上展览的概念、功能、现状、效果评估

1. 线上展的概念：所有行为发生在线上，能交流、有智能化推送等功能

传统会展虽然有数字化工具（如小程序验票等），但本质是服务于线下的。而我们讨论的线上展是指所有行为发生在线上，比如参展、展览展示、

洽谈交易。只是把展商名录放在网上且有收藏功能,而没有社交和预约洽谈功能的,不是线上展。

线上展需要交流。线上展的页面也不能是死板的,需要有智能化推送的功能——根据观众的身份、行业、访问历史来推荐不同的展品。

例如数字贸易平台,可以询盘,找买家、卖家,企业可以入驻,采购也可以注册,类似广交会做供采对接平台。未来这种供采对接平台也可以卖给单品类行业。

2. 线上展的十大功能

在线展示、内容管理、精准搜索、智能推荐、在线聊天、电子名片、在线直播、供采对接、预约洽谈、在线询盘。线上展会至少要包含以上十大功能中的三四个才能称之为线上展。

3. 线上展的现状:数量有所增加,但仍不是主流

线上展的盈利方式目前大多以搭售(买线下展位,送线上展位)为主。头部展开发线上展较多,总体来看目前数量较少。疫情后线上展览有所增加,但是仍然不是主流。

4. 行业内对线上展的看法:受到政府、大公司、头部展的欢迎,但大部分企业出于风险厌恶或认为回报低而不愿投入

大部分企业不待见线上展,本质是因为不赚钱。哪些人比较欢迎线上展呢? 一是政府。政府出于完成政治任务的需要,如广交会作为风向标必须要按时举办,通过线上形式来完成。政府是第一梯队,因为他有政治任务。目前的线上展大多是政府性质展览,如广交会、服贸会等。二是阿里、腾讯、京东等大公司,各自能从中获得利益,且政府支持。三是头部企业,如博华等会展公司。

目前 31 会议为展会提供线上技术的价格,纯线上可以低至 30 万元以下,线上+线下融合的模式是 100 万元左右,但是为何小展的主办方仍然不

愿意使用？主要还是因为觉得没有相对应的回报。许多传统会展企业出于风险厌恶，目前仍然不愿意投入线上展会和数字化转型。

5. 线上部分的收益如何评估：对参展商而言是互动的频率、数量、质量

参展回报对于展商而言是互动的深度、程度。比如平均获得多少名片，收到多少意向订单，转化率如何，发起了多少次洽谈，洽谈的质量如何，点击和收藏的数量等。

参展商注重线上的互动频率数量、质量，纯点击量是没有意义的，参展商要能获得客户或者线下成交。线上平台的收益可以拉出数据，直观地显示给参展商，这也是线上平台的优势。

二、线上线下融合是趋势

1. 会展行业会如何转变：线上线下融合是趋势

线上平台在疫情期间建立起来，之后也可以继续使用，只需要维护好即可。如 Hopin，本来是纯线上的，后来并购了其他企业逐步发展了线下渠道；Hubio 和 Cvent 本来是纯线下的，逐步往线上发展，想要最终达成线上线下融合的会议平台。好比我国的电商和传统零售业，也在走向线上线下的融合。从中可以看出，投资人认为融合是很重要的。纯线上不是趋势，线上线下融合发展才是，而目前"融合"是没有做到的。

2. 线上线下的"融合"如何界定：使用同一套系统，数据、身份在同一平台中

不是既有线上也有线下就是融合，需要使用同一套系统，数据、身份在同一个平台中。相融合、相结合是两个概念。

3. 线上线下融合的逻辑：

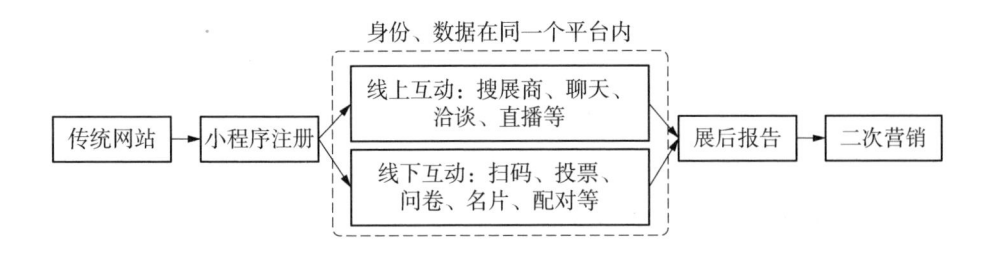

```
                                身份、数据在同一个平台内
                         ┌ ─ ─ ─ ─ ─ ─ ─ ─ ─ ─ ─ ─ ─ ┐
                         │  ┌──────────────────┐   │
                       ↗ │  │ 线上互动:搜展商、聊天、│   │ ↘
                      ╱  │  │   洽谈、直播等      │   │  ╲
┌────────┐   ┌──────────┐│  └──────────────────┘   │┌────────┐   ┌────────┐
│ 传统网站 │→ │ 小程序注册 │ │                         │ │ 展后报告 │→ │ 二次营销 │
└────────┘   └──────────┘│  ┌──────────────────┐   │└────────┘   └────────┘
                      ╲  │  │ 线下互动:扫码、投票、│   │  ╱
                       ↘ │  │   问卷、名片、配对等  │   │ ↗
                         │  └──────────────────┘   │
                         └ ─ ─ ─ ─ ─ ─ ─ ─ ─ ─ ─ ─ ─ ┘
```

三、会展数字化的未来

1. 线上会展的发展是否会对传统会展带来威胁:最终会共发展、双增长。线下会展不会消失,开发线上只是多了一个渠道,提供了更多便利。数字化不会带来威胁,反而会促进传统业态的发展。最终会形成线上线下共同发展、实现双增长的结果,线上对线下会起到很好的辅助作用。未来会展企业也会拥有多重身份,不仅仅提供会展服务,还可以谋取更多业务收入。

2. 大公司入局是否会对现有会展市场产生冲击:有"绝对优势"不代表有"比较优势",大公司入局多数是提供云平台,背后是小公司的支撑。尽管大公司入局后接了很多政府展的云展(线上展览)项目,但是它的概念是云会展,实际上是云服务,大公司提供云平台,而会展云业务平台的直播等功能,实际上背后是由小厂、小企业来开发的。因此大公司的入局基本不会对市场产生冲击。

3. 会展未来的线上部分会如何发展仍有很大延伸空间,可以向前作延伸,向上向下作拓展。

四、技术型公司的现状、对政府扶持的看法

1. 技术型公司目前的一些困境:线下市场缩水、线上需求尚小。以31会议来说,线下提供智能服务,目前市场有一定缩水,而线上需求尚小,也无

法支撑发展。

2. 对政府补贴小企业开发线上展的态度：支持政府进行补贴和引导，但是需要考虑模式和可持续性。目前政府认为线上展对拉动城市 GDP 的贡献少，所以不清楚是否愿意补贴。如果政府补贴小企业来做线上展，对市场来说是很好的。但是主办方可能会考虑"今年补贴了，明年怎么办？"这样的问题，所以如何解决小主办方线上平台的盈利模式和可持续性问题仍然需要再考虑。

3. 政府能否购买一个平台以租赁的形式服务于较小的企业：技术上完全没问题，反而是主办方怕客户流失可能不愿意合作。大展会一般需要专属服务，更有主动权，所以会自建平台；小展览一般购买 SaaS 服务；对于规模再小一些的展览，政府购买平台租赁给小企业的这种形式，从技术上来说是没有问题的，且技术方愿意提供这种服务。反而是主办方可能不愿意合作，因为怕客户流失。

访谈对象 16：云上会展有限公司副总裁　李征伟、数据业务总监　邢岑彬
访谈时间：2021 年 12 月 1 日　访谈地点：上海市延安中路 841 号
访谈记录：

一、会展数字化的背景和发展过程

1. 会展数字化的背景：(1) 政府提出转型，"数字产业化、产业数字化"；(2) 受疫情影响不得不转型。只有做数字化探索才能保持竞争力。

云展公司成立的背景，为什么在去年数字化加速发展？第一个大的背景是政府比较重视，提出"数字产业化、产业数字化"的目标。各个行业都在

落实,落到会展行业就是会展产业的数字化。第二个大的背景就在于受疫情倒逼不得不面对。疫情作为催化剂,线下展会无法举办,而基于展会的重要性,使得会展不得不快速"上云"。疫情加速了数字化转型,从数据资源变成数据资产。

对于企业而言,不能忽视潜在竞争者的进入能力,尤其是同领域的竞争对手。数字化是大趋势,主办方需要转变角色。在疫情背景下,不做数字化探索的主办方可能会失去竞争力。

会展企业数字化转型是一大步。不做尝试很难在行业里做很大的跨步,很容易被替代。比如宠物展现在很普遍,不做数字化尝试就很容易会被替代。从策略上来说,我一直认为数字化应该是从上至下,而不是从下往上推进,因为行业内都在数字化转型,晚一步就会落后很多。

2. 会展数字化发展过程:疫情前初步尝试数字化,如线上注册等;疫情后云上会展的"独立站点+数据中台"

2000年以前,我们没有信息化、数字化概念。直到近两年才会提到数字化,因为数字化和会展行业离得很遥远,我们采用的是海报、文稿这种传统的形式。2000—2010年是互联网时代爆发,整个招展、组织、海外的连接越来越密切,当时的档案都是与海外联系的传真、邮件。

2010—2020年,移动互联出现导致整个展览会的组织结构形式发生了改变。疫情暴发之前,展览会在营销手段和技术手段的应用上层出不穷。比如线上的报名注册、预登记从网页搬到了微信上,从微信的公众号到服务号,再到小程序。我们在海外用H5投放,用推荐Google进行各种宣发,这些都是数字化发展的基础。

2020年之后,展览会的数字化往什么方向发展,信息化或是线上展会能给展览会和垂直行业的领域带来什么?这是我们要去思考的。

二、会展数字化的现状、云上会展的数字化产品

1. 云上会展对展会本质的认识：对于企业而言，展会是一种高效的市场行为。这种极高效率的必要条件是展会"规定时间、规定地点"的两项特质。

展览会本质上对于参展企业而言是市场行为之一，是营销行为。大企业宣传企业形象，小企业接订单，中型企业认识朋友等。不管什么样的企业，来参加展会本质上是一种营销行为。

营销有很多方式，企业可以做广告、路演，甚至公益宣传等。为什么选择展会？因为展会是一个高效的营销方式，最核心的原因是它的效率极高，而这种极高的效率有两个条件——规定时间、规定地点。为了规定时间和地点，主办方花费大量精力将参展商、买家、上下游产业链集中。在同一个地点、同一段时间中，高密度的专业人士集中在一起，让这个场景的效率变得极高。

2. 云上会展对数字化的认识：核心目标是解决效率问题。数字化不等于线上，也不等于双线。数字化是一整套方案，挖掘数据价值应该是主要的出发点和落脚点。

对比电商平台常态化运营，与规定时间、规定地点相反，是分散的。我们强调线上展会的优势是节约了差旅成本等。但是无论我们用什么方式，不管线上还是线下，背后的逻辑都是效率问题。

因此，我们认为数字化、数智化的展会，只有比线下更高效才可能取代线下展会。我们做任何数字化的探究都是奔着"高效"这一个核心目标。我们现在所说的独立站点和数据中台会解决一部分效率问题，数据中台解决的就是数据分散。

商业展实现数字化的瓶颈在哪里？做线上展会或者数字化的解决方案，其实是探索展会如何开展数字化，数字化不等于线上展会，甚至不等于

双线展会。我觉得数字化是一整套解决方案,要用数字化的核心,挖掘数据的价值,这才是主要的出发点和落脚点。

云展在思考这件事情的时候站在商业主办的角度。首先是服务好主办,才能服务参展商和专业观众,通过平台把专业观众和参展商连接起来。

3. 数字化带来的角色转变:主办方做更多数字化营销、展会附加值的增加。

数字化背景下需要动员整个网络体系。展览主办方为企业提供数字营销阵地,为企业提供长久而高频的内容营销。当参展企业有新品首发时,首先想到的是怎么把这条信息发出去,当时找广告公司。

展览会主办很难扮演这种角色。如果有数字化的平台和手段,就可以提高频次,原来只能服务一家企业,现在可以服务几十家企业,可以定向把内容推送给相关的人。实际上这是两个转变。第一,展览会主办本身的职能发生新的变化,能做更多的数字化营销或数字化动作。第二,整个展览会带来的附加值发生变化。参展商参加展会,不光是线下 3—5 天接待几百个观众,参展商考虑的是这些观众的品质,如何不流失?比如展会结束三个月后有新品发布,如何与当时这些观众发生关联,让他们知道新品?这时主办单位的角色、展览平台的作用就被激发出来了。

对于展会的附加价值,展览会就像矿山,云展所做的云展大脑或数据加工中心就类似于探矿机,我们帮助每一个主办找到矿口,并且用最便捷的方式,否则乱撞是做不下去的。找到矿之后把主体先拉上来,就是我们说的公域拉新、私域盘活,招展招商。再比如我们本身要铁矿,但还有很多伴生矿,原来就直接扔掉了,因为我们不会提纯,就像展会获得了大量的信息、数据,不仅仅是卖展位这么简单,有很多的信息可以被利用起来,整合之后又可以形成新的服务。一些数据挖掘做得好的展览会,除了卖摊位费,还有 20%

的营收,就是来自数字化营销,利用一些边角料、伴生矿。展会利用数字化、技术手段,把这些伴生矿挖掘出来,甚至开发好,价值就会更多了。现阶段疫情不能开展会,无法获得线下展位费,那么这些"伴生矿"能否帮助展会存活下去呢?

4. 云上会展的定位:数字会展新基建。服务主办单位,招展招商、实现增长;服务参展商,帮助获客;服务观众,提升体验;做好精准匹配;实现私域流量盘活,公域流量拉新;做好数据分层、数据付费,获得动态的价值。

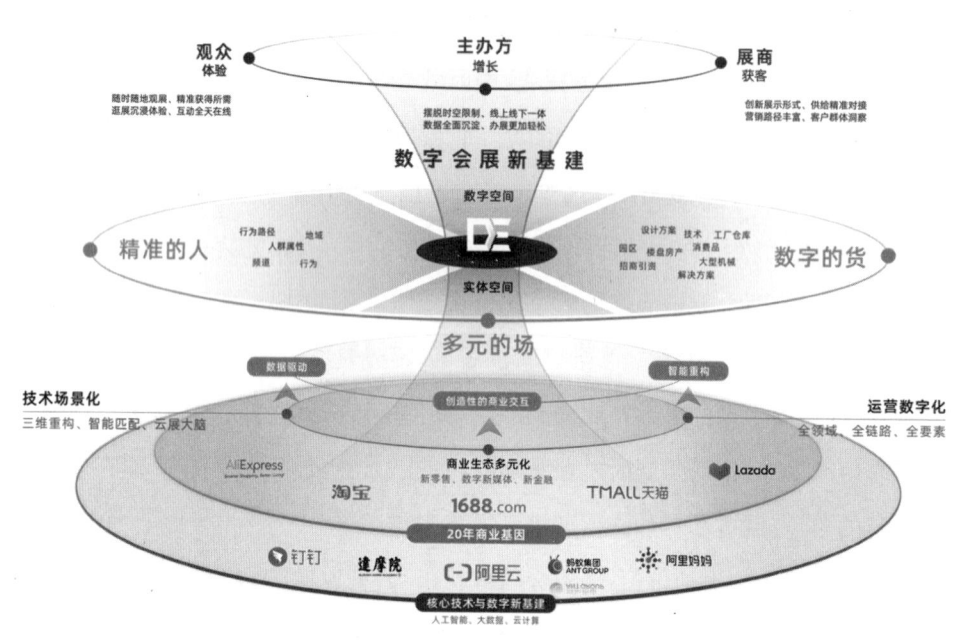

云上会展:数字会展新基建架构图(来源:云上会展官网)

云展的优势:(1)阿里的 ToB 经验(阿里巴巴 B 端运营的思维与展览会主办的思维是一致的,便于沟通);(2)技术门槛(数据池、核心算法等)。

云展的服务对象:线上阵地所有权属于主办,云展提供数字化工具。

云展的价值:提效、增收、获客。

5. 目前展会的痛点

（1）私域流量盘活：在 2000 年数字化之前，大部分展览公司沉淀了大量的历史数据。这么多年打磨的参展企业和每年报名的专业观众，价值是不是仅限于此？这是我们需要思考的。要让历届观众的数据能够立起来，更多地为你所用。因为我们是阿里巴巴旗下的企业，凭借阿里巴巴的优势，我们有非常大的数据池，现在开放的是国内的 B 端企业库，是一个比较精准的数据池。我们通过池子将展览公司的历史数据打上标签，对企业的活跃度量化呈现。如何将数据二次盘活？如果有线上阵地，可以精准地定位客户。比如除了每年一场展会，下个月我想开一个论坛，怎么快速找到池子里哪些人会感兴趣？就需要配合画像标签来抽取，原来都需要靠经验，现在可以通过将历史数据盘活来快速做到。

（2）公域流量拉新：通过云展大脑对原有的数据进行分析加工，形成算法，制成画像。阿里巴巴还有个海外企业池，通过各个平台收集海外买家的企业数据，这个池子我们还没有权限。因为现在数据管理的要求非常严格，不能买卖数据，一定要合理地使用数据。还有一个池子是 C 端，C 端池子的应用对我们将来招展招商有比较大的帮助，帮助我们做好配对，我们在展览会要让更多的专业买家来到摊位，参展商客户会满意。所以我们连接的是参展商和专业买家，让他们发生关联，产生化学反应，相互交流信息。还有一个非常核心的要素——展品，展品才是连接参展商和观众真正的桥梁。我们现在也在尝试这个功能，比如汽车零部件，有哪些企业生产、有哪些企业做设计服务？这也是一种算法和逻辑。我们把这些生产企业找出来，这就是目标，做精细化运营的时候，品质非常关键。之前主办和销售团队不可能去细致了解，但是现在通过大数据运算可以获得。

（3）业务数据孤岛：主办的信息化现状就是在展览会管理不同的角色，参展商、观众，甚至是嘉宾。原本管理时都是使用各自不同的系统，互通交流很麻烦,就叫"信息孤岛"。其实各个行业都遭受了这个问题,我们在解决问题时参考其他行业,应用到会展行业中。

(4)提升运营效率:①小团队也能办大展(通过工具);②同团队一年办多展,快速筹备。

6. 主办方对使用数字化平台的担忧:人员、营销、内容跟不上,平台易用性不高

主办方不习惯用这套系统,因为传统的方式改变不了,需要去适应,人力成本会变高。

最多的看法是担心人员、营销、内容跟不上。他们会觉得使用数字化工具,人员的配比也是很大的问题,内容跟不上怎么办?其实我们有专业的运营团队去帮助主办方,需要收取一些服务费。

展览主办是否具备数字化运营和营销的思维方式,这是个大问题,但是数字化的趋势是拦不住的,政府一直在推进数字化。数字化应该是由上至下的,如果不跟上时代潮流、不变化,就会落后很多。主办方的身份也需要根据时代而改变。

7. 云上会展的产品:数智 SaaS 产品,80%共性+20%根据主办方需求定制开发

很多公司很早以前就在做展览数字化,比如 31 会议、腾讯、京东、百度都有尝试。云上会展是成立了一家公司来做,而不是一个事业部或者活动发展部。我们用阿里的数据、产品、基建和资源,因为淘宝做平台已经那么多年了,数据整合比较清楚,那么这套逻辑是否能在展览行业发光,我们通过很多成功案例发现是可实操的。

我们今年年初推出了一个 SaaS 产品,就类似于把 80%的共性拿出来,然后再拿 20%主办方独有的特性或者属性,做小的定制开发。这样整体的成本就大大降低。关键在主办方如何利用好这个工具。

我们的产品是基于主办方的逻辑去设计的,所以它是基于整个展览行业的逻辑思维去做数字化,而不是泛行业的营销数字化工具。

8. 云上会展的收费方式:年费制度,主办方购买的是不断迭代发展的SaaS平台,节省时间成本、学习成本

SaaS以每三周一个迭代做更新,所以主办方用的永远都是最新的。如果使用自搭系统,就要付出前期等待的时间成本、学习成本、产品开发软件公司的搭配度等,耽误了很长时间。我们只有半年的黄金时间做展览,所以如果自搭就会一直往后拖。

三、会展数字化的未来

1. 线上和线下的关系:线下展会由于其极高的效率不会被轻易取代,未来线上线下仍然是需要结合发展的,并且对数字化趋势有见解的主办方会迅速发展。

展览会有个最大的好处,就是它的效率是无可比拟的。论坛、会议、展览都是极其高效的快速聚合人的方式。

所以这个结论就是线上线下相结合。线上是无法独立于线下而存在的,有着强依托的属性。没有线下支持是无法拉起一个纯线上展会的。

那么数字化对会展行业格局是否有影响呢?一定会有。对数字化有理解的主办方会迅速发展,反之则面临淘汰。(1)创新技术场景化、平台运营数字化、商业生态多元化。(2)依托线下展平台、立足数字化场景,推进线下+线上融合一体化。

2. 未来行业协会、产业园区也可以使用云展平台提供的数据服务。

四、政府如何引导会展数字化

1. 政府财政资金补贴:对展会的数字化程度做判断,以此为依据进行

补贴;对参展商补贴。

政府可以给主办方一些财政补贴,但是也要对主办方做的数字化有更深层次的研判。我们需要对数字化程度分级,以此作为补贴的判断标准。第一级是仅限于线上展,而深层次的尝试如做代参展之类的新模式,有创新点,可复制可推广,这才是真正有价值的。所以我觉得政府应该鼓励,甚至用资金来助推。根据不同层级对主办单位进行相应的资金补贴。

2. 引导数字化进程、注重人才培养:未来人才需求大,需要能够掌握新媒体内容生产和制作的人才。未来不会缺乏技术人才,因为现在会展行业的数字化做的是技术的搬运工。未来对了解会展行业,同时有互联网思维,兼备数字化运营、内容生成能力的复合型人才会有很大需求。

政府可以给予更多引导,因为在数字化的过程中,人才的输出是一个非常重要的环节。以前会展行业输出的更多的是有线下参展和设计能力的,但现在场景发生变化,人才要具备内容生产的能力。

未来两三年,在内容生产的形式上对会展行业的人才要求完全不一样,需要大量具备新媒体运营、新媒体制作、新媒体内容生产能力的人才。像新闻中心的中央厨房一样,这方面的人才短缺,我不认为数字化会展的数字化会集聚大量技术人才,因为技术是拿来主义,就是搬运工,我们用很少的人力去做一定的适配。运营人才将来的需求量会很大。

如果本身其实对会展行业已经非常熟悉,又具备数字化运营、数据价值挖掘能力,甚至有内容生产、互联网营销的思维方式,就变成一个1+1的复合型人才,政府应该对这类人才队伍进行培养。

访谈对象 17:深圳市亿点物联科技有限公司总经理　洪湖
访谈时间:2022 年 1 月 17 日　访谈地点:腾讯会议(线上)
访谈记录:

一、关于数字化产品的探索:1.初期提供现场人流管控系统;2.进一步深入大数据,提供涉及精准营销服务方面的技术产品

我们公司 2017 年 4 月进入会展行业,起初会展用的是现在比较流行的大数据技术,如现场人流管控系统,动态的岗位情况都可以通过大数据掌控,这是我们入行时做的内容。之后我们开始进一步深入精准营销技术,提供一些设备产品。

二、会展数字化现状:外资大公司在会展数字化方面比较前卫;其他很多公司的线上投入目前仍是负收益;缺乏互联网思维、缺少平台运营能力

我所接触到的大多数都是外资公司,比如法兰克福、汉诺威等。他们对线上推广和如何盈利的想法相对更前卫。有些外资公司在陆续使用数字化产品,他们线上会展的产品是有实实在在的收入的。而有些展览可能一分钱也收不到,还得赔钱。这里最主要的是运营,因为会展人员都是传统思维,不懂怎么去运营产品,这就无比艰难。我举个实际案例:万耀企龙的地材展,他们在这部分做得相当不错,已经实现大概 1 000 万元的收入。一些发展慢的公司占据了大多数群体。他们应该把自己的眼光放长远,拥抱互联网,去做"对接"而不是说"开了线上会影响线下"。

三、会展数字化的障碍：运营人才的缺失；缺乏互联网思维、数据思维；会展、互联网两边相互缺乏行业理解

例如礼品展有一个线上平台小程序，实现了1 200万元的收入。这个平台在不开展的情况下每天都有7 000—9 000人。如果到了开展期，他们能达到30 000人参与线上平台的互动。这说明他们会运营、会利用。他们的运营人员只有6个人，我们公司帮他们做开发，协助运营，上轨道之后他们就全权自己做运营了。在我们互联网人看来，他们做的是一个商务平台。这个商务平台和自己的线下是有交集的，通过线下的人群引流过来。现在很多会展公司有能力开发平台，但是没有能力运营，有这种数据思维的人很少，而且没有几个互联网的人才愿意去会展公司任职做这件事情，这方面的人才现在非常紧缺。

总体来说制约的因素中很大一部分是人才问题，运营的人才没有进入到会展行业。两边产生了隔膜，会展的人不懂互联网，互联网的人不懂会展。媒介不重要，运营是重要的，互联网思维是重点，如果没有互联网思维、不会运营，有好的技术也没有用。

四、突破缺乏互联网思维人才的行业壁垒：技术公司为会展公司进行人才实战培训；大企业先行突破，小企业后行跟上

励展的做法比较直接，招聘的IT人才，包括应届毕业生，直接放到我们这种为会展公司服务的技术公司培训几个月，之后再调回自己的公司，经过几个月的实战和培训，他们就有了这种思维，本身懂会展的人才就可以去使用。但是现在培养人才的效率很低。我个人觉得最好、最直接突破互联网人才到会展的方法就是：等其他公司做好了之后再去借鉴，很多大的集团公司就是标杆。

五、对政府作用的看法：主要是突破人才障碍

政府的作用不大，人才进不来，其实会展类的产品很多，就是无法盈利，就是掌握这个工具的人才没有，会展行业离互联网、大数据太远了。我决定到会展行业创业就是想改变这个现状。

六、技术公司的主要服务对象：专注于主办方；现阶段主要与大企业合作

中小企业的思维、人才跟不上，很难合作，所以我们还是先与大企业合作。在会展行业内，主办方存活，其他公司才能活起来，所以目前我们是服务于主办方的。

七、技术公司如何保障主办方的数据安全：提供三方保证；签订数据保密协议

我们公司有六条发明专利，像 ISO 认证，这是必须做的，要有第三方认证；我们还会邀请行业专家做认证，比如找第三方公司，看这个系统有没有其他的问题，他们为此支付咨询费，做到双重保障；系统上线之后服务器直接脱离托管。通过这三点来保证客户的数据安全。如果客户有其他要求，我们也会定期进行维护，但是频繁更改后台对数据安全也是不利的，我们也会告诉他们尽量不要动后台。

在和大的主办方合作时，与他们签订数据保密协议，开发成品时，首先讲清楚哪些环节可能涉及数据泄露的问题，要提前告知，因为主办方没人懂技术。你的服务器是暂时对我开放而已，当系统开发完毕之后，你们修改账号密码，那么服务器就脱离了我们公司监管，不用担心服务器出现安全问题。

访谈对象 18：上海新国际博览中心中方总经理　张垚

访谈时间：2022 年 1 月 7 日　访谈地点：上海市浦东新区新国际博览中心 B 座

访谈记录：

一、线上展会与线下展会的关系：线上展会是一个趋势，但是不可能完全取代线下展会

这主要由线下展会的功能所决定：1. 与客户进行有效的沟通；2. 了解市场信息、获得市场反馈；3. 了解行业发展趋势；4. 现场演示和体验。

实体展会实际上有几个功能：1. 买家和卖家见面，展商希望见到更多有效、潜在的客户，线上的沟通效率达不到要求。2. 与老客户之间的交流，可能会了解投放市场的产品的市场反馈，可以通过代理和老客户得到一手资料，对他后期产品的研发改进有非常重要的意义。3. 观察同行业的发展情况，了解行业的发展趋势。4. 现场的演示体验。从这几方面来讲，线下的展会无法完全搬到线上。

二、线上展会现状：各地有一些线上展会的尝试，但效果难以达到预期，且没有成熟的盈利模式

对线上展会未来的认知：线下向线上延伸是一个趋势，但线上不会取代线下，线上可以对线下起到补充作用。

从二十年前互联网兴起时就想要取消线下展会，但实际上到现在为止都没有做到，这个也是线下展会独有的特点所决定的。再加上从去年疫情开始，各地在政府的主导下举办了一些线上展会，但是效果和体验极差，无论是从观众还是厂商的角度来讲，反馈都不好。最明显的例子就是三届广

交会,从展商的角度来讲,广交会是完全对外的,企业非常重视,组织员工三班倒,在线上接待客户,但事实上基本没有什么客户,包括国外也没有这种线上意识。而且广交会大部分是消费类的产品,很多产品无法通过图片或视频呈现,没有办法解决实际问题。一方面收不到钱,因为线上没有办法定价。

所以从这方面来讲,我觉得将来线下展会向线上延伸是趋势,但是不可能完全取代。

三、场馆对会展数字化的探索:召开数字化主题的座谈会

主办方对场馆参与数字化的期待:仅提供硬件支持。场馆不应该参与数字化,主办单位对数字化看得比较重,认为场馆在数字化中的作用应该是提供硬件上的支持,如新国际博览中心已经做到室内5G全覆盖。

在疫情前我们每年都会与客户召开座谈会,听听他们对我们服务改进有什么要求,其中一个主题就是数字化。

但是从主办的角度来讲,他认为场馆在硬件上要配合主办单位,主要是在网络的流量和带宽方面能够保证,至于展会的数字化,以什么形式呈现,场馆不应该参与,因为其中牵涉到主办单位的客户信息。

如果把主办单位和展会比喻成汽车,那么场馆就要把路修好。前两年对网络方面呼声比较大的是Wi-Fi系统,现在随着5G的铺开,Wi-Fi的重要性逐步增强。因为原来Wi-Fi只是解决流量问题,但是现在流量越来越不值钱了。

四、政府在数字化方面发挥的作用:可以在基础设施方面增加力度;认识到展会的重要性,做好展会的基础工作

政府在数字化方面发挥的作用并不大,因为这个往往是企业和市场自

然而然的选择,顺其自然才能做得起来。

比如长江教育对带宽的需求非常大,包括原来有移动通信的 GSM。移动通信的母展在巴塞罗那,这个展会要求的不光是简单的宽带,要求专线我们解决不了,场馆不可能常年设专线,要跟运营商直接对接。实际上展会通信方面需求特殊,运营商都可以解决。政府不单单是做基础设施,要知道展会的重要性,做好基础的工作。

访谈对象 19:北京赛诺迅商务服务有限公司创始人　马国宜
访谈时间:2022 年 1 月 21 日　访谈地点:腾讯会议(线上)
访谈记录:

一、会展数字化应用的三个方面:1.优化营销行为;2.公司内部管理;3.最终产品呈现

首先,数字化并不等于双线会展。双线会展的线上部分的确是与数字化有关联,但是范围要小于数字化。数字化是全社会的大变革,和工业革命一样影响所有行业。包括如何在线上了解客户行为,因为客户在线上有很多动作,我们现在能捕捉进行分析,了解什么样的人喜欢什么样的内容,然后优化营销行为,这是数字化的应用。我们通过线上的客户足迹更加了解他们,优化营销效能。

第二个方面是公司的内部管理。外资企业的内部管理简单来说是CRM,在过去对收集的信息进行提取价值,智能环节偏少。现在我们对于数字化的期望是把点点滴滴收集的信息(动态持续收集)通过更智能的方式分析结果,优化工作。也可以用于分析内部,比如销售管理、客户的分类,都是把外部客户的行为和内部的成果结合起来优化。所以第二方面是把数字化用于内部的商业流程管理,我们叫内部工作行为的改进。

第三个方面是用于最终的产品呈现,也就是展览会。由于国际买家到不了展览会现场,所以就做线上的配对会。可以播放现场会议内容视频,给客户带来更多的长期效应,当然在播放的过程中还可以抓取是谁读了这些内容。

我们还可以把培训当作特别小的会议。第一,让远程的客户参与成为现实;第二,在课堂中熟悉线上的互动方式,所以我们在线下进行的特别体验也要给到线上参与者,力求用线上的工具,确保远程参与的人也获得一个比较有保障的体验和学习成果。

数字化不仅限于云上会展、双线会展,从营销、日常工作流程的优化、最终产品的呈现三方面已经产生了影响。

二、会展数字化的障碍:主办方需要厘清概念,明确想要为客户解决什么问题,以及如何利用线上和线下多种举措来解决问题

我个人觉得并不一定要把展览搬到线上,数字化的举措有很多。展览是解决客户问题的手段,线上可以用的举措有很多,不一定要办线上展。如果展览既是目的也是手段,那么回答这个问题就比较困难了。其实我一直把展览当成一种手段,主办方需要好好思考,到底通过展览要给客户解决什么问题,在疫情后想要改变什么。

要通过什么样的方式为客户解决什么问题?这个概念是最难的。如果这个概念没想明白,突然一下子推进,我觉得不是一件好事。因为展厅在线下是很方便的空间,让大家感受品牌,可是到了线上,行为、便利度,一切感受都不一样了,究竟要让受众用户收到什么信息?展厅的样子还重要吗?我觉得最重要的是企业家要先想好,线下展开不了,我们有线上的技术和工具,结合企业的实力,我的商业概念是什么?我能为客户解决什么问题?需

要线上和线下怎样组合？这个想明白了再去组织资源，做技术建设。

任何企业都应该推进营销和管理，因为这个是不需要太多新概念的。大家应该尽快与时俱进，利用数字化的便利，把自己的工作流程管理好，把营销的效能进一步提升。

三、政府助力会展行业发展：提供友好的市场环境，减少企业不必要的消耗，使之有成本和精力投入数字化探索

希望政府给展览从业者、展览公司一个更友好的市场环境，让我们有机会推进服务产业的发展，因为展览是一个催化剂，催化所有行业的进步，所以一个友好的营商环境让大家生存和发展，这样才有条件注入资金，做数字化尝试。

四、线上与数字化的关系：线上部分只是数字化应用的一个方面，但线上不等于数字化

不管是什么方式，最后都要实现目标，怎么为客户解决有价值的问题。数字化是一个很大的圈，线上做展览只是数字化应用的一个方面。双线是数字世界和现实物理世界的联手，但双线线上的部分依然只是数字化的一小部分。数字化不仅仅是线上展。

五、线上和线下的融合：要打造补充性、差异化的线上平台；把线上线下的不同价值传达给客户

线上和线下提供的价值不一样，线下直接见面，多感官、多层次地迅速接收信息，这种线下的效能、感受是线上无法替代的。所以我们设计线上的时候，一定要指向解决问题，是不同的内容或者补充性的内容，这是必然的。因此主办方不需要思考把它打造成一模一样的。如何把不一样的价值准确

地表达出来,并且依然以一种有价值的方式提供给客户,这个是主办方需要考虑的。线上可能提供线下活动很多效果中的某一些,或者提供线下提供不了的,是不一样的东西。

六、未来线上与线下的关系:线下不会被线上替代,未来并存是趋势;数字化会加入会展行业,让体验更丰富

未来我们嵌入线上的服务方式、人群连接的方式、信息传递的方式。但在另外一方面,面对面交流的成分和影响,以及在条件允许的时候从面对面的空间来获取信息,这种感受和效率优势依然会存在。因此,我觉得二者一定是并存的,会有越来越多方便的、人们习惯的线上数字化成分融入进来,这是一个可预期的趋势。

访谈对象 20:运展环球物流有限公司总经理　吴兆铭
访谈时间:2021 年 12 月 30 日　**访谈地点**:上海市同普路 138 号
访谈记录:

一、对线上会展的认识:线上作为辅助,开拓新市场;在一些领域有明显优势;线上和线下未来会形成一个平衡

说到数字化,展商是抱着怎样的营销心态? 主体是展商、主办方,大家聚集在一起目的是什么? 或者说是经商行为,或者说是人与人之间的关系。

我始终认为,线上是辅助,开拓一些新的市场或新技术,我觉得这是一个非常好的突破点,而且是成本相对比较低的方式。

我觉得线上线下是平行的,形成一种平衡,线下作为基础,周期性地聚

集行业内的展商，尤其是我们接触比较多的B2B展览会，在展会期间与行业内各方面进行技术销售的交流。

我觉得线上展会是有好处的，而且对于特定领域，比如消费品方面是有促进作用的，非常直观，很多产品不需要了解太多技术参数等方面的展示。我觉得会慢慢形成一种平衡。

二、物流运输等公司对数字化会展认知的转变：早期比较焦虑，现在认为线上线下将有一个平衡

在交流过程中可能会有一些商务活动，商务配套做得好，国家会展中心是一个非常鲜明的例子，周边的商务配套活动和餐饮酒店住宿跟进以后，交通非常便利，促进了商务往来，这是会展业的非常重要的领域。

从物流角度来说，一开始推广线上展会和数字化，物流公司和装修设计、搭建公司一开始是焦虑的，大家比较担心，因为推广线上，大家可以用线上的方式沟通，不会有障碍。我曾经和几家相熟的参展商进行沟通，他们就觉得很多日常工作都能完成，但问题关键是人与人之间面对面的交流以及一个比较放松的环境。大家还是急切地希望展览会能办，无论难度有多大，只要在承受范围内，大家还是希望有一个面对面交流的过程。

大家从数字化包括系统云端方面考虑，比如数据采集，是否还要用传统的方式去做，是不是可以考虑像洋山港码头，通过数码探头、相机就能测出车辆运载的体积？这样就大大节约了人员成本，同时还可以提升效率。比如车辆到达展馆有一个先来后到的秩序问题，怎么去定位车在哪里？能否用数字化的方法快速解决？大家都在思考如何提升效率。为什么要提高效率？无论是布展机构还是施工单位，时间都非常紧张。当然考虑到展会整体成本的问题，结合数字化，实际上缩短了时间、减少了人力。

三、展览运输方面的数字化平台应用：依托现有平台进行数据共享，提高效率；探求适用的平台以及成本和效率之间的平衡点

现在我们会结合腾讯等大公司的平台去研发一些适合我们的工具。当然因为这些工具也不是所有展会都合适，运营比较成功的有法兰克福的汽配城。那么我们是怎么运作的？我们结合网上的一些小工具，包括整体公司内部的数据分享。在前期跟参展商的沟通联络过程中收集了很多素材，到了现场以后包括费用支付、到货的情况、二维码的扫描等各方面。学习快递公司的一些做法，结合我们在场馆的优势，对整体运营是有好处的，我觉得这也是以后的趋势。

四、数字化平台开发成本和政府补贴的看法：开发平台的价格可以接受，但更倾向于在使用公共平台的基础上加一些定制化功能

比如一个系统的开发可能要几十万元，从公司的角度出发，我们是能接受的，因为它是一个宏观意义上的系统，除了业务开展，整个公司的管理都可以用。物流行业比较传统，一些有国资背景的公司的企业内部管理，包括业务开展都是用一些数字化系统。

在行业内，大家更倾向于有一些公共的平台，根据不同项目用一些部分功能来实现目标。当然大家会有一些顾虑，因为物流行业比较传统，经营门槛比较低。这就涉及主要的核心来源，实际上就是客户来源，因为一旦利用这些工具做经营，那么各方面的联系人和数据来源就全部暴露在外了。

五、使用数字化工具的担忧：网络信息安全问题；信息泄露取证难，一旦泄露难以维护权益

对于数据的采集，原来我们的方式特别传统，打电话、发邮件，很多展馆的运营需要文字通知，效率很低。除了客户资源联络方式，我们也经常会碰

到有一些客户资源是主办单位发给我们名单,前期要跟展商进行业务沟通,可能会担心参展商名录泄露。而且取证比较复杂。我认为无论是法律还是职业道德,都要有约束,因为展馆和从业者都是采取比较传统的人与人之间的沟通。

参考文献

[1] 中国会展经济研究会主编.中国会议展览业年鉴(2021年版)[M].北京:中国商务出版社,2022.

[2] 金巍.数字文化经济浪潮[M].北京:中译出版社,2022.

[3] 陈雪频.一本书读懂数字化转型[M].北京:机械工业出版社,2022.

[4] 陈珂.拥抱数字会展时代[J].中国会展,2020(19):35.

[5] 严学军,刘威.发展我国网上会展的几个问题[J].理论月刊,2004(1):84-85.

[6] 苏永华.技术到生态:网络会展的数字化变革[J].中国会展,2021(9):68-71.

[7] 许亚丹,王野.网络会展的传播与经济比较[J].当代传播,2006(5):66-68.

[8] 裴超.会展识途——解析"十四五"时期中国会展业面临的机遇与挑战[J].中国会展,2021(3):26-33.

[9] 王雷.OMO:会展业双线融合新思考[J].中国会展,2018(9):72-74.

[10] 周景龙.当需求驱动会展数字化创新该如何做?[J].中国会展,2021(3):20.

[11] 张健康.智慧会展的技术解构与人文关怀[J].理论探索,2017(4):44-48+79.

[12] 周旭,陈思宇.我国发展智慧会展的现状与对策研究——以杭州为例[J].时代金融,2015(30):15-16.

[13] 姚陈敏,叶前林,周伟.新时代下我国会展业发展的新机遇与新挑战[J].商业经济研究,2019(14):179-181.

[14] 任宁,陈思宇.我国智慧会展的发展现状与对策研究[J].现代经济信息,2015(18):333-335.

[15] 李知矫."后疫情时代"会展业将发生哪些变化?[J].中国会展,2020(9):28-37.

[16] 李曼.会展中心实施电子商务的优势与策略[J].财经问题研究,2008(12):101-104.

[17] 庾为,刘梦迪.基于电子商务的"线上+线下"会展模式研究[J].江苏商论,2010(11):44-46.

[18] 郑路逸.双线会展究竟是平行线还是交叉线?[J].中国会展,2021(3):20.

[19] 蒋晓阳,张钊,胡书凝,等.新经济视角下会展业数字化发展驱动力及策略研究

[J].商展经济,2020(23):10-12.

[20] 梁增贤,等."新经济格局和数字技术下的会展业变革"系列笔谈[J].旅游论坛,2021,14(5):69-84.

[21] 焦微玲,裴雷.网络环境下我国虚拟会展平台方案设计研究[J].商业研究,2014(3):146-151.

[22] 姚陈敏,叶前林,周伟.新时代下我国会展业发展的新机遇与新挑战[J].商业经济研究,2019(14):179-181.

[23] 王绍媛,秦煜洺.新冠肺炎疫情下中国进出口商品交易会的新举措与新思路[J].国际贸易,2020(12):67-74.

[24] 黄鹂,郑青彦,罗用志.电商经济与会展规模:来自中国的经验证据[J].中国流通经济,2021,35(7):19-28.

[25] 何德旭,闫坤,夏杰.旅游绿皮书——中国旅游发展分析与预测 2020—2021[M].北京:社会科学文献出版社,2021.

[26] 中国酒店业数字化转型趋势报告[R].中国旅游饭店协会,2022.

[27] 后疫情下旅游目的地消费变革与数字化[R].北京:国双科技,2021.

[28] Greg Land.无处不在:旅游业的数字化重塑.美国:IBM Corporation,2017.

[29] 中国互联网络信息中心(CNNIC)《中国互联网发展状况统计调查》.

[30] 2021 年中国零售数字化转型研究报告[R].艾瑞咨询.

[31] 2021 年中国线下企业客户经营数字化转型白皮书[R].艾瑞咨询.

[32] 徐晋.平台经济学(修订版)[M].上海:上海交通大学出版社,2014.

[33] World Tourism Organization. UNWTO World Tourism Barometer May 2020-Special focus on the impact of COVID-19 [R]. Madrid: UNWTO, 2020.

[34] The Global Association of the Exhibition Industry. UFI global exhibition barometer 29th edition [R]. UFI, 2022.

[35] HAND C, SKIPPER M. A virtual trade exhibition [J]. Computer-Mediated Communication Magazine, 1995,2(2):5.

[36] SU C J, YEN B P C, ZHANG X. An internet based virtual exhibition system: Conceptual design and infrastructure [J]. Computers & industrial engineering, 1998,35(3-4):615-618.

[37] LEE-KELLEY L, GILBERT D, AL-SHEHABI, N F. Virtual exhibitions: an

exploratory study of Middle east exhibitors' dispositions [J]. International Marketing Review, 2004, 21(6):634-644.

[38] GEIGENMÜLLER A. The role of virtual trade fairs in relationship value creation [J]. Journal of Business & Industrial Marketing, 2010, 25(4):284-292.

[39] GOTTLIEB U R, BEATSON A. High on emotion! Perceived value: influencing decision-making processes at international student recruitment trade shows [J]. Journal of Marketing for Higher Education, 2018, 28(2):282-297.

[40] BLEIZE D N, ANTHEUNIS M L. Factors influencing purchase intent in virtual worlds: a review of the literature [J]. Journal of Marketing Communications, 2017, 25(4):403-420.

[41] CAMILLERI M A. Integrated marketing communications, in Travel Marketing, Tourism Economics and the Airline Product [M]. Cham: Springer, 2018:85-103.

[42] GOTTLIEB U, BIANCHI C. Virtual trade shows: exhibitors' perspectives on virtual marketing capability requirements [J]. Electronic Commerce Research and Applications, 2017, 21:17-26.

[43] SARMENTO M, SIMÕES C. Trade fairs as engagement platforms: the interplay between physical and virtual touch points [J]. European Journal of Marketing, 2019, 53(9):1782-1807.

[44] VITALI V, BAZZANI C, GIMIGLIANO A, et al. Trade show visitors and key technological trends: from a literature review to a conceptual framework [J]. Journal of Business & Industrial Marketing, 2022, 37(13):142-166.

[45] Fryatt J, Mora RG, Janssen R, John R, Smith S (2012), Hybrid meetings and events. MPI Foundation. Meeting Professionals International.

[46] Morell K (2010), How to use hybrid meetings to drive attendee engagement. Meet Today.

[47] Parker J (2009), Running a virtual hybrid event. https://www.slide share.net/Digit ell/virtu al-events-hybrids-asae.

[48] HAMEED B Z, TANIDIR Y, NAIK N, et al. Will "Hybrid" meetings replace face-to-face meetings post COVID-19 era? Perceptions and views from the urological community [J]. Urology, 2021,10(156):52-57.

[49] JUNG S, LEE J. Current and future influences of COVID-19 on the knowledge management function of conventions and exhibitions [J]. Service Business, 2022:1-20.

[50] HOFFMAN S K. Online exhibitions during the COVID-19 pandemic [J]. Museum Worlds, 2020,8(1):210-215.

[51] FALCONER L. Organizational learning, tacit information, and e-learning: a review [J]. The Learn Organ, 2006,13(2):140-151.

[52] MCDERMOTT R. Why information technology inspired but cannot deliver knowledge management [J]. Calif Manage Rev, 1999,41(4):103-117.

[53] Getz, D. (2004), Geographic perspectives on event tourism, A Companion to Tourism, pp.410-422.

[54] SARMENTO M, SIMÕES C, FARHANGMEHR M. Applying a relationship marketing perspective to B2B trade fairs: the role of socialization episodes[J]. Industrial Marketing Management, 2015,44:131-141.

[55] PANAHI S, WATSON J, PARTRIDGE H. Towards tacit knowledge sharing over social web tools [J]. Journal of knowledge Management, 2013,17(3):379-397.

[56] MITCHELL V, SCHLEGELMILCH B B, MONE S. Why should I attend? The value of business networking events [J]. Industrial Marketing Management, 2016,52:100-108.

[57] Tradeshow Logic (2020), Redefining value for today's exhibitors & sponsors, vol 1. Virtual event expectations.

[58] Meeting spotlight (2020a), Stats: 73% of event planners will run a hybrid event in 2020a. https://www.Meeting spotlight.com/article/stats-73-event-planners-will-run-hybrid-event-2020a. Accessed 25 Apr 2021.

[59] Meeting spotlight (2020b), Stats: 95% of event organizers likely to run hybrid event in 2020b. https://www.Meeting spotlight.com/article/stats-95-event-

organizers-likely-run-hybrid-event-2020b. Accessed 25 Apr 2021.

[60] Meeting spotlight (2021), Buyer Q&A: as hybrid events remain, human connection are key. https://www. Meeting spotlight. com/article/buyer-qa-while-hybrid-events-will-remain-human-connection-are-everything. Accessed 19 May 2021.

[61] WOLF K, REINHARDT J, FUNK M. Virtual exhibitions: what do we win and what do we lose? [C]. Electronic Visualisation and the Arts, 2018: 79 - 86.

[62] Itani, O. S. and Hollebeek, L. D. (2021), Light at the end of the tunnel: visitors' virtual reality (versus in-person) attraction site tour-related behavioral intentions during and post-COVID - 19, Tourism Management, Vol. 84, p. 104290.

[63] GANI M O, TAKAHASHI Y, FAROQUE A R. Virtual trade show: past assessment, present status, and future prospects [J]. Journal for International Business and Entrepreneurship Development, 2021, 13(3 - 4): 286 - 310.

[64] GOPALAKRISHNA S, MALTHOUSE E C, LAWRENCE J M. Managing customer engagement at trade shows [J]. Industrial Marketing Management, 2019, 81: 99 - 114.

[65] LACKA E, CHAN H K, WANG X. Technological advancements and B2B international trade: a bibliometric analysis and review of industrial marketing research [J]. Industrial Marketing Management, 2020(88): 1 - 11.

[66] 张丽, 陈炬伊, 章昕晨, 等. 线上线下贸易展览新模式研究——以阿里巴巴和UBM合作为例[J]. 江苏商论, 2017(5): 50 - 52.

[67] 郭延江, 柴子仪. 数字经济时代海南会展企业数字化CRM创新的思考——以海南A会展公司为例[J]. 全国流通经济, 2022(25): 100 - 103.

[68] 刘清扬, 刘刚田, 朱佳琳, 等. 线上展会的困境和技术对策研究——2020年至今国内外各大线上展会概况[J]. 现代商业, 2022(3): 66 - 68.

[69] 蔡瑞初, 赵骏凯, 邓强, 等. 网络会展电子商务功能分析——以"网上广交会"网站分析为例[J]. 电脑知识与技术, 2011, 7(24): 5850 - 5852.

[70] 李砚涵. "云展会"背景下外贸企业线上参展问题及对策分析——以线上广交

会为例[J]. 商场现代化,2021(13):171-173.

[71] 眭海霞,诸丹,岳培宇,等. 后疫情时代"线上展会"对成都建设国际会展之都的经验启示——以第127届广交会为例[J]. 成都大学学报(社会科学版),2020(6):36-42.

[72] 曾方芳,张义,郑刚. 虚拟会展企业的组织结构及构建研究[J]. 科技进步与对策,2007(7):121-123.

[73] 王晓文,李凯. 参展观众使用虚拟会展的影响因素[J]. 社会科学家,2013(11):83-86.

[74] 蔡蒙蒙,狄书一,曾嘉惠,等. 疫情影响下线上展会平台持续使用意愿研究——基于TPB和TAM整合模型[J]. 商展经济,2022(10):9-11.

[75] 董燕. 智慧会展观众感知服务质量评价分析——基于区间值缪尔海德加权平均算子模型[J]. 中国集体经济,2022(30):97-99.

[76] 张伟年,王莉娟. 基于虚拟会展B2B平台的顾客体验价值影响因素分析[J]. 统计与决策,2012(5):117-120.

[77] 曾德麟,蔡家玮,欧阳桃花. 数字化转型研究:整合框架与未来展望[J]. 外国经济与管理,2021,43(5):63-76.

[78] 刘枭,许林洁,杨晓华. 智慧会展服务平台运营的IPA分析及优化策略[J]. 厦门理工学院学报,2021,29(2):52-58.